国家自然科学基金面上项目"国家审计、协同监督与国企资产保值增值"（71872105）
山西省"1331 工程"会计学重点教学研究创新团队项目（晋科教 [2017]12 号）
国家自然科学基金青年项目（72102132）

国家审计 、协同监督 与国企资产保值增值

郭檬楠／著

立信会计出版社
LIXIN ACCOUNTING PUBLISHING HOUSE

图书在版编目(CIP)数据

国家审计、协同监督与国企资产保值增值 / 郭檬楠
著. —上海：立信会计出版社，2021.10
ISBN 978-7-5429-6953-8

Ⅰ. ①国… Ⅱ. ①郭… Ⅲ. ①国有企业－国有资产－
资产评估－审计监督－研究－中国 Ⅳ. ①F123.7

中国版本图书馆 CIP 数据核字(2021)第 208035 号

策划编辑　孙　勇　方士华
责任编辑　孙　勇
封面设计　南房间

国家审计、协同监督与国企资产保值增值
GUOJIA SHENJI XIETONG JIANDU YU GUOQI ZICHAN BAOZHI ZENGZHI

出版发行	立信会计出版社		
地　　址	上海市中山西路 2230 号	邮政编码	200235
电　　话	(021)64411389	传　真	(021)64411325
网　　址	www.lixinaph.com	电子邮箱	lixinaph2019@126.com
网上书店	http://lixin.jd.com		http://lxkjcbs.tmall.com
经　　销	各地新华书店		
印　　刷	苏州市古得堡数码印刷有限公司		
开　　本	710 毫米×1000 毫米	1/16	
印　　张	13.25	插　页	1
字　　数	253 千字		
版　　次	2021 年 10 月第 1 版		
印　　次	2021 年 10 月第 1 次		
书　　号	ISBN 978-7-5429-6953-8/F		
定　　价	45.00 元		

如有印订差错,请与本社联系调换

序

　　近年来,会计专业的硕士研究生特别是学术型硕士研究生中男生的比例越来越低,愿意从事学术研究的男生比例就更低。2014 年我校硕士研究生复试刚结束,我就收到了名叫郭檬楠的男同学发来的一封邮件,他欣喜地告诉我,他考取了我校会计学术型硕士研究生,很想跟我学习。我自然很高兴,就鼓励他:"作为男孩子不能仅仅为了就业而读研,应该要有更大的志向,可以通过读博士实现更大的理想。"就此我们结下了师生情谊,他开始了自己的研究生学习。2015 年国庆后,檬楠结束了硕士研究生专业主干课的学习,我给他布置了第一篇学术论文的选题,我交代了研究目的、内容、方法和思路后,他马上就查资料、找数据、向师兄师姐求教,并经常跟我讨论研究中遇到的问题。他用一个多月的时间就写好了论文初稿,通过几轮当面指导修改和集体讨论,檬楠在 2016 年春节前就完成了论文写作,论文投给《审计研究》后,很快得到了审稿专家和编辑老师的认可,当年在《审计研究》第 4 期即获得发表。在这个过程中,他对学术的兴趣和热爱,对科学研究的执著和灵性,不畏困难与挫折的精神,深深打动了我,他也顺利通过了 2017 年年初硕博连读考试和考核,继续跟我攻读博士学位。

　　檬楠博士入学前后恰逢我国新一轮国企改革开始。如何形成新的国资管理体制,构建以国家审计为中心的有效的国企外部监督体系,确保政府有效"管资本",实现国有资产保值增值,是亟须研究解决的重要理论与实践问题。我正计划以此为方向,申报国家自然科学基金项目,檬楠博士入学后,我即指导他和硕士生王婉婷等围绕这一问题进行文献综述和数据资料收集,与他们一起进行全面系统的研究设计和论证,经过研究团队的多轮讨论和向校内外专家的广泛求教,形成了比较成熟的项目申请书,顺利获得了 2018 年国家自然科学基金面上项目,檬楠也开启了以此为方向的博士学习和研究生活。3 年的博士学习,他专注本课题相关问题研究,连续 3 年获得国家奖学金,目前已经在权威期刊发表了 10 余篇论文,其中 4 篇被人大报刊复印资料《审计文摘》全文转载,尚有多篇论文在审稿过程中。他还获得国内学术会议优秀论文奖 10 多次。他基于本课题撰写的学位论文,获得了外审专家和答辩专家充分肯定:5 位外审专家全部同意答辩,其中 1 位专家建议参评全国优秀博士学位论文,2位专家建议参评山西省省级优秀博士学位论文,全部答辩专家都同意推荐作为校级优秀论文。本著作正是檬楠依据其博士学位论文修改形成的。

本著作以保障和促进国企资产保值增值的新一轮国企改革首要目标为导向,以"管资本"的要求为原则,在深入考察国家审计监督对国企资产保值增值的影响及其路径的基础上,从国家审计监督的广度、深度和力度出发,选择了每个方面最需要也最重要的协同监督方式进行研究,重点研究了国家审计监督与国有资产监督管理委员会(以下简称国资委)监管、社会审计、媒体监督的协同监督内容与方式对促进国企资产保值增值的作用及其机理。研究发现:国家审计监督促进国企资产保值增值的功能主要体现在被审计当年及之后的两个年度;国资委的监管职权调整为以"管资本"为主后,扩大国家审计对象覆盖广度有利于促进国企资产保值增值;提高国家审计目标实现深度有利于促进国企资产保值增值,社会审计质量提高可以部分替代上述作用;国家审计与负面媒体报道特别是权威媒体负面报道的协同更能够有效促进国企资产保值增值;在现有资源约束条件下,国家审计机关在实施国企资产保值增值的监督策略安排上,首先应该优先扩大国家审计对象覆盖广度,其次的策略为加强国家审计权限行使力度,最后应考虑提高国家审计目标实现深度;等等。这些研究结论都很有新意,也很可靠,对于构建以国家审计为中心的有效的国企外部监督体系有重要的启示意义。为了使这些研究成果得以更快更好地传播和运用,对当前国企改革产生良好的推动作用,我代表学院以最快的速度推荐和资助本著作的出版。

本著作适用于高校会计学、审计学、财务管理等专业教师和研究生、国家审计机关、国企管理与经营者,以及对国有企业改革感兴趣的专家学者、社会公众等阅读和参考。本书对于有志于学习审计,特别是国家审计理论与方法的人士,有较好的参考价值。因此,我非常乐意作序推介!

吴秋生

2020 年 6 月 8 日

前　言

　　国有企业(以下简称国企)作为中国特色社会主义经济的"顶梁柱",在关系国民经济命脉的主要行业和关键领域占支配地位,是国有资产的重要载体。习近平总书记强调推进国企改革应以"有利于国有资本保值增值,有利于提高国有经济竞争力,有利于放大国有资本功能"为成败的评价标准,其中,有利于国有资产保值增值是三个标准中首要的、最基本的和最为重要的标准,实现国有资产保值增值也是国企的首要职责。国有资产保值是增值的基础,国有资产增值是其发展壮大的基本源泉。国有资产的所有权归属于国家,国有资产由人民委托政府进行监督和管理,政府就有责任保障国有资产保值增值。国家审计作为党和国家监督体系的重要组成部分,国家审计机关受人民的委托专门监督公共资金、国有资产、国有资源的使用和领导干部履行经济责任情况,其中,监督国有资产保值增值情况是其重要职责。构建协同高效的国有资产监管体系是整合监督资源,促进国有资产保值增值的有效实现方式。党的十八大以来,党中央和国务院先后作出决策并实施了国有资产管理体制改革和国家审计管理体制改革,组建了中央审计委员会,为国家审计协同其他监督形式提供了重要依据和制度保障。当前,中国国有资产保值增值的监督形式,除了国家审计,还包括国有资产监督管理委员会(以下简称国资委)、舆论监督、社会审计等多个方面。那么,深入剖析国家审计及其协同其他监督形式对国企资产保值增值的影响及作用机理,对于准确掌握国家审计监督国企的职能履行情况,优化和提高国企审计监督效能,构建协同高效的国企外部监督体系,促进国有资产保值增值具有重要意义。

　　基于上述分析,本书从国企资产保值增值的视角出发,依据审计署 2010—2018 年公布的中央企业(以下简称央企)财务收支审计结果公告,选取 2007—2017 年中国沪深 A 股上市公司为研究样本,主要围绕以下四个方面展开研究:①基于公共受托责任理论和产权理论,考察国家审计监督对国企资产保值增值的影响,并进一步检验国有控股程度对两者关系的调节效应。②基于监督俘获理论和协同理论,考察国家审计对象覆盖广度以及国家审计协同国资委监管对国企资产保值增值的影响。③基于后新公共管理理论和协同理论,考察国家审计目标实现深度以及国家审计协同社会审计对国企资产保值增值的影响。④基于国家善治理论和协同理论,考察国家审计权限行使力度以及国家审计协同媒体监督对国企资产保值增值的影响。

本书研究发现:①国家审计监督有利于促进国企资产保值增值,这种功能主要体现在被审计当年及之后的两个年度;国有控股程度越高,国家审计监督促进国企资产保值增值的效果越明显。②扩大国家审计对象覆盖广度有利于促进国企资产保值增值;国资委以"管资本"为主的监管职权调整有利于促进国企资产保值增值;国家审计机关与国资委的协同能够有效促进国企资产保值增值。③提高国家审计目标实现深度有利于促进国企资产保值增值;高质量的社会审计有利于促进国企资产保值增值,但显著降低了国家审计目标实现深度与国企资产保值增值的正相关关系,国家审计与社会审计尚未形成协同效应。④加强国家审计权限行使力度有利于促进国企资产保值增值;新闻媒体对上市公司的报道数量越多,越有利于促进国企资产保值增值,但调节效应不显著;新闻媒体对上市公司的负面报道数量越多,越有利于促进国企资产保值增值,国家审计与负面媒体报道的协同能够有效促进国企资产保值增值;权威新闻媒体对上市公司的报道数量越多,越有利于促进国企资产保值增值,国家审计与权威媒体报道的协同能够有效促进国企资产保值增值。⑤在国家审计资源约束条件下,为了充分利用国家审计资源,实现国企资产保值增值,国家审计机关在实施国企审计全覆盖的策略安排上,首先应该优先扩大国家审计对象覆盖广度,其次应加强国家审计权限行使力度,最后应考虑提高国家审计目标实现深度。

本书的主要理论创新在于:①选取国家审计监督与国企资产保值增值之间全新的函数关系展开研究,不仅深化了公共受托责任理论和产权理论在国家审计相关研究中的嵌入机制,而且丰富了国家审计监督国企的后果效应和国企资产保值增值的影响因素研究。②构建国家审计 BDS(Breadth,Depth,Strength)三维测度指标体系,从国家审计对象覆盖广度、目标实现深度和权限行使力度三个方面多维度测度了国家审计,为相关研究提供了新的理论基础和研究视角。③基于国家审计 BDS 三维测度指标体系和协同理论,结合系统协同的三个基本要素——协同意愿、共同目标和信息沟通,厘清了国家审计机关监督国企应该协同的主要监督主体,并实证检验国家审计与国资委监管、社会审计、媒体监督的协同机制,完善了以国家审计为中心的国企外部监督协同理论体系。

本书的研究结论具有以下实践意义:①为国家立法机关完善和修订《中华人民共和国审计法》(以下简称《审计法》)中关于监督国企职责权限的相关规定提供重要参考,为国家审计机关依法开展国企审计,促进国企资产保值增值提供制度保障。②为国家审计机关贯彻落实审计全覆盖具体要求和中央审计委员会第一次会议精神,完善国企审计监督机制,做到"应审尽审、凡审必严、严肃问责",实现国企审计全覆盖提供经验证据支持。③为党中央和国务院合理确定国家审计机关在国企外部监督体系中的地位,厘清国家审计机关与国资委、社会审计机构和新闻媒体在国企外部监督体系中的作用,有效配置国企监督资源,提高国企外部监督主体协同效率,构建协同高效的国企外部监督体系,深化国企改革提供参考依据。

郭檬楠

2020 年 5 月

目　　录

1　绪论 ·· 001
　1.1　选题背景与研究意义 ······················· 001
　1.2　核心概念界定 ····························· 006
　1.3　研究目的与内容 ··························· 009
　1.4　研究思路与方法 ··························· 011
　1.5　创新点 ································· 015
　1.6　小结 ·································· 016

2　文献综述 ······································ 017
　2.1　国企资产保值增值测度及内外部监督对其影响研究 ······· 017
　2.2　国家审计机关监督国企的目标及其经济后果研究 ········· 020
　2.3　国家审计机关监督国企的特征研究 ·············· 022
　2.4　国家审计协同其他监督对国企资产保值增值的影响研究 ··· 026
　2.5　文献述评 ······························· 028
　2.6　小结 ·································· 029

3　制度背景、实践现状与理论框架构建 ················· 030
　3.1　国家审计机关监督国企的制度变迁与实践现状 ········· 030
　3.2　国企监管体制改革及其内外部监督主体 ············ 043
　3.3　国家审计及其协同其他监督的理论分析框架 ········· 050
　3.4　小结 ·································· 057

4　国家审计监督与国企资产保值增值 ·················· 058
　4.1　理论分析与假设提出 ······················· 058
　4.2　研究设计 ······························· 061
　4.3　实证检验 ······························· 064
　4.4　国有控股程度的调节效应 ···················· 067
　4.5　稳健性检验 ····························· 072

4.6　小结 ·· 090

5　国家审计广度、协同国资委监管与国企资产保值增值 ············ 092
　　5.1　理论分析与假设提出 ··· 092
　　5.2　研究设计 ·· 094
　　5.3　实证检验 ·· 096
　　5.4　稳健性检验 ·· 099
　　5.5　小结 ·· 110

6　国家审计深度、协同社会审计与国企资产保值增值 ·············· 112
　　6.1　理论分析与假设提出 ··· 112
　　6.2　研究设计 ·· 114
　　6.3　实证检验 ·· 116
　　6.4　稳健性检验 ·· 119
　　6.5　小结 ·· 129

7　国家审计力度、协同媒体监督与国企资产保值增值 ·············· 131
　　7.1　理论分析与假设提出 ··· 131
　　7.2　研究设计 ·· 134
　　7.3　实证检验 ·· 136
　　7.4　稳健性检验 ·· 144
　　7.5　小结 ·· 164

8　研究结论、政策建议与研究展望 ······································· 165
　　8.1　研究结论 ·· 165
　　8.2　政策建议 ·· 166
　　8.3　研究展望 ·· 169

附录　2010—2018 年审计署公布的央企财务收支审计结果公告 ········ 172

参考文献 ··· 179

后记 ·· 200

① 绪　　论

1.1　选题背景与研究意义

1.1.1　选题背景

国企作为中国特色社会主义经济的"顶梁柱",在关系国民经济命脉的主要行业和关键领域占支配地位,是国有资产的重要载体。习近平总书记强调推进国企改革要以"有利于国有资本保值增值,有利于提高国有经济竞争力,有利于放大国有资本功能"作为成败的评价标准,其中,有利于国有资产保值增值是三个标准中首要的、最基本的和最为重要的标准,实现国有资产保值增值也是国企的首要职责①。国有资产保值是增值的基础,国有资产增值是指在资产存量总额的基础上,通过扩大生产规模或改善原有规模资产的内在质量而增加的价值量,是国有资产发展壮大的基本源泉(Li 等,2012)[1]。由图 1.1 可知,中国上市公司 2006—2017 年资产保值增值率波动较大,但均值始终高于 1,整体上实现了资产保值增值,但国企的资产保值增值率及其增幅都要显著低于民营企业。因此,贯彻落实党的十九大部署,着力深化国企改革,就要实现国有资产、特别是国企资产保值增值。

国企是贯彻国家政策和实现国家经济发展战略的重要工具(Yu,2019)[2],它不仅反映了社会主义制度的本质属性,而且是政府干预经济、参与经济的重要手段(黄速建和余菁,2006)[3]。国有资产的所有权属于国家,党和政府基于产权关系对国有资产进行监督和管理(Jonathan 和 Koppell,2007)[4],能够有效弥补市场机制的不足(褚剑和方军雄,2017)[5],约束与激励国企经营者的行为(张维迎,1996;Qiang,2003;Hassard 等,2010)[6-8],促进国有资产保值增值(张治栋和樊继达,2005)[9]。国家审计作为党和国家监督体系的重要组成部分,依法不受其他政府机

---

① 2016 年 12 月 29 日,李克强总理在国务院常务会议上强调:"国有企业的首要职责就是实现国有资产保值增值,这是衡量国有企业工作优劣的关键。"2017 年 12 月 13 日,李克强总理在国务院常务会议上进一步强调:"要贯彻党的十九大部署,着力深化国有企业改革,在实现国有资产保值增值上下功夫。"

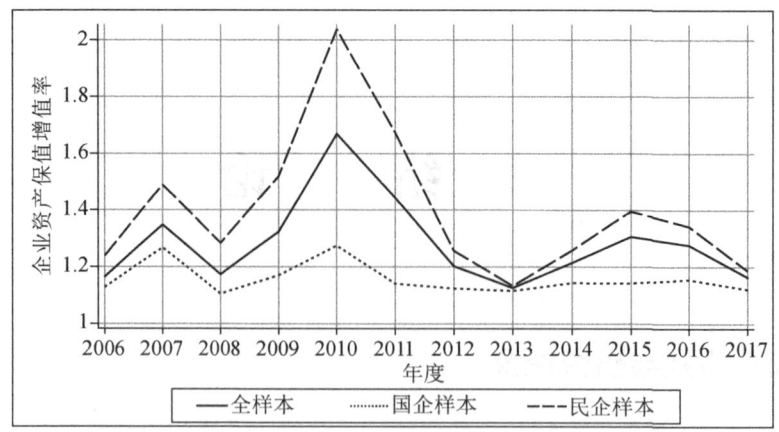

图 1.1 中国上市公司 2006—2017 年资产保值增值率年度变化趋势

资料来源:作者采用 STATA 软件绘制所得,相关原始数据来自国泰安数据库。

关、社会团体和个人的干涉,具有很强的独立性、专业性、权威性和客观性(刘家义,2012)[10],是国企监督体系中内生的具有预防、揭示和抵御功能的"免疫系统"(刘家义,2015)[11]。国家审计机关受人民委托专门监督公共资金、国有资产、国有资源的使用和领导干部履行经济责任情况,能够有效发挥"经济体检"功能,其中,监督国有资产保值增值情况是其重要职责(秦荣生,2011)[12]。

为了发挥国家审计在国企监督体系中的积极作用,促进国企资产保值增值,近年来,党中央和国务院颁布实施了一系列重大改革文件①,特别是《关于深化国企和国有资本审计监督的若干意见》,其明确要求国家审计要把促进国有资产保值增值作为重要目标来履行国企监督职责。国家审计机关以所有者和社会管理者的双重身份对国企进行监督,能够发挥公司治理功能。有的学者从理论上阐释了国家审计能够提高国有资产运营效率,防止国有资产流失(刘力云,2005)[13];也有学者通过实证检验发现国家审计不仅能够提高国企治理效率、创新能力和内部控制质量(蔡利和马可哪呐,2014;程军和刘玉玉,2018;池国华等,2019)[14-16],而且能够抑制国企高管超额在职消费、过度投资和虚增收入行为(褚剑和方军雄,2016;王兵等,2017;杨华领和宋常,2019)[17-19]。

---

① 如 2014 年 10 月 9 日,国务院印发《关于加强审计工作的意见》;2015 年 8 月 24 日,中共中央、国务院印发《关于深化国有企业改革的指导意见》;2015 年 11 月 10 日,国务院印发《关于加强和改进企业国有资产监督防止国有资产流失的意见》;2015 年 12 月 8 日,中共中央、国务院印发《完善审计制度若干重大问题的框架意见及相关配套文件》;2017 年 3 月 31 日,中共中央、国务院印发《关于深化国企和国有资本审计监督的若干意见》等。

协同监督是国家审计提高监督质量与效率的重要举措,我国实现协同监督需要改变传统自上而下、依赖监督职权的单一治理模式,从而建立国家审计与国资委监管、社会审计和媒体监督等的耦合联动机制(戚振东和尹平,2015)[20],用制度管人管事管权,"将权力关在笼子里"(范如国,2014)[21]。为了完善国有资产监督体系,实现国有资产保值增值,2015年党中央和国务院相继颁布实施的《关于深化国有企业改革的指导意见》(以下简称《国企改革意见》)和《关于加强和改进企业国有资产监督防止国有资产流失的意见》(以下简称《加强国资监督意见》)中提出:"加强和改进党对国有企业的领导,切实强化国有企业内部监督、出资人监督和审计、纪检监察、巡视监督以及社会监督,严格责任追究,加快形成全面覆盖、分工明确、协同配合、制约有力的国有资产监督体系。"因此,构建协同高效的国有资产监督体系是整合监督资源,促进国有资产保值增值的有效实现方式(陕西省审计学会课题组,2004)[22]。现有文献主要从理论上阐释了国家审计协同其他监督的作用发挥机理,却鲜有经验数据证明。有的学者认为加强国家审计机关内部不同层级、不同业务类型,国家审计、社会审计与内部审计之间的协同,能够提高审计监督效率(吴秋生,2007;王世成和李袁婕,2013;Rosa和Morote,2016)[23-25];有的学者认为加强国家审计机关与国资委的协同有利于实现对国有资产的全面监督(王宝庆等,2006;吴秋生和杨瑞平,2007)[26,27];也有学者认为加强国家审计机关与纪检监察部门的协同有利于提高反腐败工作效率(王会金,2015;周泽将和修宗峰,2017)[28,29];还有学者认为加强国家审计机关与媒体的协同能够充分发挥社会监督和舆论监督的双重作用(蒲丹琳和王善平,2011;付忠伟等,2015)[30,31]。

　　综上所述,在国企改革步入深水期和攻坚期的关键阶段,实现国企资产保值增值无疑是评价国企改革成败的重要标准,国家审计及其协同其他监督对于促进国企资产保值增值发挥着重要作用,然而尚未有文献关注到国家审计及其协同其他监督对国企资产保值增值的影响及作用机理。那么,国家审计监督能否促进国企资产保值增值?国家审计分别协同国资委监管、社会审计与媒体监督是否有利于促进国企资产保值增值?研究和弄清楚这些问题,对于准确掌握国家审计监督国企职能的履行情况,优化和提高国企审计监督效能,构建协同高效的国企外部监督体系,促进国有资产保值增值具有重要意义。

1.1.2　研究意义

　　加强国家审计监督,构建协同高效的国企外部监督体系,是促进国企资产保值增值的重要举措。本书在公共受托责任理论、产权理论和协同理论的框架下,结合党的十九大部署、中央审计委员会第一次会议精神和审计全覆盖具体要求,深入研究国家审计及其协同其他监督对国企资产保值增值的影响及作用机理。这不仅有利于补充和拓展国企监督相关理论，而且对于推进国企审计全覆盖，构建协同高效的国企外部监督体系，实现国企资产保值增值具有重要的实践指导意义。

1）理论意义

第一，深化了公共受托责任理论和产权理论在国家审计相关研究领域中的嵌入机制，丰富了国家审计机关监督国企的后果效应以及国企资产保值增值的影响因素研究。

国企的首要职责就是实现国有资产保值增值，国家审计机关监督国企的公共受托责任履行情况也应该把实现国有资产保值增值作为首要目标。本书基于公共受托责任理论和产权理论，选取国家审计监督与国企资产保值增值之间全新的函数关系展开研究，并考察了国有控股程度对两者关系的调节效应，不仅深化了在国家审计相关研究领域中嵌入公共受托责任理论和产权理论的机理，而且丰富了国家审计的后果效应以及国企资产保值增值的影响因素研究。

第二，构建了国家审计 BDS 三维测度指标体系，为国家审计监督微观领域治理效应相关研究提供了新的维度划分视角。

如何全面、有效、多维度地测度和衡量国家审计一直是理论界的一个热点话题，特别是对于国企审计而言。本书在理解审计全覆盖的具体要求——应审尽审、凡审必严、严肃问责的基础上，结合中央审计委员会第一次会议具体部署和空间三维度概念，充分利用审计署公布的央企财务收支审计结果公告中披露的违规违纪问题、违规违纪金额、是否向纪检监察和司法部门移送涉嫌违法犯罪案件线索等数据，构建由国家审计对象覆盖广度、目标实现深度和权限行使力度等三个维度组成的国家审计 BDS 测度指标体系。据此深入分析国家审计监督国企的职能发挥情况，为微观领域国家审计相关研究的开展提供了新的视角。

第三，拓展了协同理论，探索了以国家审计为中心的国企外部监督协同机制，完善了国企外部监督协同理论体系。

构建协同高效的国企外部监督体系是实现国有资产保值增值的重要举措。本书从国家审计的视角出发，在构建国家审计 BDS 三维测度指标体系的基础上，结合系统协同的三个基本要素——协同意愿、共同目标和信息沟通，从国家审计对象覆盖广度视角出发研究国家审计机关与国资委的协同机制，从国家审计目标实现深度的视角出发研究国家审计与社会审计的协同机制，从国家审计权限行使力度的视角出发研究国家审计与媒体监督的协同机制，探索实现国企资产保值增值的协同监督机制。为拓展协同理论、构建国家审计机关有效参与的国企外部监督体

国家审计、协同监督与国企资产保值增值

系提供了重要的理论依据。

2）实践意义

第一，为国家立法机关进一步完善和修订《审计法》，明确国家审计机关监督国企的职责权限提供重要参考。

理论界和实务界对国家审计机关应否监督国有控股企业存在较大分歧，目前实践中国家审计机关监督国企以监督国有独资企业为主。本书以中国沪深 A 股上市公司为研究样本，不仅通过理论分析和实证检验发现国家审计有利于促进国企资产保值增值，而且进一步证明了提高国有控股程度能够显著增强国家审计监督促进国企资产保值增值的功能。这一研究结论有利于国家立法机关完善和修订《审计法》中关于国家审计机关监督国企职责权限的相关规定，为国家审计机关依法开展国企审计，促进国企资产保值增值提供法律制度保障。

第二，为国家审计机关完善审计监督制度，建立有效的国企审计监督机制，实现审计全覆盖提供经验证据支持。

在目前审计资源有限的条件下，如何科学、有效地完善国企审计监督制度，实现国企审计全覆盖是国家审计机关面临的一个重要的现实问题。本书基于审计全覆盖的基本要求，提出"应审尽审"可以通过充分扩大国家审计对象覆盖广度来实现，"凡审必严"可以通过努力实现国家审计目标深度来实现，"严肃问责"可以通过加强国家审计权限行使力度来实现。本书通过实证检验发现扩大国家审计对象覆盖广度、拓展国家审计目标实现深度、加强国家审计权限行使力度均有利于促进国企资产保值增值，但在审计资源有限的条件下，应该优先扩大国家审计对象覆盖广度。这一研究结论有利于国家审计机关贯彻落实党的十九大部署和中央审计委员会第一次会议精神，科学、有效地实现国企审计全覆盖，做到"应审尽审、凡审必严、严肃问责"，充分发挥国家审计监督促进国企资产保值增值的功能。

第三，为党中央和国务院合理确定国家审计机关在国企外部监督体系中的地位，厘清国家审计机关、国资委、社会审计机构和新闻媒体在国企外部监督体系中的作用和职责，构建协同高效的国企外部监督体系，深化国企改革提供参考依据。

如何打开国企外部监督体系的"黑箱子"，缓解"九龙治水"的国企监督困境，是构建各监督主体全面覆盖、分工明确、协同配合、制约有力的监督机制亟须研究的重要问题。参与监督国企的外部主体众多，可以按多个标准进行划分，这些监督主体都直接或间接地、或大或小地影响着国家审计对国企的监督效果，全面地研究国家审计与它们的协同对国家审计监督国企效果的影响很难实现。因此，本书在构建国家审计 BDS 三维测度指标体系的基础上，结合协同理论，进行理论分析并实证检验了国家审计协同国资委监管、国家审计协同社会审计以及国家审计协同媒体监督促进国企资产保值增值的作用机制,并得出了积极有益的研究结论,有利于党中央和国务院明确国家审计在国企监督体系中的中坚地位,从制度上完善国家审计机关与国资委、国家审计机关与社会审计机构以及国家审计机关与媒体的协同监督作用机制,有利于有效配置国企监督资源,提高国企外部主体协同监督效率,形成协同高效的国企外部监督体系,促进国企资产保值增值。

1.2 核心概念界定

1.2.1 国家审计

1)国家审计与国企审计概念辨析

《新华词典》中将审计定义为:"由独立的专职机构或人员,按一定的程序和方法,对企业、机关、事业单位等的财政、财务收支以及经营管理进行审核和检查的活动,以会计准则、审计准则以及有关的法律法规为依据,并在审核检查完毕后提出审计报告。"国家审计也称政府审计,是指国家审计机关依法开展的审计工作。2010年修订的《中华人民共和国审计法实施条例》(以下简称《审计法实施条例》)第二条将国家审计定义为:"审计机关依法独立检查被审计单位的会计凭证、会计账簿、会计报表以及其他与财政收支、财务收支有关的资料和资产,监督财政收支、财务收支真实、合法和效益的行为。"国家审计的主要业务类型包括政策落实跟踪审计、财政审计、金融审计、企业审计、政府投资项目审计、民生审计、资源环境审计、经济责任审计和涉外审计等,详见图1.2。其中,企业审计主要是指国企审计,即国家审计机关依法对国企实施的审计监督。

审计署自成立以来开展最早、投入力量最大、查处违规违纪问题最多的便是企业审计,最完善、最成熟的工作也是企业审计,审计署将开展国企审计作为履行审计监督职责的重点内容(李金华,1993;余玉苗,1999)[32,33]。审计署从2009年开始每年审计部分央企,并自2010年起单独公布每个被审计企业的审计结果公告。截至2020年2月20日,审计署已经公布了137份央企财务收支审计结果公告,审计监督的内容也从最初的财务收支审计扩展为对国企财会核算、决策和管理、政策落实、工程项目投资、廉洁从业、发展潜力和经济责任等内容的全方位审计①。此外,由于地方审计机关并没有建立规范化的国企审计结果公告制度,难以获得关于地

---

① 根据审计署公布的中央企业财务收支审计结果公告,截至2020年2月20日,累计公布137份中央企业财务收支审计结果公告,其中,2010年公布6份,2011年公布17份,2012年公布14份,2013年公布10份,2014年公布11份,2015年公布14份,2016年公布10份,2017年公布20份,2018年公布35份。

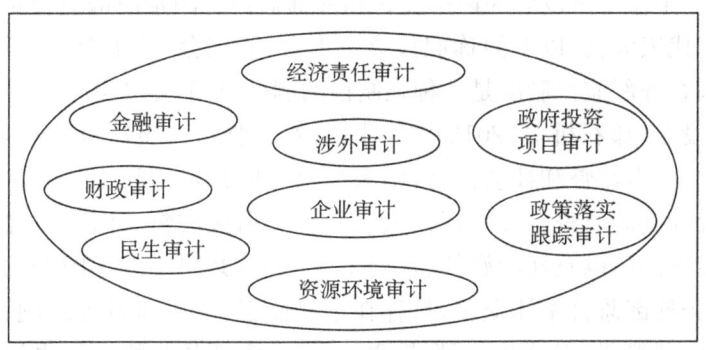

图 1.2　国家审计的主要业务类型

资料来源:作者采用 Visio 绘制所得。

方国企审计的相关详细数据。

综上所述,国企审计是国家审计的重要业务类型,本书中所指的国家审计即国企审计,主要是指审计署对央企实施的审计。

2)国家审计 BDS 三维测度指标体系

国家审计 BDS 三维测度指标体系是本书基于审计全覆盖的基本要求——应审尽审、凡审必严、严肃问责,根据中央审计委员会第一次会议具体部署,即优化审计资源配置,做到应审尽审、凡审必严、严肃问责,拓展审计广度和深度,加大审计力度,并结合空间三维度概念,构建的多维度测度国家审计的指标体系,主要由国家审计的对象覆盖广度、目标实现深度和权限行使力度构成。其中,国家审计对象覆盖广度,简称"Breadth",是指国家审计机关监督的国企覆盖面,主要体现为每年审计监督国企的数量占国企总数的比重。国家审计目标实现深度,简称"Depth",是指国家审计机关监督国企所要达到的目标层次,主要体现在国家审计机关查出国企的违规违纪金额数量上。国家审计权限行使力度,简称"Strength",是指国家审计机关监督国企时运用权限所产生的威慑效力,主要体现在国家审计机关是否向纪检监察、司法部门移送国企涉嫌违法犯罪案件线索上,具体内容详见本书3.3.2 小节"基于审计全覆盖的国家审计三维测度指标体系"。

1.2.2　协同监督

协同监督是一个复合词汇,可以分为协同和监督两个独立的概念,《新华词典》中将协同定义为"各方互相配合";将监督定义为"察看并督促"。厘清协同监督的含义,必须要明确协同监督的客体和主体。本书中协同监督的客体是国企,具体是指央企及其控股上市公司;协同监督的主体即能够依法监督国企的党政部门和社会机构等。国企监督可以分为内部监督和外部监督。国企内部监督主体主要包括党委会、职工代表大会(以下简称职代会)、工会、股东会、董事会、监事会和内部审计部门等;国企外部监督制度是一种强制性的制度供给,主要是基于外部相关党政部门的意愿设立(郑石桥等,2013)[34]。国企外部监督按照监督力量来源不同,可以分为国家公权力监督和社会监督,国家公权力监督按照权力行使主体的性质不同,又可以分为党的监督、行政监督、人大监督和司法监督。国家审计机关与国资委、纪检监察等部门以及新闻媒体、社会审计机构,共同构成了国企的外部监督体系。由于国企外部监督主体众多,且存在重复监督、多头监督等问题,不仅出现了严重的监督资源浪费(王晓梅和邢楠,2009)[35],而且各监督主体之间的关系错综复杂,目前难以全面、系统地研究所有监督主体之间的协同作用机理。因此,本书中的协同监督主要是指从国家审计的视角出发,分别研究国家审计协同国资委监管、国家审计协同社会审计以及国家审计协同媒体监督对国企资产保值增值的影响及作用机理。

1.2.3 国企资产保值增值

国企资产保值增值是一个复合词汇,包括国企资产、保值和增值三个独立的概念。明确本书中国企资产保值增值的具体含义,就要在辨析国有资产、国有资本与国企资产的基础上进一步厘清保值、增值与保值增值的概念。

1) 国有资产、国有资本和国企资产概念辨析

明确界定国有资产的内涵及其范围,不仅是对国有资产保值增值进行正确计量与考核的前提,而且是维护国有资产完整性的基本依据(陈余有,1995)[36]。国有资产有广义和狭义之分。广义的国有资产是指国家以各种形式所作的投资及其收益,财政拨款,接受馈赠,凭借国家权力取得,或者依据法律认定的各种财产和财产权利。广义的国有资产包括经营性国有资产、非经营性国有资产以及以自然资源形态存在的国有资产。其中,经营性国有资产是指由企业占有、使用的,以市场配置为主,用于生产经营的资产,也称企业国有资产,是能够直接为社会创造价值,并以盈利为目的的国有资产。非经营性国有资产是指由国家机关、事业单位和社会团体占有、使用的,用于国家公务和社会公益事业的国有资产,以及尚未启用的国有资产,不投入生产经营,具有非增值性。狭义的国有资产是指国家所有的并能为国家提供未来效益的各种经济资源的总和。《国有资产保值增值考核试行办法》和《企业国有资产监督管理暂行条例》中对国有资产定义:"国家对企业各种形式的投资以及投资收益形成的,或者依法认定取得的国家所有者权益。"该定义所指的国有资产即狭义的国有资产。因此,有的学者从国家直接管理国企的角度出发,认

国家审计、协同监督与国企资产保值增值

为国有资产是指国企的全部资产(周大仁,1994)[37];有的学者从国家向企业投入资产的角度出发,认为国有资产就是国家投入的资本(阎达五和杜胜利,1999)[38];有的学者从国家股权地位的角度出发,认为国有资产是国家对企业投资所取得的权益,即以国家资本为主体的国家股东权益总和(陈余有,1995)[36]。国有资本,即国有权益资本,是资产的价值表现形态。国企资产是国企所拥有的,用于生产和经营的各类经济资源的总和,包括国有资产和国有资本。

关于本书中的国企。在改革开放前,国家通过政府代表全民行使对企业的所有权,由政府直接管理企业,故将全民所有制企业称为"国营企业"。国营企业实行的是"国有国营"体制,由国家直接经营管理(蒋一苇,1987)[39]。党的十四大报告首次将全民所有制企业称为"国企",而非原来的"国营企业"。随后,在第八届全国人大第一次会议中"国营经济"被改称为"国有经济",相应地,"国营企业"被改称为"国企"。本书将原来的国营企业、国有独资企业及国有控股企业统称为国企。

2) 保值、增值与保值增值概念辨析

保值和增值是评价国有资产效益的重要指标。"保值""增值"与"保值增值"是三个不同的概念。在社会主义市场经济体制下,国有资产保值是指企业中国有资产继续维持其原有规模不变且能够进行简单再生产。其中,维持再生产有两层含义:一是企业占有国有资产的价值量不受损失;二是这些国有资产所提供的实物生产能力或使用价值量不受损失。国有资产增值是指企业中国有资产不仅能够维持其原有规模不变,而且能够进行扩大再生产,即期末国家所有者权益大于期初国家所有者权益。保值增值是国有资产管理的首要目标,增值是在保值的基础之上,实现资产收益资本化价值的增加,它反映了资产的质量和获利能力(张治栋和樊继达,2005)[9]。

综上所述,本书所研究的国企资产是指国企的所有资产,既包括国有资产、国有资本,也包括非国有资产、非国有资本;国企资产保值增值是指国企不仅能够维持其原有规模不变,而且能够进行扩大再生产,实现期末国企所有者权益大于期初国企所有者权益。因此,实现了国企资产保值增值,也就实现了国有资产保值增值,同时又实现了国有资本保值增值。

1.3 研究目的与内容

1.3.1 研究目的

本书紧紧围绕"国家审计、协同监督与国企资产保值增值"这一主题展开研究,旨在探索国家审计及其协同其他监督对国企资产保值增值的影响及作用机理,为实现国企审计全覆盖,构建高效的国企外部监督体系,促进国企资产保值增值提供理论依据和经验证据。本书旨在实现以下三个目标。

(1)从理论上进行分析并实证检验国家审计监督促进国企资产保值增值的作用机理,以及国有控股程度对两者关系的调节效应,为明确国家审计机关代表所有权监督国企的公司治理效应,促进国企资产保值增值提供重要的理论依据和经验证据。

(2)构建国家审计 BDS 三维测度指标体系,多维度测度和科学验证国家审计监督促进国企资产保值增值的功能发挥情况,为完善国企审计监督机制,实现国企审计全覆盖提供重要理论依据和经验证据。

(3)基于协同理论,结合国家审计 BDS 三维测度指标体系,确定国家审计机关应该协同的其他相关监督主体,进行理论分析并实证检验国家审计与国资委监管、社会审计、媒体监督的协同促进国企资产保值增值的作用机理,为构建协同高效的国企外部监督体系提供重要的理论依据和经验证据。

1.3.2 研究内容与章节安排

1)研究内容

本书旨在探讨国家审计及其协同其他监督促进国企资产保值增值的作用机理,主要研究内容包括以下四个方面:基于公共受托责任理论和产权理论,考察国家审计监督对国企资产保值增值的影响,并进一步检验国有控股程度对两者关系的调节效应;基于监督俘获理论和协同理论,考察国家审计对象覆盖广度以及国家审计协同国资委监管对国企资产保值增值的影响;基于后新公共管理理论和协同理论,考察国家审计目标实现深度以及国家审计协同社会审计对国企资产保值增值的影响;基于国家善治理论和协同理论,考察国家审计权限行使力度以及国家审计协同媒体监督对国企资产保值增值的影响。

2)章节安排

基于上述研究内容,本书按照"提出问题—文献综述—理论框架构建—实证检验—研究总结"的逻辑顺序展开研究,其中,第 4 章、第 5 章、第 6 章与第 7 章为本书的主要研究内容。各章节具体安排如下。

第 1 章,绪论。本章主要阐释选题背景与研究意义,界定国家审计、协同监督和国企资产保值增值等核心概念,概括研究目的与内容、研究思路与方法,并详细论述主要的研究创新点。

第 2 章,文献综述。本章从国企资产保值增值测度及内外部监督对其影响研究、国家审计机关监督国企的目标及其经济后果研究、国家审计机关监督国企的特征研究以及国家审计协同其他监督对国企资产保值增值的影响研究等四个方面出发,详细梳理与本书研究主题相关的国内外研究现状,发现已有研究尚需完善和改进之处,论证本书研究的创新所在。

第 3 章,制度背景、实践现状与理论框架构建。本章在阐释有关国家审计机关监督国企、国企监管体制改革及其内外部监督主体的制度背景与实践现状的基础上,基于公共受托责任理论和产权理论剖析国家审计监督国企的权力来源及其在国企外部监督体系中所处地位,构建基于审计全覆盖的国家审计 BDS 三维测度指标体系,并结合协同理论,形成国家审计及其协同其他监督促进国企资产保值增值的理论分析框架,为后文的研究奠定坚实的理论基础。

第 4 章,国家审计监督与国企资产保值增值。本章采用多期双重差分方法(Difference in Differences,DID),从整体上考察国家审计监督与国企资产保值增值的关系,并进一步检验国有控股程度对两者关系的调节效应,为第 5 章、第 6 章和第 7 章的研究展开奠定了基础。

第 5 章,国家审计广度、协同国资委监管与国企资产保值增值。本章主要从国家审计对象覆盖广度出发,进行理论分析并实证检验国家审计对象覆盖广度与国企资产保值增值的关系以及国家审计协同国资委监管对国企资产保值增值的影响。

第 6 章,国家审计深度、协同社会审计与国企资产保值增值。本章主要从国家审计目标实现深度出发,理论分析并实证检验国家审计目标实现深度与国企资产保值增值的关系以及国家审计协同社会审计对国企资产保值增值的影响。

第 7 章,国家审计力度、协同媒体监督与国企资产保值增值。本章主要从国家审计权限行使力度出发,进行理论分析并实证检验国家审计权限行使力度与国企资产保值增值的关系以及国家审计协同媒体监督对国企资产保值增值的影响。

第 8 章,研究结论、政策建议与研究展望。本章在总结前文研究结论的基础上,提出推进国企审计监督全覆盖、加强国家审计机关与国资委的协作、整合国家审计与社会审计监督资源、发挥国家审计与媒体监督协同作用等政策建议,并总结本书研究的局限性,对今后的研究进行展望。

本书具体章节安排情况详见图 1.3。

1.4 研究思路与方法

1.4.1 研究思路

本书基于审计署 2010—2018 年公布的央企财务收支审计结果公告,选取

研究过程 　　　　　　　　研究内容与章节安排

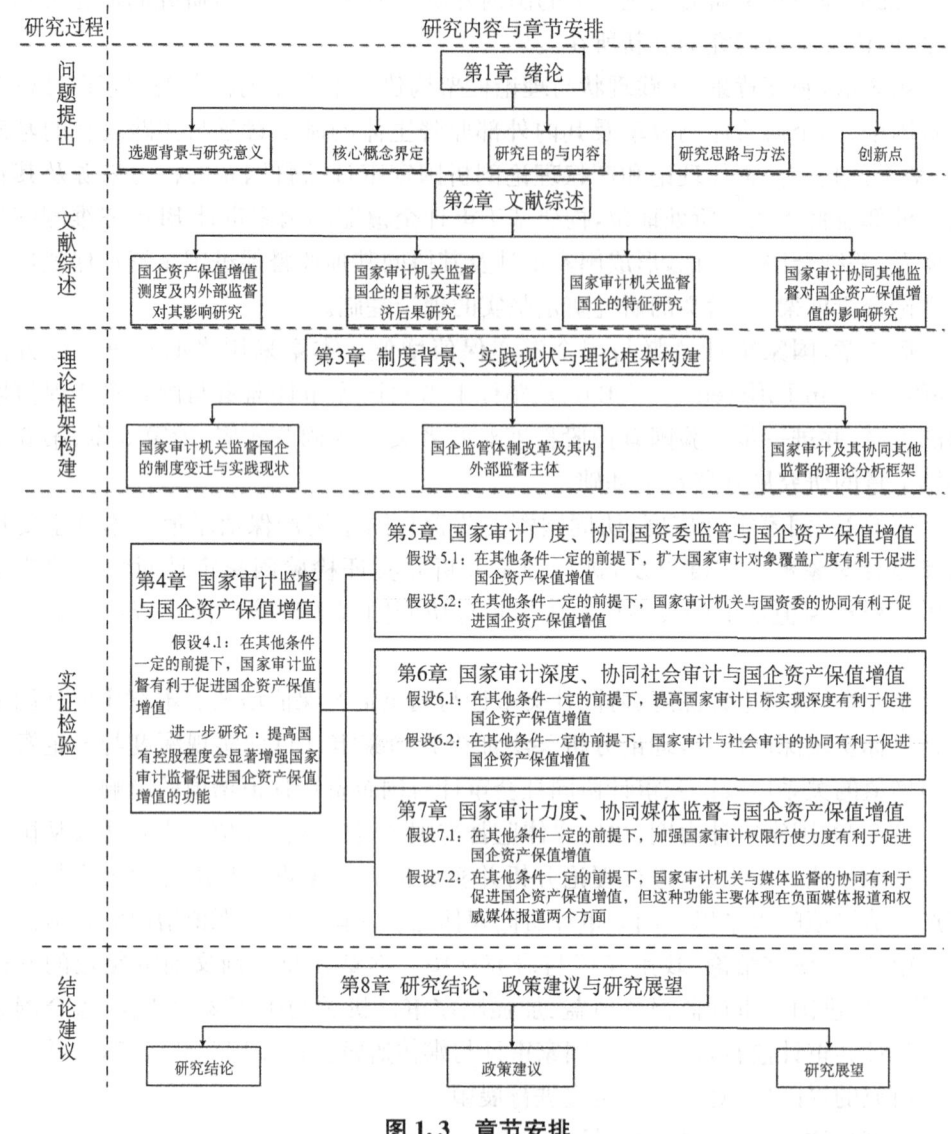

图1.3　章节安排

资料来源：作者采用 Visio 绘制所得。

2007—2017 年中国沪深 A 股上市公司为研究样本，以公共受托责任理论、产权理论、监督俘获理论、后新公共管理理论、国家善治理论和协同理论为指导，剖析国家审计监督国企的权力来源及其在国企外部监督体系中所处地位，并依据审计全覆盖具体要求，结合中央审计委员会第一次会议具体部署和空间三维度概念，构建由国家审计对象覆盖广度、目标实现深度和权限行使力度三维度组成的国家审计BDS测度指标体系。在此基础上,结合系统协同三要素——协同意愿、共同目标和信息沟通,形成国家审计及其协同其他监督促进国企资产保值增值的理论分析框架。同时,为了精准测度国企资产保值增值,得到更加可靠的研究结论,本书构建基于经济增加值(Economic Value Added,EVA)的国企资产保值增值测度指标进行主回归分析,并采用国有资产保值增值率进行稳健性检验。据此,本书从国家审计监督与国企资产保值增值;国家审计广度、协同国资委监管与国企资产保值增值;国家审计深度、协同社会审计与国企资产保值增值;国家审计力度、协同媒体监督与国企资产保值增值等四个专题出发,考察国家审计、协同监督与国企资产保值增值的关系。本书的研究思路详见图1.4。

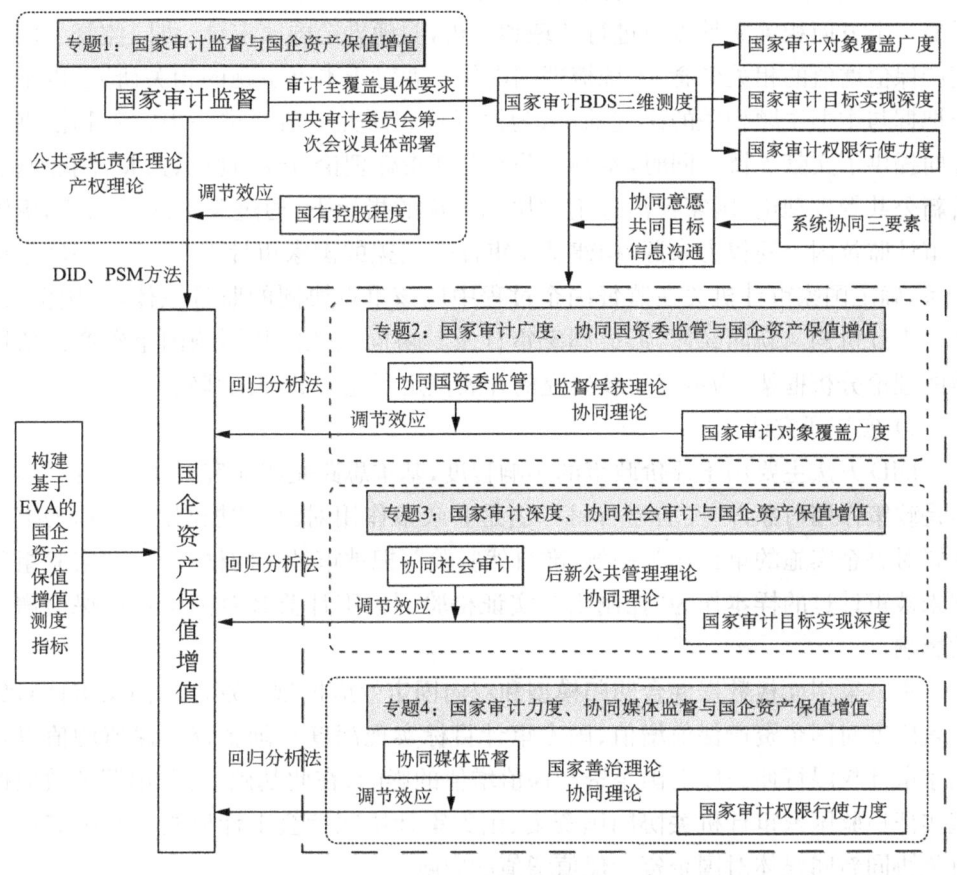

图1.4 研究思路

资料来源:作者采用 Visio 绘制所得。

1.4.2 研究方法

为了更好地实现本书的研究目标,深入剖析国家审计、协同监督与国企资产保值增值的关系,本书综合运用了规范研究法与实证研究法,具体而言,在文献综述和理论框架构建方面主要运用了文献推演与逻辑演绎法,在实证研究方面主要运用了多元线性回归分析法,具体包括 DID 方法、倾向得分匹配方法(Propensity Score Matching,PSM)、面板数据混合回归模型、调节效应模型和双向固定效应模型等。

1) 文献推演与逻辑演绎法

本书利用中国知网、百度学术、Web of Science 等电子期刊检索平台以及图书馆的期刊、著作等传统文献,对国内外关于国家审计、协同监督以及国企资产保值增值三个方面相关文献资料进行整理和分析,明确界定国家审计、协同监督和国企资产保值增值的相关概念,系统梳理国内外学者对于本书主题的相关研究,以全方位把握与本书主题相关的研究前沿,为探寻现有研究中需要进一步完善和推进的方向提供了文献支持。同时,本书在公共受托责任理论、产权理论、监督俘获理论、后新公共管理理论、国家善治理论和协同理论的指导下,通过逻辑演绎法,剖析国家审计监督国企的权力来源,构建基于审计全覆盖的国家审计 BDS 三维测度指标体系,确定国家审计机关在监督国企过程中应该重点协同的监督主体,即国资委、社会审计机构与新闻媒体,形成国家审计及其协同其他监督影响国企资产保值增值的理论分析框架,为本书后续研究的开展奠定了坚实的理论基础。

2) 实证研究法

DID 方法主要用于评价政策的影响程度,基本思路是将研究样本分为两组:一组是政策作用对象即"实验组";另一组是非政策作用对象即"控制组"。本书把审计署对央企实施的审计作为一场"准自然实验",把被审计过的样本作为"实验组",把未被审计过的样本作为"控制组",实证检验国家审计监督对国企资产保值增值的影响。

本书采用面板数据混合回归模型和双向固定效应模型分别检验国家审计对象覆盖广度对国企资产保值增值、国家审计目标实现深度对国企资产保值增值以及国家审计权限行使力度对国企资产保值增值的影响;在此基础上,采用调节效应模型实证检验国家审计机关协同国资委、国家审计协同社会审计机构以及国家审计机关协同新闻媒体对国企资产保值增值的影响。

使用 PSM 方法主要是为了减少数据偏差和混杂变量对研究结果的影响,以便更合理地比较实验组和对照组。本书选取财务杠杆,公司规模,公司成长性,净资产收益率,董事长与总经理兼任情况,公司上市年龄,管理层持股比例,独立董事比例,董事会规模,董事、监事、高管(以下简称董监高)前 3 名薪酬总额,是否亏损,审计意见等作为特征变量,并控制行业和时间固定效应,得到模型预测的倾向值得分,对被审计过的与未被审计过的上市公司进行 1∶1 最邻近匹配,得到配对的样本组,进一步实证验证国家审计、协同监督与国企资产保值增值的关系,以缓解由于样本自选择而产生的内生性问题。

1.5 创新点

(1) 从国有资产保值增值的视角出发,丰富了国家审计机关监督国企的经济后果研究;从国家审计的视角出发,丰富了国有资产保值增值影响因素研究。

不同于已有文献以国企会计稳健性、市场股价波动、公司治理效率、盈余管理水平、企业绩效、高管超额在职消费、股价崩盘风险、过度投资、内部控制质量、创新能力为视角研究国家审计的公司治理效应(唐雪松等,2012;李小波和吴溪,2013;陈宋生等,2013;蔡利和马可哪呐,2014;李江涛等,2015;褚剑和方军雄,2016;褚剑和方军雄,2017;王兵等,2017;程军和刘玉玉,2018;褚剑等,2018;池国华等,2019;杨华领和宋常,2019)[5,14-19,40-44],本书从国企的首要目标——国有资产保值增值出发研究国家审计机关对国企的治理功能,为研究国家审计发挥的公司治理效应提供了一个全新的视角。不同于已有文献从非国有股东持股比例和政治晋升等方面出发实证检验国企资产保值增值的影响因素(杨瑞龙等,2013;祁怀锦等,2018)[45,46],本书从国企外部重要监督主体——国家审计出发研究国企资产保值增值的影响因素,丰富了国企资产保值增值的影响因素研究。

(2) 构建国家审计 BDS 三维测度指标体系,全方位衡量国家审计职能发挥情况,为关于国家审计监督发挥微观公司治理效应的相关研究提供了一个全新的测度指标体系和研究视角。

不同于已有文献采用事件研究法、PSM 方法或 DID 方法,以国企是否被审计以及审计前后的差异测度国企审计质量(李小波和吴溪,2013;褚剑和方军雄,2016;李青原和马彬彬,2017;吴秋生和王婉婷,2019)[17,41,47,48];选取上市公司所在地区对应省级审计机关查出的违规金额、移送司法案件数和审计结果利用率等数据来间接衡量国企审计质量(李江涛等,2015;张立民等,2015)[43,49];将国企被审计年份及以后赋值为 1,之前赋值为 0,计算审计介入程度衡量国企审计质量(蔡利和马可哪呐,2014)[14]。本书构建由国家审计对象覆盖广度、目标实现深度、权限行使力度等三个维度构成的 BDS 测度指标体系,全方位衡量了国家审计职能发挥情况,为国家审计监督促进国企资产保值增值的研究提供了一个全新的测度指标体系和研究视角。

(3) 本书基于国家审计 BDS 三维测度指标体系,结合协同理论,厘清国家审计机关监督国企应该协同的主要监督主体并实证检验其协同作用机制,完善以国家审计为中心的国企外部监督协同理论体系。

不同于已有文献从理论上阐释审计主体之间和国家审计业务之间的协同机制。例如,国家审计、内部审计和社会审计的协同(吴秋生和杨瑞平,2007;Schneider,2009;Munro 和 Stewart,2010;李冬,2012)[27,50-52],财政审计、金融审计、投资审计等业务的协同(王世成和李袁婕,2013)[24];也不同于已有文献单独研究国家审计与纪检监察、司法部门(王会金,2015)[28]、国资委(吴秋生和杨瑞平,2007)[27]、媒体(樊冀等,2010;蒲丹琳和王善平,2011;Bringselius 和 Louise,2014)[30,53,54]、人民代表大会(杨肃昌,2002)[55]等监督主体的协同。本书聚焦于国家审计监督,全面而系统地从国家审计对象覆盖广度的视角出发研究国家审计机关与国资委的协同作用机制,从国家审计目标实现深度的视角出发研究国家审计机关与社会审计机构的协同作用机制,从国家审计权限行使力度的视角出发研究国家审计机关与新闻媒体的协同作用机制,为合理配置国企监督资源,构建国家审计机关合理有效参与的国企外部监管体系提供了重要的理论依据和经验证据。

1.6 小结

国企的首要职责就是实现国有资产保值增值,在国企改革步入深水期和攻坚期的关键时期,加强国家审计监督及其与其他监督的协同对于促进国企资产保值增值发挥着重要作用。本章在阐释选题背景与研究意义,提出主要研究问题,即"国家审计及其协同其他监督对国企资产保值增值的影响"的基础上,进一步界定国家审计、协同监督和国企资产保值增值等核心概念,明确研究目的、研究内容、研究思路和研究方法,并提出主要创新点。从整体上回答了本书研究中"为什么""是什么"和"怎么做"的问题,为后文的研究奠定了扎实的基础。

2 文 献 综 述

为了论证本书研究主题及其主要研究内容的创新性和前沿性,本章先后梳理了以下四类研究文献:国企资产保值增值的测度研究及内外部监督对其影响研究文献;国家审计机关监督国企的目标及其经济后果研究文献;从国家审计机关监督国企的范围、内容、方式和质量测度等方面梳理国家审计监督的特征研究文献;国家审计可以协同的其他监督形式以及国家审计协同其他监督的经济后果研究文献。

2.1 国企资产保值增值测度及内外部监督对其影响研究

2.1.1 国企资产保值增值测度研究

关于国有资产保值增值的测度,1994 年颁布实施的《国有资产保值增值考核试行办法》将国有资产保值增值率,即企业所有者权益期末数与期初数的比值,作为国有资产保值增值的测度指标。国资委于 2003 年制定实施的《中央企业负责人经营业绩考核暂行办法》将国有资产保值增值率定义为:"考核期末扣除客观因素后的所有者权益同考核期初所有者权益的比率。"随后,国资委于 2009 年、2010 年和 2012 年修订的《中央企业负责人经营业绩考核暂行办法》将国有资产保值增值率改名为国有资本保值增值率,并定义其为:"考核期末扣除客观因素后的国有资本及权益同考核期初国有资本及权益的比率。"2016 年和 2019 年正式实施的《中央企业负责人经营业绩考核办法》延续了上述衡量方法。基于此,现有研究中,有的学者采用国有资本保值增值率的年度值和任期加权平均值测度国有资产保值增值(杨瑞龙等,2013)[45];也有学者考虑物价上涨因素的影响,认为真正实现资产保值增值应该是当期净利润大于或等于一般物价指数与期初所有者权益的乘积(祁怀锦等,2018)[46]。

此外,还有学者致力于从理论上阐释构建基于 EVA 的国有资产保值增值衡量方法的合理性和科学性。EVA 是指从税后净营业利润中扣除股权和债务成本后的所得,是企业运营效率的评价指标。EVA 的三大要素——资本成本、净营业利润和投入资本已经涵盖了对风险、创新和价值等因素的考虑,EVA 与传统会计指标相比可以更加真实地反映企业的价值创造能力(Stern 等,1995;陆桂贤,2012)[56,57]。且 EVA 对股票价值的解释能力比传统会计指标高了将近 50%,比总资产收益率、权益净利率、销售利润率和市场增加值对股票收益的解释力度更大(O'Byrne,2010;余明桂等,2016)[58,59];比托宾 Q、股票回报率和税后净营业利润对企业价值的解释力度更高(O'Byrne,1999;Orbay 和 Yurtoglu,2006)[60,61];比净资产利润率、总资产收益率对市场增加值的解释力度更大(Rajan,2000)[62]。瑞士信贷第一波士顿银行指出,EVA 方法体系可以有效降低财务经营风险,更好地衡量收益的数量和持续性,在所有财务评估标准中,最能体现股东权益的增值。因此,构建基于 EVA 的国企资产保值增值测度指标,不仅能够促使企业由利润管理转向价值管理,提升企业自主创新能力,抑制企业过度投资行为,改善企业管理效率,实现企业价值不断提升(池国华等,2016)[63];而且能够有效实现企业效益最大化的目标,符合企业长期发展的战略要求,将全面推动企业资本保值增值(李笑南,2016)[64]。

2.1.2　内外部监督对国企资产保值增值的影响研究

监管国有资产的根本目标就是实现国有资产保值增值,国有资产能否实现保值增值在很大程度上取决于国家股东权的行使与保护情况(刘俊海,2015)[65],建立有效的国企内外部评估机制(Cheng,2008)[66],完善国企内外部监督机制对于实现国有资产保值增值具有重要作用(蒋恩尧和鲍芳芳,2000;黄群慧和余菁,2013)[67,68]。

1) 内部监督对国企资产保值增值的影响研究

卢昌崇(1994)[69]、薛有志和马程程(2018)[70]认为内部监督主要是通过提升国企治理水平监督约束代理人,国企监督制度改革中引进的"新三会"——股东会、董事会和监事会,与国企的"老三会"——党委会、职代会和工会之间也会相互掣肘。为了促进国企资产保值增值,应该完善国企法人治理机制(郝云宏和马帅,2018)[71],从所有权监督、自我监督、职工监督和党组织监督等四个方面完善国企高级管理者监督约束机制,切实保障企业员工参与治理的权利(刘建成,2003)[72];完善国企绩效考核评价指标体系,健全国企考核激励机制(Groves 等,1994)[73];建立现代企业制度,推进国企股份制改革,实现国企内部管理体制现代化(Sun 和Tong,2003;毛立言,2012)[74,75];加强国企内部会计监督,明确产权关系(伍中信和肖美英,1997)[76];健全国企内部控制制度(刘世林,2003;刘力云,2005)[13,77];建立严格的国有资产经营预算制度、国有资产审计制度和固定资产转让调拨制度(杨苗,2007;徐晓松,2012;中国社会科学院工业经济研究所课题组等,2014;项安波,2018)[78-81]。同时,也有学者认为,为了促进国企资产保值增值,必须重视发挥内部审计的监督作用(Kibet,2008;Radasi 和 Barac,2015)[82,83],不仅要积极发挥内部审计确认职能,提高企业财务报告质量(Prawitt 等,2009;张国清等,2015)[84,85],评价内部控制执行情况(Bell 等,2015)[86],抑制管理层的机会主义行为(Ege,2013)[87],增强控制活动的有效性(Bruynseels 和 Cardinaels,2014)[88];而且要积极发挥内部审计咨询功能,提高企业运营效率(陈莹等,2016)[89],在风险管理等方面提出改进建议(闫学文和刘澄,2013)[90]。

此外,党组织作为国企内部的重要组成部门,对国企的干预更为直接、有效(Opper 等,2002;Chang 和 Wong,2004;马连福等,2013)[91-93]。党组织参与公司治理是形成多元均衡的公司治理结构、提升国企决策效率和治理水平的重要机制(王曙光等,2019)[94]。党组织参与国企治理是中国公司治理的一大特色,在国企中发挥着政治核心作用,不仅《中华人民共和国公司法》(以下简称《公司法》)赋予了党组织对国企的监督职能以及重大经营决策的权力,而且国企高管的决策制定也需要充分考虑党委会的意见(马连福等,2013)[93]。党委会与监事会、高管层的"双向进入"可以显著降低国企代理成本(王元芳和马连福,2014)[95],缩小高管与普通职工之间的薪酬差距,抑制大股东窃取公司利益(Chang 和 Wong,2004)[92],促进董事会非正式等级平等化(Huang 等,2017)[96],提高国企经济效益(Hu 和 Lee,2019)[97]。纪委参与监事会治理也能有效降低公司代理成本(周泽将和雷玲,2020)[98]。但马连福等(2013)[93]又发现国企党委会参与公司治理会增加公司冗余雇员规模。因此,党组织在国企改革中扮演了指导、决策和监督的角色,在事项决策及人员任免两方面均发挥重要作用,只有始终将党组织放置在监督网络的中心位置,才能提高国企监督工作的有效性(薛有志和马程程,2018;吴凌畅,2019)[70,99]。

2) 外部监督对国企资产保值增值的影响研究

关于国企资产保值增值的外部监督影响因素,本书主要围绕国企的主要监管机构——国资委的成立展开。在国资委成立之前,有的学者认为,为了实现国企资产保值增值,政府部门应该实行对国企的会计人员委派制,或实行独立财务总监与财务负责人双委派制度(张泓,2001;江龙,2001;张泓和李从东,2004)[100-102]。国资委成立之后,有的学者认为,国资委的设立能够改善国企的经营绩效,提高国企的盈利能力,缓解以往国有经济监督部门林立、机构臃肿、效率低下的问题(Wang 等,2012;盛丹和刘灿雷,2016)[103,104]。国资委不仅可以通过建立国企分类监管制度(江龙，2001；薛有志和马程程，2018)[70,101]，完善国有资本管理体系、国有资本监督体系和国有资本营运体系(中国社会科学院工业经济研究所课题组等，2014)[80]，实施国企 EVA 考核提高国企经营管理水平(Kleiman，1999)[105]；而且可以通过选派国企负责人、派出监事会等方式加强对国企经营过程的监督(伍利娜，2008；王晓梅，2009)[106,107]。也有学者认为，在国有资产管理体制改革中，政府在放松对国企直接管理的同时，应该加强对国企特殊规制的建设(Jonathan 和 Koppell，2007)[108]，建立"政府—国有资本运营公司—混合所有制企业"的国有资产管理体制(Sam，2013)[109]或"国资委—平台公司—经营性企业"三层架构(何小钢，2018)[110]，以实现国资委监管职能从"管人管事管企业"向以"管资本"为主的转变(张文魁，2017)[111]。国有资产监管机构应该按照以"管资本"为主转变职能，改革国有资本授权经营体制，发挥国有资本投资、运营公司的实质性作用(项安波，2018)[81]。但还有学者认为，国有资产管理部门作为出资人和社会监管者的双重身份也会造成一定的监管混乱，因为市场主体无法分辨其何时是代表政府干预市场，何时是代表所有者和投资者保护市场(Chan，2009)[112]。

2.2 国家审计机关监督国企的目标及其经济后果研究

2.2.1 国家审计机关监督国企的目标研究

现有关于国家审计机关监督国企的目标研究中，有的学者认为，国家审计机关监督国企应将提高国企效益作为最终目标(李金华，1993；张先治和蒋美华，2008)[32,113]；将查错防弊、查问题、查漏洞、查违纪、查违规，维护财经纪律作为主要目标(阎新华，1994)[114]；将保证国家方针政策的贯彻落实，实现国有资产保值增值作为根本目标(李金华，2003；张先治和蒋美华，2008)[113,115]。也有学者认为，国家审计机关监督国企的目标在于监督国企财务收支的真实性、合法性和有效性(施松青和叶笃银，1999)[116]；保护国有资产的安全完整，提高企业经营自主权，维护国有股合法权益(余玉苗，2001)[117]；治理会计信息失真，提高会计信息质量，促进国有资产可持续发展(刘世林，2003)[77]；保障国有资产合法使用(吴秋生，2007)[23]；提高企业财务报告的真实性、完整性和及时性(谢志华，2008)[118]；维护境外国有资产安全完整，实现国有资产保值增值。还有学者认为，国家审计机关监督国企的目标在于提高国有经济的活力、控制力和影响力(何国成，2014)[119]；促进国企深化改革，监督国企经营者经济责任履行情况(青岛市审计学会课题组等，2015)[120]；维护国有资产安全，保障国企健康发展(审计署成都特派办理论研究会课题组和张瑞民,2015)[121];促进商业类国企资产保值增值和提高市场竞争能力,促进非商业类国企资产保值增值,服务国家战略和保障国家安全(王长友和戚艳霞,2016)[122];提高国企治理能力,改善国企经营效益,完善现代管理制度(李明辉,2018)[123]。

2.2.2 国家审计机关监督国企的经济后果研究

现有关于国家审计机关监督国企的后果效应研究中,有的学者通过规范研究认为,国家审计机关监督国企可以提高国家资金的使用效率,减少国家财产的损失浪费,促进国企调整产业结构,优化资源配置,降低劳动耗费,减少损失浪费,提高经济效益和社会效益(阎新华,1994;王宝庆等,2006;张先治和蒋美华,2008)[26,113,114];监督和促进国企合理使用国有资产,防止国有资产流失(杨苗,2007)[78];提高国有资产运营效率,促进国企资产保值增值(刘力云,2005;王晓梅,2009)[13,107];保护所有者合法权益不受侵犯,促使国企健全内部控制制度,完善治理结构,防范错误弊端,改进经营管理,提高经济效益(白彦锋,2008;宋常,2009)[125,126];监督和保护国有资产安全,提高国有资本运用效率(杨苗,2007)[78];防范国有资产处置并购中的腐败和资产流失问题,降低国有资本经营信息的不对称(陕西省审计学会课题组,2004;马曙光,2006)[22,127];惩治国企腐败,查处国企违规违纪行为(王晓梅,2009)[107]。

还有学者通过实证研究发现,国家审计机关监督国企能够在国企私有化进程中发挥重要作用(Torres 和 Pina,1999;Johnson 等,2003)[128,129];可以提高国企会计稳健性(唐雪松等,2012)[40]、国企治理效率(蔡利和马可哪呐,2014)[14]、国企绩效(李江涛等,2015;马东山等,2019)[43,130]、国企内部控制有效性(池国华等,2019)[16]、国企创新投入和创新能力(程军和刘玉玉,2018;褚剑等,2018;胡志颖和余丽,2019)[15,44,131]、国企产能利用率(张曾莲和赵用雯,2019)[132]和国企税收优惠政策的激励效果(潘孝珍和燕洪国,2018)[133];抑制国企高管超额在职消费(褚剑和方军雄,2016)[17]、国企股价崩盘风险(褚剑和方军雄,2017)[5]、国企过度投资(王兵等,2017)[18]、国企不合理纳税行为(王成龙等,2018)[134]、国企虚增收入(杨华领和宋常,2019)[19]、国企异常经营活动现金流和生产成本(王海林和张丁,2019)[135];增强国企的盈余反应系数和会计稳健性,抑制国企的真实盈余管理与应计盈余管理(陈宋生等,2013)[42];促进国企高管提高风险承担意愿(王美英等,2019)[136]。此外,国家审计还可以通过"威慑力"和"顺风车"两个途径作用于社会审计,这样不仅可以提高社会审计定价,而且能够提高社会审计效率和审计质量(李青原和马彬彬,2017;李晓慧和蒋亚含,2018;吴秋生和王婉婷,2019)[47,48,137]。

但李小波和吴溪(2013)[41]研究发现,国家审计结果公告会负向影响国企的股价波动,且国家审计披露的违规金额越多,市场反应越负面。张曾莲和刘一婷(2019)[138]研究发现,国家审计不但无法改善国企的内部控制设计及其运行的有效性,反而降低了国企内部控制的有效性。

2.3 国家审计机关监督国企的特征研究

2.3.1 国家审计机关监督国企的范围研究

耿建新和崔宏(2005)[139]认为只要是国有资产就应该成为国家审计机关的监督对象。具体到企业领域,就是将国企作为主要监督对象。但由于中国国企数量众多,财务收支规模庞大,目前国家审计机关的人力、物力和财力都难以实现对所有国企的审计全覆盖(秦荣生,2011)[12]。因此,关于国家审计机关监督国企的对象覆盖范围问题,理论界和实务界都存在较大争议。

有的学者认为,为了合理配置和使用国家审计资源,国家审计机关应"抓大放小",将重点放在国家掌管的企业集团,摒弃"国企一定要由国家审计"的想法(余玉苗,1999;张先治和蒋美华,2008)[33,113];应主要对非营利性、关系到国计民生的国企进行审计监督,而不再审计一般性的国企;应集中精力对重点国企进行审计监督,把其他国企交给社会审计监督(陕西省审计学会课题组,2004)[22]。随着现代企业制度在国企中的建立,也有学者认为,国家审计机关应对国企采取收缩战略,在坚持不放弃国企审计监督权的基础上,加强对掌握国民经济命脉国企的审计,让社会审计对非国家控股及大量非关键国企进行审计(顾芸,2000)[140];应审计国有独资和控股的少数重点国企(李金华,1993)[32];应重点审计国有资产较多、亏损较大、接受财政补贴较多的国企,而不应审计一般的中小型国企和国家控股企业(秦荣生,2011)[12];应将国有中小型企业、国有控股和参股企业交给社会审计(余玉苗,2001)[117],在社会审计承办国企、中外合资企业、股份制企业等事项的基础上,通过验证、查账、验资等方式对企业进行抽审或对部分企业重点审计(阎新华,1994)[114]。

但也有学者认为,国家审计机关不仅应重点审计大中型国企,而且不应放弃审计国家控股企业,特别是要审计股份集团公司中的核心企业(闵春辉,1996)[141];应加强对股份制企业的审计,审计国家参股尤其是国家控股的重点企业,重点审计国有资本控股或占主导地位的企业,特别是国家控股50%以上(包括国有独资)和国家控股虽不足50%但拥有实质控制权的非上市企业,有选择地对国家参股企业进行审计,加强对国有独资及国有控股企业的审计(张庆龙和谢志华,2009;黄溶冰和王跃堂,2008)[142,143];应审计国有资本占控股地位或主导地位的企业,特别是中央国有企业及国有资本占控股地位或主导地位的企业(吴秋生,2007)[23];应加强对国有参股企业,发生重大产权交易、改制的国企的审计(伍利娜,2008)[106];应加强对境外国企和国有控股企业的审计监督(马曙光,2006;王克玉,2014)[127,144]。此外,吴秋生(2007)[23]认为,根据成本效益理论,实现国企审计全覆盖的最佳方法是抽查,抽查使所有企业都有被审计的可能,而不仅仅是抓大放小,或只对国有资本控股或占主导地位的企业进行审计。

2.3.2　国家审计机关监督国企的内容研究

现有关于国家审计机关监督国企的内容研究中,有的学者认为,国家审计机关应重点监督国企改制和股权转让情况,关注国有股权管理的规范性和国有资产保值增值情况(陕西省审计学会课题组,2004)[22]。也有学者认为,国家审计机关应重点检查国企收入支出的客观真实性,检查经济活动是否有利于收入提升、财务支出是否符合法律法规的要求、国有资本是否得到有效利用(Tang 等,1999)[145];监督国企国有资产保值增值经济责任、国有资产存量预算、国有资产增量预算和国有资产变动预算情况(李晓明等,2004)[146];检查国企产权改革和财经法规遵守情况(李晓明,2001;张先治和蒋美华,2008)[113,147]。还有学者认为,国家审计机关应重点检查国企内部控制有效性和经济效益情况(施松青和赵刚,2000)[310];监督国企经济效益和权益分配情况,以及使用国家资金的经济性、效率和效果(廖洪和王素梅,2008)[148];重点关注国企的资产安全、利用以及保值增值情况。因此,国家审计机关应监督国企国有资本调整全过程和执行国家政策的落实情况(杨建荣,2016)[149]。

2.3.3　国家审计机关监督国企的方式研究

现有关于国家审计机关监督国企的方式研究中,有的学者认为,国家审计机关应将重点放在财务审计上,把国企经营效益审计放在第一位(余玉苗,2001)[117];由以财务收支审计为主向资产、负债、损益审计过渡,由以合法性审计为主向合法和效益审计并重转变(辛旭和郭永芳,2001)[150];对国企领导人实施经济责任审计、承包经营审计、厂长(经理)离任审计、财经法纪审计和经济效益审计(余玉苗,2001)[117];对国企实施资产经营责任制审计、离任审计以及有重点的财务审计、行业审计、效益审计和审计调查(张继勋,2000)[151];对国企开展专项审计、审计调查和保值增值责任审计(李晓明,2001)[147];对国有控股企业的领导人进行经济责任审计,有重点地开展绩效审计,对国企改制、重组和破产等国有资产的产权交易事项进行审计(吴秋生和杨瑞平,2007)[27];对国有及国有控股企业领导人进行任中审计,将合规性审计、效益审计与经济责任审计相结合,探索环境审计,对高污染企业开展清洁生产审计(白彦锋,2008;王会金和陈希晖,2008)[125,311];切实开展财务报表审计、经营审计、内部控制审计、社会责任履行情况审计和财政补贴资金审计(刘力云,2005)[13]。

也有学者认为,国家审计机关应从财务收支审计向绩效审计和经济责任审计转变(王宝庆等,2006;伍利娜,2008)[26,106];将经济责任审计与绩效审计结合起来,关注企业社会责任审计(王晓梅,2009)[107];加强事中审计、任期经济责任和经营业绩审计,将政策执行审计向决策审计延伸(王会金和王素梅,2010)[152];注重国家经济安全审计(陈希晖和夏明东,2010)[153];实施国企财务收支审计、廉政审计、政策落实跟踪审计、专项审计、项目投资审计和领导干部经济责任审计(刘家义,2012;董大胜,2015)[10,154];围绕国企领导人经济责任和重大经济决策进行审计(审计署济南特派办理论研究会课题组,2015)[155];向政策执行审计、管理审计、个人责任审计、境外资产审计、信息系统审计、社会责任审计、整改审计和外部发展环境审计等方向变革(陈献东,2016)[156];以财务收支审计、专项审计和国有资本经营预算审计为主(王长友和戚艳霞,2016)[122],加强后续跟踪审计(宋常等,2006)[157]。

此外,李正龙(2001)[158]认为,国家审计覆盖面不应低于 2/3,只有被审计的概率大于 2/3 时,才能体现审计的威慑力。Leonard 等(2016)[159]研究发现,国家审计发现问题的数量与所花费的检查时间密切相关。鲁桂华(2003)[160]研究发现,国家审计处罚强度与审计覆盖率之间存在替代关系,在审计资源既定的情况下,可以加大审计处罚强度去替代成本更高的审计覆盖率。过度的工作负荷和压力可能会影响审计人员的效率,降低审计质量(Lopez 和 Peters,2012;Persellin 等,2017)[161, 162]。因此,在审计资源有限的条件下,优化审计技术、提高审计效率和审计处罚决定的执行率,是提高审计覆盖率的最佳选择(郑石桥等,2013)[34]。

2.3.4 国家审计机关监督国企的质量测度研究

1)国家审计质量的内涵研究

审计质量是审计工作的"生命线",但如何测度审计质量却没有达成共识(Massod 和 Afzal,2016;Stavrou,2018)[163, 164]。现有文献关于审计质量内涵的研究主要有三种观点:第一种是过程质量观,认为审计质量是"审计过程与审计标准一致的程度"(Aldhizer 等,1995;Krishnan 和 Schauer,2001)[165, 166];第二种是结果质量观,认为审计质量是审计师发现并报告财务报告中错误的联合概率

(DeAngelo，1981)[167]，这一观点又有狭义和广义两个层次，狭义上强调审计结论与被审计事项真实情况的吻合程度，而广义上则强调审计结论与被审计事项真实情况的吻合程度以及对审计需求的满足程度(Senathip 等，2017)[168]；第三种是综合质量观，认为审计质量是审计人员专业胜任、工作合规和报告真实的程度(Raman 和 Wilson，1994)[169]，是审计人员能够发现、报告和督促整改被审计单位问题的程度(王跃堂和黄溶冰，2008)[170]，会受到审计投入、审计过程、审计行业与市场等因素的影响(Francis，2011)[171]。国家审计质量的内涵在审计过程中体现为对审计准则的遵循程度，在审计结果中体现为对内部控制缺陷情况的披露程度，在总体上体现了审计人员的独立性、专业胜任能力、尽职尽责情况和发现报告问题能力(Copley 和 Doucet，1993；Asmara，2016)[172, 173]，其中审计人员的专业胜任能力是影响国家审计质量的最主要因素(Aida 等，2019)[174]。此外，资源约束和超负荷工作任务也是降低国家审计质量的重要原因(Ahmad 等，2009；Massod 和 Lodhi，2015)[175, 176]。

2) 国家审计质量的测度研究

在中国，现有文献主要从宏观和微观两个层面对国家审计质量的测度展开研究。

宏观层面上，王芳和周红(2010)[177]认为在难以获取过程审计质量指标的前提下，结果审计质量指标可以作为恰当的替代指标来反映审计质量的总体水平。国家审计机关也一直把审计查出的违规违纪金额作为其审计实践的重要成果(宋常等，2006)[157]，并将其与审计建议、信息被批示采纳情况共同作为国家审计质量的替代指标(马曙光，2007；唐雪松等，2012)[40,178]。因此，现有研究中学者们一般采用国家审计机关查出的违规违纪金额数量的对数、违规违纪金额数量与地区生产总值的比值、审计报告或信息被批示采用率作为国家审计质量的测度指标(宋常等，2006；马曙光，2007；吴秋生等，2016)[157,178,179]。但是，也有学者认为衡量国家审计质量不仅要关注国家审计是否"发现"且"报告"了违规违纪问题，而且要关注国家审计是否履行了"矫正"功能(王跃堂和黄溶冰，2008)[170]。因此，有学者基于国家审计"免疫系统"理论，从国家审计处理落实情况、审计移送情况和审计建议落实情况等方面测度国家审计质量(黄溶冰和王跃堂，2010；叶子荣和马东山，2012；黄溶冰和乌天玥，2016)[180-182]。

微观层面上，大多数学者采用事件研究法、PSM 方法或 DID 方法，以国企是否被审计以及审计前后的差异为标准来测度国家审计质量(李小波和吴溪，2013；陈宋生等，2013；褚剑和方军雄，2016)[41,42,17]；也有学者通过选取上市公司所在省份对应的省级审计机关查出的违规违纪金额、移送司法案件数和审计结果利用率等数据来间接衡量国家审计质量(李江涛等，2015；张立民等，2015)[43,49]；或者将国企被审计年份以及以后年份赋值为 1,没有审计的年份赋值为 0,最后将各年度赋值加总求和的结果作为国家审计质量的替代指标(蔡利和马可哪呐,2014)[14]。此外,李小波和吴溪(2013)[41]采用了央企财务收支审计结果公告中公布的处理处罚金额来衡量国企的违规程度。

2.4 国家审计协同其他监督对国企资产保值增值的影响研究

2.4.1 国家审计协同其他监督对象研究

构建协同高效的国企外部监督体系,是整合监督资源,形成监督合力,实现国有资产保值增值的有效方式(陕西省审计学会课题组,2004)[22]。在中国,行政监督权不仅派生了审计监督权,还派生了财政监督权、金融监督权、税务监督权等,使得对国企的资产管理、出资管理、党建工作、项目审批、人事任命等的主要监管权力散布于国资委、财政部、发展和改革委员会、中共中央组织部等多个部门(杨瑞龙等,2013)[45]。这不仅带来较为严重的经济领域行政监督主体多元化,行政部门之间职能交叉、职责重复以及资源浪费等问题(李季泽,2001)[183];而且造成监督部门的责任和风险不对称,难以确定国企监督失察风险担当者等问题(郑林,2001)[184]。因此,构建国家审计与国资委、财政部等其他监督的协同机制有利于节约监督资源,加强对权力规范运行的全面监督,做到发现问题在先、防范风险在前,及时整改落实。

国家审计与纪检监察、监察检察、巡视和社会监督等共同构成了党和国家的"大监督"体系,旨在增强监督合力,有效发挥对公权力的制约功能(鹿斌和沈荣华,2019)[185]。现有关于国家审计机关协同其他监督对象的研究中,有的学者认为,应该加强国家审计机关与国资委(吴秋生和杨瑞平,2007)[27]、人民代表大会(杨肃昌,2002)[55]等的协同,完善与公检法的联合办案机制(付忠伟等,2015)[31]。也有学者认为,国家审计机关要加强对国资委、财政部、税务机关等专业经济监督部门的"再监督",严格界定财政监督、外派监事会、税务监督和工商监督等部门的职责(施松青和赵刚,2000;刘力云,2005;吴秋生和杨瑞平,2007;贾明和张喆,2015)[13,27,186,310]。还有学者认为,国家审计机关属于监督反馈系统,与党的机关、监察机关、人民代表大会、政协、司法机关等其他监督机关的协同,有利于维护国有资产安全、推动国企深化改革(王会金,2016)[187]。因此,中国应该建立国家审计机关与国资委、财政部、纪检监察等其他监督部门的协同机制,充分发挥不同监督部门的优势和特点,形成对国有资产全方位、全系统的"监督网"(王宝庆等,2006)[26],促进国企资产保值增值。

2.4.2　国家审计协同其他监督的经济后果研究

现有关于国家审计机关协同其他监督的研究主要分为三类：一是审计主体的内部协同研究；二是国家审计机关与纪检监察机关的协同研究；三是国家审计机关与媒体的协同研究。

1) 审计主体的内部协同研究

现有关于审计主体的内部协同研究中，有的学者关注最高审计机关、地方各级审计机关之间的协同（王会金，2013）[188]，以及国家审计内部财政审计、企业审计、金融审计等多业务的协同（王世成和李袁婕，2013）[24]；也有学者关注审计监督各子系统在政府投资项目和企业管理过程中的协同治理（李冬，2012；王会金等，2013）[52,189]。但大部分学者关注的是国家审计、内部审计与社会审计之间的协同（许汉友，2004；Schneider，2009；Munro 和 Stewart，2010；李冬，2012）[50-52,190]，并发现为避免对国企的重复审计，提高国家审计监督效率，促进国有资产保值增值，应整合审计资源，建立国家审计、社会审计和内部审计协同的审计监督体系（宋常，2000；吴秋生，2007；王晓梅，2009；秦荣生，2011；Rosa 和 Morote，2016）[12,23,25,107,191]。其中，社会审计能够发挥提高公司治理效率、报告和揭发内部人员攫取和转移企业现金流量行为等作用（Legoria 等，2013；Francis 等，2013）[192,193]。内部审计能够帮助企业提升管理效能和内部控制质量（Kibet，2008；Radasi 和 Barac，2015）[82,83]。国家审计应加强对社会审计的监督，处罚不称职的注册会计师及其所在的会计师事务所（王宝庆等，2006）[26]。此外，和秀星等（2015）[194]、廖洪（2007）[195]认为国家审计可以利用内部审计工作提高审计效率，以弥补审计资源不足的缺陷。

2) 国家审计机关与纪检监察机关的协同研究

现有关于国家审计机关与纪检监察机关的协同研究中，王会金（2016）[187]认为在中国强调国家治理的时代背景下，国家审计与纪检监察的协作目标不应再局限于反腐败的单一领域，而应拓展到比反腐败更为宽泛的国家治理风险的控制领域，从而形成高效的国家审计与纪检监察协作机制。王会金（2015）[28]分析了国家审计与纪检监察关于反腐败监督的法定权责，探索了国家审计与纪检监察协同运作的实现机制。马志娟和刘世林（2012）[196]认为国家审计与纪检监察的优势互补，能够打破两部门之间的"割据"状态，整合分散的监督力量，提高反腐败领域的办案效率。但是，国家审计与纪检监察的协同监督也面临着协作目标有待拓展、法规依据有待完善、效率性有待提高等突出问题，这就需要明确必要的风险导向工作思路：国家治理风险潜伏在哪里，两者协作的合力就应当延伸到哪里。并引入必要的质询机制,对两者的协作机制进行有效的监督。因此,国家审计机关要改进与纪检监察、监察检察、公安等部门的协调配合机制,建立健全审计移送案件的跟踪和查处公告制度(《中国特色社会主义审计理论研究》课题组,2013)[197],在监督方式方法等方面实施有效协同,以提高反腐败工作效率(周泽将和修宗峰,2017)[29]。

3) 国家审计机关与媒体的协同研究

现有关于国家审计机关与媒体的协同研究中,付忠伟等(2015)[31]认为国家审计机关应该加大对审计结果和审计查出问题整改结果的公开力度,充分利用社会监督和舆论监督提高审计威慑力。媒体作为信息的载体和中介,是一种重要的社会监督力量,是社会民主监督机制的重要组成部分(Besley 和 Prat,2006)[198],能够有效提高政府监管效率(张凯泽等,2019)[199]。新闻媒体在提升国家审计机关公共形象上优势显著,能够提高国家审计绩效(华金秋等,2009)[200]。国家审计与媒体监督均以寻求"公正"为价值目标,两者的协同在抗震救灾资金管理中发挥了重要作用(华金秋等,2009)[200]。媒体正面报道能够同高质量审计产生协同效应,强化高质量审计抑制上市公司权益资本成本的作用;而媒体负面报道与高质量审计产生信息分歧,弱化高质量审计抑制上市公司权益资本成本的作用(朱丹和李琰,2017)[201]。媒体监督可以提高国家审计绩效,媒体监督水平越高,国家审计建议的采纳绩效和整改绩效越好(王会金和马修林,2017)[202]。但蒲丹琳和王善平(2011)[30]研究发现媒体负面报道也能够帮助国家审计提升绩效,地区媒体负面报道越多,国家审计查出的违规金额也越多。

2.5 文献述评

综上所述,已有文献对国企资产保值增值测度及内外部监督对其影响、国家审计机关监督国企的目标及其经济后果、国家审计机关监督国企的特征、国家审计协同其他监督对国企资产保值增值的影响等方面进行了深入的研究。这些文献为本书的研究提供了丰富的研究基础和有益的启示,但仍有以下三个方面有待进一步研究和完善。

1) 国家审计监督与国企资产保值增值关系的科学验证

尽管已有文献从国企会计稳健性、股价波动、公司治理效率、盈余管理水平、企业绩效、高管超额在职消费、股价崩盘风险、过度投资、内部控制质量、创新能力等视角实证检验了国家审计机关监督国企的经济后果,从非国有股东持股比例和政治晋升等方面实证检验了国企资产保值增值的影响因素。但国企资产保值增值作为国企的首要目标,国家审计作为国企重要的外部监督主体,尚未有文献

国家审计、协同监督与国企资产保值增值

对国家审计监督与国企资产保值增值的关系进行深入研究,更未有文献提供经验证据。

2) 国家审计监督国企的多维度测度指标体系构建

已有文献主要把审计署公布的央企财务收支审计结果公告作为一场"准自然实验",采用事件研究法或者 DID 方法实证检验国家审计机关监督国企的经济后果,也有学者选取上市公司所在省份对应的省级审计机关的审计数据实证检验国家审计机关监督国企的经济后果。但这样的国家审计替代指标选择,有的缺乏区分度(是否审计、审计前后等),有的比较间接(以审计机关总体质量替代国有企业审计质量),无法全方位、多维度地测度微观层面的国家审计,严重限制了国家审计监督国企治理功能相关研究的推进。本书基于审计全覆盖基本要求,充分利用审计署公布的央企财务收支审计结果公告相关数据,构建国家审计 BDS 三维测度指标体系,分别从国家审计对象覆盖广度、国家审计目标实现深度和国家审计权限行使力度三个维度出发衡量国家审计,不仅能够更加全面、准确地测度微观层面的国家审计,而且能够全面反映出国家审计机关监督国企的职能发挥情况。

3) 国家审计协同其他监督对国企资产保值增值的影响及其作用机理

已有文献主要从理论上分析不同审计主体之间的内部协同机制,阐释国家审计机关与纪检监察部门、社会审计机构、内部审计部门与新闻媒体等监督主体的协同机制,鲜有实证研究。本书从国家审计监督的视角出发,基于国家审计 BDS 三维测度指标体系和协同理论,结合系统协同的三要素——协同意愿、共同目标和信息沟,明确国家审计机关应该协同的主要监督主体,即国资委、社会审计机构与新闻媒体,并深入研究国家审计与国资委监管、国家审计与社会审计、国家审计与媒体监督协同促进国企资产保值增值的作用机理,对于构建协同高效的国企外部监督体系具有重要意义。

2.6　小结

只有围绕本书研究主题,深入了解和分析相关已有研究文献,才能发现有待研究的争议点、空白点和拓展点,形成本书的创新基础。为此,本章运用文献推演与逻辑演绎法,从四个方面详细梳理国内外与本书研究主题相关的研究文献,发现国家审计监督与国企资产保值增值关系的科学验证、国家审计监督国企的多维度测度指标体系构建、国家审计协同其他监督对国企资产保值增值的影响及其作用机理等方面有待进一步研究,这为后文的研究提供了有力的文献支持。

3 制度背景、实践现状与理论框架构建

构建科学合理的国家审计及其协同其他监督促进国企资产保值增值的理论分析框架,应当充分了解国家审计机关监督国企,以及国企监管体制改革的制度背景与实践状况。为此,本章首先阐释国家审计机关监督国企的制度变迁、目标演变及其成效;其次剖析国企监管体制改革的诱因及其历程、国企内外部主要监督主体及其职责;最后从国家审计监督国企权力来源及其所处地位、基于审计全覆盖的国家审计三维测度指标体系和国家审计协同其他监督主体选择出发,构建国家审计及其协同其他监督促进国企资产保值增值的理论分析框架。

3.1 国家审计机关监督国企的制度变迁与实践现状

3.1.1 国家审计机关监督国企的制度变迁

1982 年颁布的《中华人民共和国宪法》(以下简称《宪法》)第九十一条规定:"国务院设立审计机关,对国务院各部门和地方各级政府的财政收支,对国家的财政金融机构和企业事业组织的财务收支,进行审计监督。"据此,审计署于 1983 年 9 月 15 日正式成立,隶属于国务院,在国务院总理领导下依法独立行使审计监督权。无论政府部门、事业单位,还是企业,只要存在受托经营管理的公共财产,就要承担公共受托责任,国家审计机关就应对其公共受托责任履行情况进行审计(秦荣生,1995)[203]。审计署成立之初就将企业作为主要监督对象,开展的第一个审计项目也是企业审计,标志性文件有两个:一是 1983 年国务院批转的《关于开展审计工作几个问题的请示的通知》,其明确指出"国务院各部门和地方各级政府的财政收支,国家的财政金融机构和企事业组织的财务收支,都应当接受审计监督"。二是 1985 年国务院颁布的第一部审计法规——《关于审计工作的暂行规定》,第五条明确规定审计机关的主要任务之一为"对国营企业事业组织、基本建设单位、金融保

险机构的财务收支及其经济效益,进行审计监督"。在此基础上,1988年审计署进一步扩大了企业审计范围,将有国家资产的中外合资企业和合作企业、国内联营企业和其他企业纳入审计范围,这一阶段的标志性文件主要有两个:一是1988年国务院颁布的《中华人民共和国审计条例》(以下简称《审计条例》),其第十二条规定:"审计机关的主要任务是对下列单位的财政、财务收支进行审计监督,其中包括:全民所有制企事业单位和基本建设单位;有国家资产的中外合资企业和合作企业、国内联营企业和其他企业。"二是1989年审计署颁布的《中华人民共和国审计条例施行细则》规定:"《审计条例》第十二、第十三条所称的国家资产是指国家直接管理或者授权部门、企事业单位和其他单位管理和使用的属于全民所有的财产,及其所取得的收益。第十二条第五项中的其他企业,是指有国家资产的其他非全民所有制企业。"

1994年第八届全国人民代表大会常务委员会第九次会议审议通过《审计法》,明确企业审计的对象为国企,并首次提出国家审计机关对国有资产占控股地位或者主导地位的企业的审计监督由国务院规定,此后国家审计机关在实践中相继审计了康佳、广深医联、中冠、中兴通讯等股份有限公司,均取得了较好效果。国务院于1997年颁布的《中华人民共和国审计法实施条例》(以下简称《审计法实施条例》)对国有资产占控股地位或者主导地位的企业进行了明确界定。此后,2006年修订的《审计法》和2010年修订的《审计法实施条例》对企业审计的相关规定保持不变。在此期间,标志性文件有1994年《审计法》,其第二十条规定:"审计机关对国企的资产、负债、损益,进行审计监督。"第二十一条规定:"审计机关对与国计民生有重大关系的国企、接受财政补贴较多或者亏损数额较大的国企,以及国务院和本级地方人民政府指定的其他国企,应当有计划地定期进行审计。"第二十二条规定:"对国有资产占控股地位或者主导地位的企业的审计监督,由国务院规定。"另外,还有1997年《审计法实施条例》,其第二十条明确指出:"审计机关对国有资产占控股地位或者主导地位的下列企业,依法进行审计监督:(一)国有资本占企业资本总额的50%以上的企业;(二)国有资本占企业资本总额的比例不足50%,但是国有资产投资者实质上拥有控制权的企业。"2006年修订的《审计法》将第二十一条删除,第二十和第二十二条保持不变。2010年修订的《审计法实施条例》第十九条进一步规定了国有资本占控股地位或者主导地位的企业的具体内容:"(一)国有资本占企业、金融机构资本(股本)总额的比例超过50%的;(二)国有资本占企业、金融机构资本(股本)总额的比例在50%以下,但国有资本投资主体拥有实际控制权的。"

党的十八大以来,审计成为党和国家监督体系的重要组成部分。党的十八大提出要完善审计制度,实行审计全覆盖的重大部署。在此期间,标志性文件有2014年国务院颁布实施的《关于加强审计工作的意见》,它首次提出对公共资金、国有资产、国有资源、领导干部经济责任履行情况进行审计监督全覆盖。2014年党的十八届四中全会审议通过《中共中央关于全面推进依法治国若干重大问题的决定》(以下简称《决定》),明确提出"完善审计制度,保障依法独立行使审计监督权。对公共资金、国有资产、国有资源和领导干部履行经济责任情况实行审计全覆盖"。2015年中共中央、国务院颁布实施的《完善审计制度若干重大问题的框架意见及相关配套文件》中详细阐释了国有资产审计全覆盖的具体内容:"审计机关要依法对国有和国有资本占控股或主导地位的企业等管理、使用和运营的国有资产进行审计监督。"其中,主要检查遵守国家法律法规情况、贯彻执行国家重大政策措施和宏观调控部署情况、国有资产保值增值情况、国有资产重大投资决策及投资绩效情况、资产质量和经营风险管理情况、国有资产管理部门职责履行情况。并根据国有资产的规模、管理状况以及管理主体的战略地位等因素,确定重点审计对象。

党的十九大报告作出改革审计管理体制的重大决策部署,党的十九届三中全会决定组建中央审计委员会。在此期间,标志性文件是2018年中共中央颁布实施的《深化国家机构改革方案》,该方案明确指出:"为加强党中央对审计工作的领导,构建集中统一、全面覆盖、权威高效的审计监督体系,更好地发挥审计监督作用,组建中央审计委员会,作为党中央决策议事协调机构。"并进一步提出"为整合审计监督力量,减少职责交叉分散,避免重复检查和监督盲区,增强监督效能,将国家发展和改革委员会的重大项目稽察、财政部的中央预算执行情况和其他财政收支情况的监督检查、国务院国有资产监督管理委员会的国企领导干部经济责任审计和国有重点大型企业监事会的职责划入审计署,相应地对派出审计监督力量进行整合优化,构建统一高效审计监督体系"。为了积极推进审计管理体制改革,2019年审计署向社会公布《审计法》(修订草案征求意见稿),并初步确定对国企审计相关内容的修订办法。其中,第十九条规定:"审计机关对本级各部门(含直属单位)、下级政府,以及国有和国有资本占控股地位或者主导地位的企业(含金融机构)贯彻落实党和国家重大经济政策措施和决策部署的情况,管理、开发、利用国有自然资源以及有关生态环境保护情况,进行审计监督。"第二十四条规定:"审计机关对国有和国有资本占控股地位或者主导地位的企业(含金融机构)的财务收支,以及有关经济活动,进行审计监督。"第二十八条规定:"审计机关对地方各级党委和政府、纪检监察机关、审判机关、检察机关、中央和地方各级党政工作部门、国家的事业组织、人民团体等单位的主要负责人,以及国有和国有资本占控股地位或者主导地位的企业(含金融机构)的主要负责人,在任职期间履行经济责任的情况,进行审计监督。"

综上所述,根据中国相关法律法规以及审计体制改革相关要求,国家审计机关应该对国有和国有资本占控股地位或者主导地位的企业的财务收支、有关经济活动,以及主要负责人履行经济责任情况进行审计监督。图 3.1 展示了国家审计制度变迁时点。

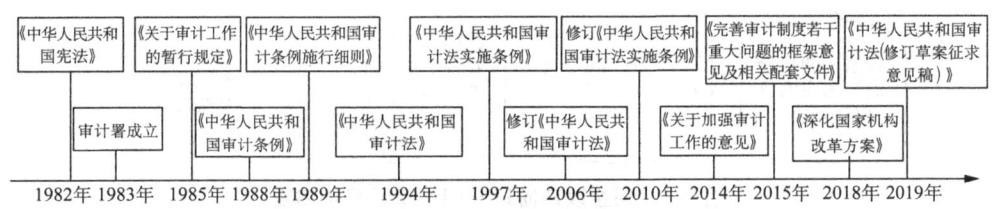

图 3.1 国家审计制度变迁时点

资料来源:作者采用 Visio 绘制所得。

3.1.2 国家审计机关监督国企的目标演变

国企审计的发展历程与国企改革基本同步(李金华,2008)[204]。伴随着国企改革的不断推进,国企审计经历了以严肃财经法纪为重点的探索阶段、以资产负债损益审计为重点的稳步提高阶段、以经济责任审计为重点的全面发展阶段(李金华,2008)[204],最终进入以实现"有利于国有资本保值增值,有利于提高国有经济竞争力,有利于放大国有资本功能"为目标的全新发展阶段。国企改革是推进国内经济结构调整的核心内容(Yu,2019)[2],始于改革开放初期,逻辑起点是国企经济效益差,要通过改革调整国企的生产关系,促进国企健康可持续发展,实现国有资产保值增值(黄速建和胡叶琳,2019)[205]。国企改革作为经济体制改革的中心环节,既关系到国有资产保值增值问题,又与中国经济社会发展紧密关联,是一个复杂而长远的系统工程(项安波,2018;黄茂兴和唐杰,2019)[81,206],本质上就是要通过提高国有资本的配置效率,增强国企经营活力,实现国有资产保值增值(张晖明,2018)[207]。在不同阶段,国家对国企改革方案和侧重点的最优选择也需要进行动态的调整(张伟和于良春,2019)[208]。国企改革经历了以探索"两权分离"为主的放权让利阶段、以"产权改革"为核心的制度创新阶段、以构建新的国有资产监督管理体制为核心的国有资产监督管理阶段,最终进入以"全面深化"改革为核心的全新阶段。审计活动作为一种理性活动,审计重点和审计目标都在不断演变(王彪华,2018)[209]。国家审计作为国企外部监督体系的重要组成部分,在保障国企改革顺利进行、实现国有资产保值增值方面发挥着重要作用。

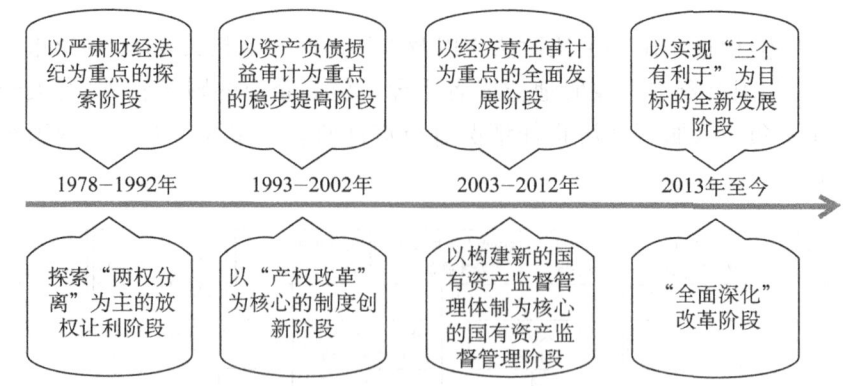

图 3.2　国企改革阶段与国家审计目标演变

资料来源：作者采用 Visio 绘制所得。

1978—1992 年为国企改革的第一阶段，主要是以探索"两权分离"为主的放权让利阶段。该阶段以党的十一届三中全会的召开为标志，主要目的在于通过扩大企业自主权调整国家与企业的利益关系，将企业经营状况与利益挂钩，调动企业和职工的积极性。1979 年 7 月，国务院颁布的《关于扩大国营企业经营管理自主权的若干规定》等五个文件标志着以放权让利为重点的国企改革在全国范围内正式开始。随后，1981 年国务院出台了《关于实行工业经济责任制的若干意见》，并在 1984 年颁布的《关于进一步扩大国有工业企业自主权的暂行规定》中进一步明确企业是自主经营、自负盈亏和自我发展的独立经济实体。第六届全国人大第五次会议提出要在所有权和经营权适当分离的原则下实行承包经营责任制。1991 年后，国企改革的重点逐渐向更加强调所有权和经营权两权分离下的企业经营机制转变，并于 1992 年 7 月出台了《全民所有制工业企业转换经营机制条例》。但是，这一阶段的改革并不能使国企成为真正的市场主体，国企仍受"预算软约束"的影响（剧锦文，2018；Yu，2019）[2,210]。在此阶段，为了促进国企改革，国家审计机关监督国企主要以"查错纠弊"和维护财经法规为目标。具体而言，1978—1985 年，国家审计机关重点监督国企的亏损、生产经营中的损失浪费以及严重违反财经法规等行为；1986—1993 年，由于中国从计划经济向社会主义市场经济转变，国家审计机关重点监督国企的违反财经法规行为，尤其是虚列成本、隐瞒和转移利润等（李金华，2008）[204]。

1993—2002 年为国企改革的第二阶段，主要是以"产权改革"为核心的制度创新阶段。为了引导国企适应市场经济发展的要求，建立现代企业制度，必须从更深层次改革国企的所有权制度（剧锦文，2018）[210]。1992 年党的十四大正式确立中国经济体制改革的目标是建立社会主义市场经济体制。党的十四届三中全会审议通过的《关于建立社会主义市场经济体制若干问题的决定》提出,建立产权清晰、权责明确、政企分开、管理科学的现代企业制度是国企改革的主要方向。1993 年实施的《中华人民共和国宪法修正案》中第八条明确将国营企业改为国企,并指出国企在法律规定的范围内自主经营,通过职代会和其他形式,实行民主管理。在现代企业产权结构制约下,政府不能直接控制和经营国企。在此阶段,国家审计机关紧紧围绕建立社会主义市场经济体制,以提高经济发展效益为中心,重点审计国企资产、负债、损益的真实性和合规性,查处和纠正违法违规行为(李金华,2008)[204]。

2003—2012 年为国企改革的第三阶段,主要是以构建新的国有资产监督管理体制为核心推动国企改革。随着社会主义市场经济体制的建立,国企多头管理和监督问题日益突出,出现了国企经营责任与政府监管责任难以区分的现象。因此,2002 年党的十六大报告提出改革国有资产管理体制,建立政府履行出资人职责,管资产和管人、管事相结合的国有资产监督管理体制。2003 年国资委的成立不仅标志着国企真正成为市场中独立的竞争主体,而且意味着国企所有者与管理者职能真正分离,结束了国企"九龙治水"的管理格局。由表 3.1"国有控股工业企业 2006—2017 年主要指标"可知,尽管 2006—2012 年国有控股工业企业数量不断下降,但资产规模、主营业务收入和利润总额基本都在持续增长。在此阶段,为适应社会主义市场经济的发展要求,审计署将业务类型整合为财政审计、金融审计、企业审计和经济责任审计"3＋1"模式,并修订了《审计法》《审计法实施条例》,制定了《国家审计准则》,国家审计机关监督国企的中心目标完全转移到了领导干部经济责任审计之上。

表 3.1　国有控股工业企业 2006—2017 年主要指标　　　　（单位:亿元）

年度	企业单位个数	资产总计	主营业务收入	利润总额
2006	24 961	135 153.35	101 404.62	8 485.46
2007	20 680	158 187.87	122 617.13	10 795.19
2008	21 313	188 811.37	147 507.90	9 063.59
2009	20 510	215 742.01	151 700.55	9 287.03
2010	20 253	247 759.86	194 339.68	14 737.65
2011	17 052	281 673.87	228 900.13	16 457.57
2012	17 851	312 094.37	245 075.97	15 175.99
2013	18 574	343 985.88	257 816.87	15 917.68
2014	18 808	371 308.84	262 692.28	14 508.02

年度	企业单位个数	资产总计	主营业务收入	利润总额
2015	19 273	397 403.65	241 668.91	14 416.72
2016	19 022	417 704.16	238 990.23	12 324.34
2017	19 022	439 622.86	265 393.01	17 215.49

资料来源：作者根据 2018 年《中国统计年鉴》整理所得。

2013 年至今为国企改革的第四阶段，主要是以"全面深化"改革为核心推动国企改革。党的十八大之后，国企改革进入"全面深化"改革新阶段，党的十八届三中全会确定了新一轮国企改革的两个主攻方向：一是以"管资本"为主完善国有资产监督管理体制；二是发展混合所有制经济，以产权改革促进国企转变经营机制。只有通过"管资本"来重构国有资产监督管理体制，才能淡化所有制、强化所有权，使企业居于公平竞争地位(项安波，2018)[81]。国企监管的目标也要从宏观调控转变为实现国有资产增值(张治栋和樊继达，2005)[9]。由表 3.1"国有控股工业企业 2006—2017 年主要指标"可知，这一阶段由于大力推进混合所有制改革，2013—2017 年国有控股工业企业数量不断提高、资产规模迅速扩大，主营业务收入和利润总额虽有波动，但整体上处于持续上升状态。在此阶段，中国设立了中央审计委员会，实施了审计管理体制改革，审计监督的地位得到空前提高，成为党和国家监督体系的重要组成部分。依据《关于深化国有企业和国有资本审计监督的若干意见》，国家审计机关主要以促进国有资产保值增值、提高国有经济竞争力、放大国有资本功能等"三个有利于"为目标履行监督职责，以提高国有资本运用效率，增强国企活力，实现国有资产保值增值(项安波，2018)[81]。其中，实现国有资产保值增值作为"三个有利于"的首要目标，也是国家审计机关监督国企的首要目标。

3.1.3　国家审计机关监督国企的机构设置和成效分析

1) 国家审计机关监督国企的机构设置

审计署在 1983 年成立之初，就设立了工业交通审计司，负责对国务院所属工业、交通部门的财务收支、经济效益情况进行审计监督；1986 年成立了金融审计司，主要职责是审计监督中国人民银行、中国工商银行、中国农业银行、中国银行、中国人民保险公司和中国人民建设银行等国家金融机构的财务收支及其经济效益情况；1988 年审计署将商粮外贸审计局改为商贸审计司，负责审计监督国务院商业、经贸、物资等部门的财政财务收支及其经济效益情况。1998 年国务院机构改革时，进一步在原工业交通审计司和商贸审计司的基础上组建了经贸审计司，其首要工作任务就是审计工业、交通、商业、贸易、医药、旅游等行业重点国有大中型企业财务收支的真实性、合法性与效益性,配合稽查特派员对国有重点大型企业进行审计监督。2008 年 10 月,根据《审计署办公厅关于印发署机关各单位主要职责内设处室和人员编制规定的通知》,审计署将经贸审计司更名为企业审计司,主要职责是审计监督央企和国务院规定的国有资本占控股或主导地位企业的资产、负债和损益情况。

2)国家审计机关监督国企的成效分析

审计署自 1983 年成立以来,持续编写并公布《中国审计年鉴》,详细记载了国家审计机关的工作情况。本书主要基于《中国审计年鉴》的数据对国家审计机关监督国企的实践成效进行分析。由于《中国审计年鉴》中公布的国家审计相关数据的分类情况有所不同,且 2012 年开始不再公布分部门或分行业审计情况数据,本书分别按 1983—1988 年、1989—1993 年、1994—2001 年、2002—2011 年等四个阶段分析国企审计的实践情况①。同时,审计署自 2010 年起每年公布央企财务收支审计结果公告,据此,本书进一步统计分析了 2009—2017 年审计署审计央企的实践情况。

1983—1988 年,审计署主要由工业交通审计司负责对国务院所属工业部门进行审计监督。根据表 3.2"国家审计机关 1983—1988 年分部门审计情况"可知,国家审计机关的主要职能部门包括工业交通、农林水利、基本建设、商粮贸、行政事业、财政金融、利用外资和其他。其中,1983 年审计署刚刚成立,所以当年统计数据并不详细。1984—1988 年,工业交通部门审计单位数量占比逐年降低,从16.57% 降低到 9.75%,但工业交通部门审计查出的违规金额数量占比仍很大,特别是在 1988 年审计单位数量仅占 9.75% 的情况下,查出的违规金额数量占比却高达 40.85%。在此期间,国家审计机关工业交通部门的审计单位数量虽有降低,但仍占据重要地位。

表 3.2　国家审计机关 1983—1988 年分部门审计情况

年度	1983	1984	1985	1986	1987	1988
类别	审计单位数量占比					
工业交通		0.1657	0.1513	0.1196	0.0873	0.0975
农林水利		0.1506	0.0928	0.0448	0.0622	0.0226

---

① 本书选择 1994—2011 年《中国审计年鉴》的原因在于,这几年数据的统计口径一致,且 2011 年之后统计口径发生变化,没有单独公布企业审计相关数据。

年度	1983	1984	1985	1986	1987	1988
基本建设		0.0391	0.0219	0.2265	0.1812	0.1583
商粮贸		0.2515	0.2555	0.1678	0.0889	0.1014
行政事业		0.3049	0.3481	0.2255	0.4959	0.5335
财政金融		0.0161	0.0769	0.0408	0.0282	0.0292
利用外资		0.0021	0.0038	0.0224	0.0093	0.0110
其他	1.0000	0.0700	0.0498	0.1527	0.0470	0.0465
类别	违规金额数量占比					
工业交通		0.3196	0.2288	0.1934	0.2986	0.4085
农林水利		0.1182	0.0568	0.0321	0.0352	0.0235
基本建设		0.0498	0.0568	0.1244	0.1065	0.0586
商粮贸		0.2509	0.2796	0.1746	0.1607	0.1508
行政事业		0.1402	0.0728	0.1257	0.1184	0.1041
财政金融		0.1206	0.2786	0.2018	0.1566	0.2033
利用外资		0.0002	0.0070	0.0080	0.0096	0.0114
其他	1.0000	0.0004	0.0196	0.1400	0.1144	0.0398

资料来源：作者根据 1983—1988 年《中国审计年鉴》整理所得。

1989—1993 年，《中国审计年鉴》公布审计情况的分类标准较之前发生改变，从原来的分部门变成了分行业公布审计情况，企业审计主要体现在工业和商业两个行业中。根据表 3.3"国家审计机关 1989—1993 年分行业审计情况"可知，国家审计机关实施审计的主要行业包括工业、交通、商业、粮食、供销、物资、外贸、农林水、城市公用、建筑安装、文教卫生、行政、财政税收、金融保险、基本建设、利用外资和其他。其中，1989—1992 年，国家审计机关审计工业行业的单位数量占比一直保持在 9％以上，仅排在行政和基本建设行业审计之后。1989—1991 年，国家审计机关查出工业行业的违规金额数量占比大都在 18％以上。同时，1988 年商贸审计司刚组建，所以 1989—1990 年的统计数据均为 0。1991—1992 年，国家审计机关审计商业行业的审计单位数量占比均在 5％左右。在此期间，国家审计机关的业务范围进一步扩大，覆盖了国民经济的方方面面，但企业审计仍是国家审计机关工作的重点业务类型。

表 3.3　国家审计机关 1989—1993 年分行业审计情况

年度	1989	1990	1991	1992	1993
类别	审计单位数量占比				
工业	0.0951	0.0984	0.0979	0.0965	0.0000
交通	0.0096	0.0073	0.0105	0.0139	0.0000
商业	0.0000	0.0000	0.0543	0.0471	0.0000
粮食	0.1068	0.1079	0.0194	0.0235	0.0000
供销	0.0000	0.0000	0.0158	0.0188	0.2907
物资	0.0154	0.0203	0.0205	0.0163	0.0000
外贸	0.0048	0.0054	0.0053	0.0055	0.0000
农林水	0.0321	0.0278	0.0911	0.0897	0.0000
城市公用	0.0039	0.0041	0.0089	0.0097	0.0000
建筑安装	0.0056	0.0071	0.0079	0.0078	0.0000
文教卫生	0.0054	0.0074	0.0598	0.0491	0.0000
行政	0.4781	0.4569	0.2514	0.2129	0.2377
财政税收	0.0231	0.0263	0.0322	0.0423	0.0474
金融保险	0.0116	0.0249	0.0277	0.0306	0.0555
基本建设	0.1505	0.1489	0.2050	0.2252	0.2035
利用外资	0.0098	0.0093	0.0114	0.0159	0.0187
其他	0.0481	0.0481	0.0809	0.0952	0.1464
类别	违规金额数量占比				
工业	0.3096	0.1779	0.1837	0.0447	0.0000
交通	0.0145	0.0129	0.0135	0.0237	0.0000
商业	0.0000	0.0000	0.0362	0.0309	0.0000
粮食	0.1323	0.0739	0.0168	0.0197	0.0000
供销	0.0000	0.0000	0.0120	0.0125	0.2621
物资	0.0232	0.0153	0.0260	0.0192	0.0000
外贸	0.0294	0.0195	0.0329	0.0190	0.0000
农林水	0.0276	0.0162	0.0288	0.0263	0.0000
城市公用	0.0063	0.0038	0.0069	0.0105	0.0000

年度	1989	1990	1991	1992	1993
建筑安装	0.0162	0.0189	0.0154	0.0289	0.0000
文教卫生	0.0032	0.0043	0.0248	0.0279	0.0000
行政	0.0943	0.0706	0.0387	0.0339	0.0581
财政税收	0.1820	0.4230	0.2305	0.1939	0.3281
金融保险	0.0626	0.0482	0.1277	0.1885	0.2253
基本建设	0.0512	0.0733	0.1126	0.1005	0.0509
利用外资	0.0109	0.0175	0.0601	0.0393	0.0182
其他	0.0368	0.0246	0.0338	0.0486	0.0574

资料来源：作者根据 1989—1993 年《中国审计年鉴》整理所得。

1994—2001 年,尽管《中国审计年鉴》仍按行业公布审计实践情况,但行业分类发生了变化。从 1994 年开始,国家审计机关将企业单独作为一个行业公布审计情况。根据表 3.4"国家审计机关 1994—2001 年分行业审计情况"可知,1994—2001 年,国家审计机关分行业审计内容主要包括财政、金融、固定资产投资、企业、行政事业、农业专项资金、国外援款贷款和其他。其中,行政事业审计和企业审计单位数量占比最高,财政审计、金融审计和企业审计查出的违规金额数量占比最高,企业审计单位数量占比均在 10％以上,特别是 1994—1997 年占比均高于 20％,违规金额数量占比均在 15％以上,1994 年甚至高达31.08％。在此期间,企业审计的重要性进一步提高,国家审计机关将其单独作为一个行业公布审计情况,且每年审计单位数量占比、查出的违规金额数量占比均处于所有行业的前三位。

表 3.4 国家审计机关 1994—2001 年分行业审计情况

年度	1994	1995	1996	1997	1998	2000	2001
类别	审计单位数量占比						
财政	0.0594	0.0739	0.2477	0.2203	0.2133	0.2234	0.1908
金融	0.0516	0.0419	0.0484	0.0352	0.0581	0.0336	0.0140
固定资产投资	0.1749	0.0646	0.0620	0.0923	0.0793	0.0780	0.0773
企业	0.2966	0.2908	0.2398	0.2132	0.1937	0.1494	0.1169
行政事业	0.2438	0.3913	0.3013	0.3235	0.3527	0.4245	0.5131
农业专项资金	0.0000	0.0795	0.0355	0.0582	0.0537	0.0372	0.0334

年度	1994	1995	1996	1997	1998	2000	2001
国外援款贷款	0.0202	0.0293	0.0301	0.0311	0.0377	0.0430	0.0433
其他	0.1534	0.0287	0.0353	0.0262	0.0115	0.0110	0.0111
类别	违规金额数量占比						
财政	0.2348	0.2256	0.4077	0.3987	0.3573	0.3322	0.3651
金融	0.2289	0.2245	0.2336	0.2520	0.2196	0.0710	0.0865
固定资产投资	0.0656	0.0640	0.0379	0.0591	0.0760	0.1441	0.1119
企业	0.3108	0.2466	0.1576	0.1806	0.2245	0.2779	0.1852
行政事业	0.0918	0.2014	0.1128	0.0782	0.0866	0.1328	0.2023
农业专项资金	0.0000	0.0191	0.0360	0.0133	0.0136	0.0139	0.0100
国外援款贷款	0.0091	0.0146	0.0125	0.0149	0.0214	0.0263	0.0386
其他	0.0590	0.0042	0.0020	0.0032	0.0011	0.0017	0.0005

资料来源：作者根据 1994—2001 年《中国审计年鉴》整理所得。

2002—2011 年,国家审计机关公布审计情况的行业分类标准再次发生变化。此外,2008 年审计署将经贸审计司改名为企业审计司,进一步突出了企业审计的重要地位。由表 3.5"国家审计机关 2002—2011 年分行业审计情况"可知,2002—2011 年,国家审计机关分行业审计内容主要包括预算执行、财政决算、专项资金、行政事业、固定资产投资、金融、外资运用项目、企业和其他。其中,行政事业审计和固定资产投资审计的单位数量占比最高,预算执行审计和行政事业审计查出的违规金额数量占比最高。在此期间,国家审计机关更多地转向了行政事业审计和固定资产投资审计,企业审计单位数量占比甚至降低到了2.08%,但是其违规数量金额占比仍在 10% 左右,表明国家审计机关的工作重心转向了行政事业审计和预算执行审计,但企业审计仍是国家审计机关的重要业务类型。

表 3.5 国家审计机关 2002—2011 年分行业审计情况

年度	2002	2003	2004	2005	2006	2007	2008	2009	2010	2011
类别	审计单位数量占比									
预算执行	0.1339	0.1335	0.1436	0.1374	0.1466	0.1319	0.1232	0.1247	0.1109	0.1244
财政决算	0.0568	0.0587	0.0571	0.0535	0.0472	0.0400	0.0383	0.0371	0.0350	0.0337

年度	2002	2003	2004	2005	2006	2007	2008	2009	2010	2011
专项资金	0.0781	0.1253	0.1102	0.1105	0.1624	0.1986	0.2092	0.1706	0.1709	0.1393
行政事业	0.4865	0.4617	0.4495	0.4554	0.4121	0.4075	0.3827	0.3587	0.3309	0.3095
固定资产投资	0.0773	0.0844	0.1058	0.1261	0.1437	0.1619	0.1999	0.2630	0.3155	0.3628
金融	0.0200	0.0184	0.0099	0.0068	0.0081	0.0042	0.0047	0.0030	0.0031	0.0017
外资运用项目	0.0396	0.0326	0.0321	0.0296	0.0276	0.0188	0.0080	0.0085	0.0081	0.0070
企业	0.0973	0.0804	0.0861	0.0717	0.0509	0.0362	0.0328	0.0339	0.0253	0.0208
其他	0.0105	0.0048	0.0057	0.0091	0.0012	0.0010	0.0011	0.0006	0.0004	0.0008
类别	违规金额数量占比									
预算执行	0.2795	0.3516	0.3282	0.4035	0.4442	0.2601	0.3123	0.3294	0.3343	0.4205
财政决算	0.0675	0.0550	0.1375	0.1727	0.2059	0.1140	0.1598	0.1118	0.1449	0.1242
专项资金	0.0740	0.0692	0.2221	0.0735	0.0729	0.2029	0.0914	0.1556	0.0930	0.1295
行政事业	0.1935	0.1511	0.1291	0.2105	0.1801	0.1759	0.1624	0.1810	0.1511	0.1602
固定资产投资	0.0636	0.0506	0.0150	0.0300	0.0206	0.0615	0.0929	0.0805	0.0935	0.0680
金融	0.1239	0.0813	0.0281	0.0030	0.0013	0.1086	0.0658	0.0432	0.0459	0.0372
外资运用项目	0.0219	0.0409	0.0011	0.0007	0.0005	0.0100	0.0074	0.0066	0.0312	0.0032
企业	0.1724	0.2002	0.1388	0.1029	0.0745	0.0669	0.1077	0.0919	0.1062	0.0572
其他	0.0037	0.0001	0.0002	0.0033	0.0000	0.0000	0.0003	0.0000	0.0000	0.0000

资料来源：作者根据 2002—2011 年《中国审计年鉴》整理所得。由于 2004—2006 年没有公布各行业查出的违规金额，这 3 年数据用审计处理处罚金额替代。

自 2010 年起审计署开始实行央企财务收支审计结果公告制度，由表 3.6"审计署 2010—2018 年央企财务收支审计结果公告情况"可知，2009—2017 年，审计署每年审计的央企数量分别为 6、17、14、10、11、14、10、20、35，占央企总数的比值分别为 4.65％、13.93％、11.97％、8.62％、9.73％、12.50％、9.43％、19.80％、35.71％。审计署在实施审计的过程中，不仅直接审计了部分央企控股上市公司，如 2011 年审计署第 28 号公告即为招商局地产控股股份有限公司财务收支审计结果；而且还延伸到了其控股上市公司，如 2011 年审计署第 17 号公告中国中化集团公司财务收支审计结果指出："所属中化国际（控股）股份有限公司下属山西中化襄达实业有限责任公司以虚列成本费用等方式套取资金 147.95 万元，用于发放奖金等。"表明审计署实施的央企财务收支审计对象不仅包括央企集团公司，还包括直接审计或延伸审计的部分央企控股上市公司。

表 3.6　审计署 2010—2018 年央企财务收支审计结果公告情况

审计结果公告年度	审计实施年度	审计央企数量	央企总数	占比
2010	2009	6	129	0.0465
2011	2010	17	122	0.1393
2012	2011	14	117	0.1197
2013	2012	10	116	0.0862
2014	2013	11	113	0.0973
2015	2014	14	112	0.1250
2016	2015	10	106	0.0943
2017	2016	20	101	0.1980
2018	2017	35	98	0.3571

资料来源：作者根据审计署官网公布的 2010—2018 年央企财务收支审计结果公告整理所得。

3.2　国企监管体制改革及其内外部监督主体

3.2.1　国企监管体制改革诱因及其历程

1）国企监管体制改革的诱因

委托代理理论是制度经济学契约理论的主要内容之一。公司制企业作为现代企业制度的主要表现形式,最基本的特征就是所有权与经营权分离。委托代理理论认为两权分离背景下企业所有者与经营者是一种委托代理关系,不可避免地会出现代理人问题,即经营者可能会为了追求自身利益最大化而侵害股东利益,从而产生代理成本(Jensen 和 Meckling,1976)[211]。代理成本主要产生于信息不对称情况下代理人的"逆向选择"和"道德风险","逆向选择"是指代理人因掌握独有信息而与委托人签订有利于自己不利于委托人的契约。"道德风险"是指基于信息不对称条件下签订的契约是不完全的,必须依赖于代理人的自律行为,主要表现在两个方面:一是偷懒行为;二是机会主义行为(刘建成,2003)[72]。因此,解决委托代理问题的两条基本路径就是建立有效的约束机制和激励机制(Jensen 和 Meckling,1976;Jensen 和 Murphy,1990;Smith 和 Watts,1992)[211-213]。

对于国企而言,由于政府部门对国企运营的深度参与,出现了国家、监管者和国企的三层委托代理关系(齐震等,2017)[214],社会主义制度下的财产属于全体人民所有,国家代表全体人民行使国有资产产权,国企受各级政府委托,管理和运营国有资产(Mattlin,2007)[215]。国家和全体人民作为国有资产法律上的所有者,是一个相对抽象的概念,不是实际控制人,这种安排导致国企剩余索取权和控制权在委托人与代理人之间不匹配(Chen 等,2015;Ma 等,2019)[216,217],只能由官员代表政府对国企的剩余索取权和控制权进行监管,这就形成一种"廉价投票权"(张维迎等,1995)[218]。国企中的政治委托形式产生了严重的委托问题和高昂的代理成本,降低了国有资产的经营管理效率(张治栋和樊继达,2005)[9],由此产生的国有产权"所有者缺位"以及"内部人控制"问题已经成为国企面临的重要问题(马连福等,2012)[219]。所有者缺位导致对于国企经营者和产权代理者的考核、监督、激励都缺少了利益主体人(黄茂兴和唐杰,2019)[206],特别是由国企产权主体缺陷而导致的"逆向选择"和"道德风险"问题一直是阻碍国企深化改革的重要原因(江龙,2001)[101]。同时,由于国企缺少有效的经营者激励,没有体现企业家人力资源边际报酬递增的特性,国企经营者也会因为追求自身利益最大化导致企业资源误配,这在一定程度上为某些经营者实施"道德风险"和"逆向选择"行为提供了内在动力。

面对国企的上述困境,张维迎(1996)[6]认为国有资产所有者可以通过提高工资、增加惩罚、加强监督来约束企业经营者的腐败行为,降低代理成本。而要解决这种问题,不能仅靠激励机制(张泓和李从东,2004)[102],更重要的是要建立有效的监督约束机制。但 Naughton(2017)[220]认为不可能同时实现国企改革的三大目标——提高国企自主权、加强国企监督和完成国家发展任务。因此,加强监督是缓解国企所有者缺位和内部人控制等问题的有效方式,政府监管部门对国企的监管成效直接决定了国企能否高效运营(王元芳和马连福,2014;齐震等,2017;Hu 和 Lee,2019)[95,97,214]。国家审计作为党和国家监督体系的重要组成部分,受国家委托,代表所有权依法对国企进行审计监督,相较于其他外部监督形式,国家审计机关独立于国企和国资委之外,具有更强的独立性、权威性和客观性,能够有效监督国企,降低国企的委托代理问题,促进国有资产保值增值(刘大伦,2005)[221]。

2)国企监管体制改革历程

1988 年国务院设立国有资产监管局,主要负责对境内国有资产进行监管,扩大企业经营自主权,推进政企分开、政资分开,促进企业形成自主经营、自负盈亏的管理体制。为了进一步加强国企监管,我国 1998 年实行稽查特派员制度,《国务院稽查特派员条例》中指出:"稽查特派员由国务院派出,代表国家对国有重点大型企业行使监督权力。稽查特派员对国务院负责,由国务院任免。"稽查特派员由国务院直接委派和任免,权威性较高,稽查特派员制度可以缓解由部门利益、地方利益和复杂关系网而导致的监督不力等问题。因此,稽查特派员制度在减少国有资产流失、遏制腐败等方面发挥了一定作用。与此同时,1998 年国务院机构改革将国有资产监管局并入财政部,并将对能源、机械、化工、贸易等进行分别管理的部门并入国家经济贸易委员会(以下简称经贸委),这标志着国有资产监管"五龙治水"的局面正式形成,即财政部负责国企的资产管理和财务监管,企业工委负责确保党的政策实施,经贸委负责国企改革和重组,计委负责重大项目的审批,组织部负责遴选和任命国企高管。此外,还有纺织部、机械部、煤炭部等,负责相应产业的规划协调和监管。为了建立现代企业制度,1999年《公司法》要求国企设立监事会,2000年颁布实施的《国企监事会暂行条例》规定:"国有重点大型企业监事会由国务院派出,对国务院负责,代表国家对国有重点大型企业的国有资产保值增值状况实施监督。监事会以财务监督为核心,根据有关法律、行政法规和财政部的有关规定,对企业的财务活动及企业负责人的经营管理行为进行监督,确保国有资产及其权益不受侵犯。"1999年党的十五届四中全会之后,稽查特派员制度逐步演变为国有大型企业监事会制度,即国企外派监事会制度。因此,2003年之前虽然国务院履行国有资产出资人职责,但实际上是财政部门、劳动与社会保障部门、组织部门和企业工委等分割行使出资人职能,这种"五龙治水"模式造成了多头管理和国家所有权的虚置。

为了改变上述"五龙治水"的局面,2002年党的十六大提出:"国家要制定法律法规,尽快实现所有者义务、权益的高度统一,进而构建起管人、管资产、管事三方面有机结合的国有资产监管模式。"2003年国资委正式成立,并颁布实施了《企业国有资产监督管理暂行条例》。中国的基本经济制度决定了国有资产属于社会全民所有,全国人民代表大会作为国家最高权力机关,将国有资产所有权授予国务院和地方人民政府,国务院或地方人民政府根据《公司法》授权本级国有资产监督管理机构履行出资人职责,这标志着国有资产管理实现了从"五龙治水"到统一监管的重要突破。国资委整合了之前经贸委、财政部、企业工委、组织部等的各项监管权力,几乎掌握了监管国企的所有权力。新的国资监管体制产生了明显成效,但在实践中也出现了一些新问题。如国资委虽然有效履行了出资人职责,但也存在越位越权,监管领域过宽、对国企直接干预过多,监管方式偏于行政化等问题。国资委集公共管理和出资人代表职责于一身,成为政府实现各种政策目标的调控工具、向国企发号施令的"漏斗","老板加婆婆"的双重角色也使其偏离了出资人职能(项安波,2018)[81]。因此,党的十八大以来,特别是党的十八届三中全会之后,中国大力推进以"管企业"为主向"管资本"为主的国有资产监管体制改革。

3)现行国企监管体制的不足

监管俘获理论主要是指监管机构与被监管的产业利益集团在监管过程中的相互关系,监管者能够为被监管者带来政府直接补贴,以及对潜在竞争者的市场准入控制、对替代品和互补品的控制以及价格控制等方面的利益。被监管者为了获得监管收益,会动用种种手段"俘虏"监管者,而监管者一旦被"俘虏",为了获取私利可能会和被监管企业合谋。因此,监管俘获理论认为,监管者可能为追求自身利益最大化而和被监管者合谋,从而造成公共利益的巨大损失(Downs,1957;Olson,1965;Posner,1974)[222-224]。对于国企而言,其监管体制设计的核心因素在于各监管部门之间权力的使用和限制,具体表现为监管权力的分配(齐震等,2017)[214]。国资委成立之前,国企监管权力广泛地分布于各个政府部门之中,"搭便车"问题非常严重,国企监管者们之间互相争功的同时又互相推诿责任。国资委成立之后,国资委代表国家履行出资人职责,几乎垄断了所有国企的监管权力,这使得监管收益和责任能够有效地匹配,从而解决了"搭便车"问题。国资委的设立有利于保证国有资产出资人到位,解决政府作为资产所有者与经济管理者的职能错位问题,缩短了国企的委托代理链条,降低了代理成本(张治栋和樊继达,2005)[9]。但是,有效的国企监管体制也需要在激励监管者和防止监管俘获之间进行有效权衡,监管者之间的相互制衡能有效地减少监管者被国企俘获的风险,而国企监管权力集中于国资委也会使监管者之间缺少相互制衡,从而造成严重的监管俘获问题(齐震等,2017)[214]。对于监管者而言,他们至少可以从受贿和到被监管企业任职两个方面获得私利。一方面,监管者可以通过对国企设置监管障碍,攫取监管租金。另一方面,由于国资委和国企之间存在职位轮换的可能性,国资委有很大的动力与国企合谋,而当职位轮换的时候两者便可以兑换合谋利益。因此,监管俘获问题会使国企的经营轨迹偏离所有者的目标,并对所有者造成利益损失(齐震等,2017)[214]。

基于监督俘获理论,国有资本的剩余索取权归国家,但是对国企的控制权却掌握在没有剩余索取权的国资委官员手中,国有资本剩余索取权和控制权在政府机构中的这种先天性非对称配置使企业经营者可以贿赂官员,导致国有资本控制权的失效(张维迎等,1995)[218]。在国企的"贿赂"下,政府官员极易被"俘虏"(耿建新和崔宏,2005)[139],国资委监管在很大程度上存在失效的可能。因此,需要一种独立于国资委和国企之外的监督方式——国家审计,代表所有权的同时对国资委和国企进行监督,以降低国企经营者"俘虏"国资委监管者的风险,提高国资委的监管质量,促进国企资产保值增值。

3.2.2　国企内外部主要监督主体及其职责

为了确定国家审计机关监督国企应该协同的其他主要监督主体,必须厘清国企内外部主要监督主体及其职责。依据《公司法》《中国共产党章程》《中国共产党巡视工作条例》《中华人民共和国工会法》《审计法》和《中华人民共和国注册会计师法》等相关法律法规,国企主要的内部监督主体包括党委会、股东会、董事会、监事会、职代会、工会和内部审计部门等,国企主要的外部监督主体包括国资委、巡视组、纪检监察机关、审计监督和社会监督等。

1）国企主要的内部监督主体及其职责

国企内部监督主体主要包括"老三会"和"新三会"。"老三会"是指传统国企中的党委会、职代会和工会；"新三会"是指现代公司治理机构中的股东会、董事会和监事会。"老三会"是中国特色社会主义政治制度在国民经济中的具体体现，在监督和制衡经营者、把握企业发展方向上发挥着重要作用（卢昌崇，1994）[69]。"新三会"是现代公司制企业治理结构的主体框架。公司通过职代会实行民主管理，工会主要维护职工合法权益，公司决定改制、经营方面出现重大问题以及制定重要的规章制度时，应当听取工会的意见，并通过职代会听取职工的建议。股东会是公司的权力机构，董事会是公司的执行机构，监事会代表股东会执行监督职能。

国企是党领导的国家治理体系的重要组成部分，坚持党的领导、加强党的建设，是国企的"根"和"魂"，也是国企的光荣传统和独特优势。《公司法》第十九条规定："在公司中，根据中国共产党章程的规定，设立中国共产党的组织，开展党的活动。公司应当为党组织的活动提供必要条件。"《中国共产党章程》明确指出："国企党委（党组）发挥领导作用，把方向、管大局、保落实，依照规定讨论和决定企业重大事项。国企和集体企业中党的基层组织，围绕企业生产经营开展工作。保证监督党和国家的方针、政策在本企业的贯彻执行；支持股东会、董事会、监事会和经理（厂长）依法行使职权；全心全意依靠职工群众，支持职工代表大会开展工作；参与企业重大问题的决策；加强党组织的自身建设，领导思想政治工作、精神文明建设和工会、共青团等群团组织。"2016年习近平总书记进一步强调党对国企的领导是政治领导、思想领导、组织领导的有机统一，国企党组织要发挥领导核心和政治核心作用，牢记搞好国企、发展壮大国有经济的重大责任。

2）国资委监督

国资委根据国务院和各级人民政府授权，依照《公司法》等法律法规履行出资人职责，监督和管理国企，承担国有资产保值增值的主要责任。国资委的主要职责包括指导推进国企改革、重组和现代企业制度建设，完善公司治理结构；监督企业国有资产的保值增值情况；通过法定程序对国企负责人进行任免、考核和奖惩，完善激励和约束制度；参与制定国有资本经营预算有关管理制度和办法；监督国企贯彻落实国家重大方针政策、安全生产方针政策及有关法律法规、标准等；负责企业国有资产基础管理，起草法律法规草案，制定有关规章制度。

3）审计监督

审计作为党和国家监督体系中的重要组成部分，在国企监督中发挥着经济监督、经济评价和经济鉴证的重要作用。其中，国家审计侧重监督，内部审计侧重评价,社会审计侧重鉴证(廖洪和李德文,2002)[225]。国家审计对国企财务收支和有关经济活动的真实、合法、效益情况,以及主要负责人履行经济责任情况进行审计监督。内部审计部门在本单位主要负责人的领导下开展工作,向其负责并报告工作,主要对本单位及其所属单位的财政财务收支、内部控制和有关经济活动,以及所属单位主要负责人经济责任履行情况等进行审计。2018 年颁布的《审计署关于内部审计工作的规定》进一步指出:"国企内部审计机构或者履行内部审计职责的内设机构应当在企业党组织、董事会(或者主要负责人)直接领导下开展内部审计工作,向其负责并报告工作。国企应当按照有关规定建立总审计师制度。总审计师协助党组织、董事会(或者主要负责人)管理内部审计工作。"社会审计主要发挥注册会计师在社会经济活动中的鉴证和服务作用,维护社会公共利益和投资者的合法权益,主要承办以下业务:审查企业会计报表,出具审计报告;验证企业资本,出具验资报告;办理企业合并、分立、清算事宜中的审计业务,出具有关的报告;法律、行政法规规定的其他审计业务。在国家审计、内部审计与社会审计三者之间的关系中,国家审计占据主导地位,依法监督和指导内部审计和社会审计。2019 年公布的《审计法》(修订草案征求意见稿)第五十三条明确规定:"审计机关应当对依法属于审计机关审计对象的单位的内部审计工作,进行业务指导和监督。"第五十六条规定:"审计机关应当注重发挥社会审计的积极作用,审计机关有权对该社会审计机构出具的相关审计报告进行核查。"

4) 巡视监督

巡视制度作为一种自上而下的党内监督制度,其最鲜明的特点就是重点突出,针对性强,监督主体具有相对独立性,监督权力极具威慑性,能够形成一种高压态势和长效机制,赋予党内监督以强大的权威,真正实现以强势权力监督制约权力(牟广东和唐晓清,2010)[226]。巡视制度作为中国共产党党内的一项基本制度,1989 年党的十三届四中全会明确提出要开展党内巡视工作。2003 年中央纪委、组织部设立了巡视组和巡视工作办公室,并在修订的《中国共产党党内监督条例(试行)》中明确将巡视制度作为党内监督的一项重要制度,这标志着中国巡视监督进入了制度化的新时期。2013 年 11 月公布的《中共中央关于全面深化改革若干重大问题的决定》强调要"改进中央和省区市巡视制度,做到对地方、部门、企事业单位全覆盖"。2015 年 8 月修订的《中国共产党巡视工作条例》明确规定了巡视机构和人员、范围和内容、工作方式和权限、工作程序、纪律和责任等内容。党的十八大之后中央巡视组通过十二轮巡视完成了对央企重要骨干企业的巡视全覆盖,将央企主要负责人作为重点对象,把促进央企贯彻执行国家重大政策部署、提高党风廉政建设、维护国有资产安全、督促国企资产保值增值作为主要任务(竟辉和王岩,2015)[227]。

国家审计、协同监督与国企资产保值增值

5）纪检监察监督

纪检监察部门主要依据《中国共产党章程》开展监督工作,其中,第四十六条规定:"党的各级纪律检查委员会是党内监督专责机关,主要任务是:维护党的章程和其他党内法规,检查党的路线、方针、政策和决议的执行情况,协助党的委员会推进全面从严治党、加强党风建设和组织协调反腐败工作。党的各级纪律检查委员会的职责是监督、执纪、问责,要经常对党员进行遵守纪律的教育,作出关于维护党纪的决定;对党的组织和党员领导干部履行职责、行使权力进行监督,受理处置党员群众检举举报,开展谈话提醒、约谈函询;检查和处理党的组织和党员违反了党的章程和其他党内法规的比较重要或复杂的案件,决定或取消对这些案件中的党员的处分;进行问责或提出责任追究的建议;受理党员的控告和申诉;保障党员的权利。"国企的纪检监察工作是党的纪律检查和政府的行政监察的延伸,是指在国企党委的领导下,为了推进国企党风廉政建设和反腐败工作、促进国企科学发展,国企根据相关法律法规,履行廉洁文化和效能监察等职责的工作。

6）社会监督

社会监督是指非国家权力机关实施的、对各种活动不具备直接法律效力的监督形式,作为外部监督中的"第三种力量",对规范主体行为、克服制度失灵有重要的作用,以新闻媒体、社会团体、行业协会以及公众为主体的社会监督有利于实现行业监管目标,提高政府监管质量(刘承毅和王建明,2014)[228]。其中,新闻媒体作为信息的载体,在资本市场中扮演着信息中介的角色,已经成为一种重要的社会监督力量(Dyck 等,2008;Pollock 等,2008)[229,230],是社会民主监督机制的重要组成部分(Besley 和 Prat,2006)[198]。图 3.3 展示了国企主要的内外部监督主体。

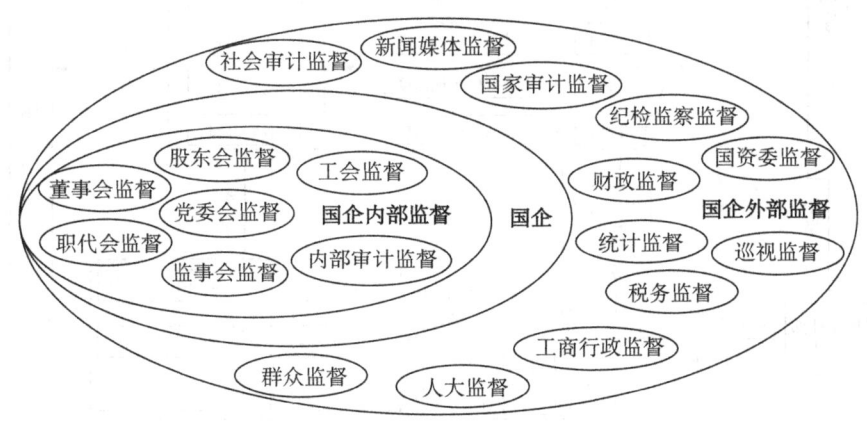

图 3.3 国企主要的内外部监督主体

资料来源:作者采用 Visio 绘制所得。

此外,中国作为社会主义国家,全体人民是国有资产的终极所有者和最终监督者,有权力和责任监督国企。人民监督主要通过人民代表大会进行,司法机关也是人民实施监督的重要主体。工商行政部门和税务部门也对国企的日常经营活动进行监督。国外对于国企监督的做法有所不同:法国主要采取计划合同制,政府通过财政部门、主管部门和审计部门对国企进行不同层次监督;德国通过财政部向国企派驻代表实施监督;意大利主要采取国家参与制,能够有效处理国家监督与国企自主经营之间的关系。

3.3 国家审计及其协同其他监督的理论分析框架

理论分析框架是人们对事物的主观解释和思考结构,有助于指导实践发展。为了构建"国家审计、协同监督与国企资产保值增值"的理论分析框架,首先,本书基于公共受托责任理论和产权理论,剖析国家审计监督国企的权力来源及其在国企外部监督体系中的特殊地位;其次,依据审计全覆盖具体要求,结合中央审计委员会第一次会议具体部署和空间三维度概念,构建由国家审计对象覆盖广度、目标实现深度和权限行使力度三维度组成的国家审计 BDS 测度指标体系;最后,基于协同理论,结合系统协同的三要素——协同意愿、共同目标与信息沟通明确国家审计应该协同的其他主要监督主体,为后文的研究提供坚实的理论框架指导,如图 3.4 所示。

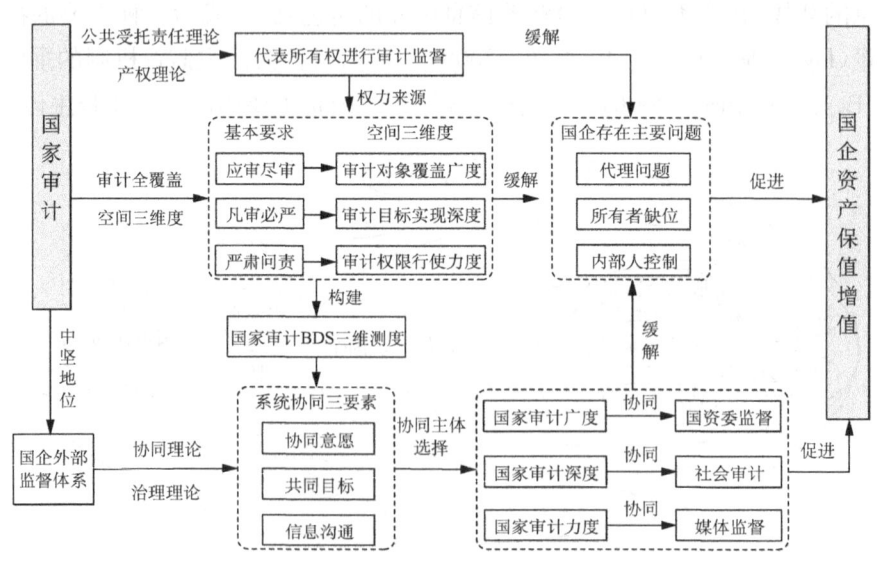

图 3.4　理论分析框架

资料来源:作者采用 Visio 绘制所得。

国家审计、协同监督与国企资产保值增值

3.3.1　国家审计机关监督国企的权力来源及其所处地位

1) 国家审计监督国企的权力来源

在公司中的受托责任为公司受托责任,在公共部门中的受托责任为公共受托责任。最高审计机关亚洲组织(Asian Organization of Supreme Audit Institutions, ASOSAI)在《东京宣言》里指出,公共受托责任就是指管理公共资源的个人或当局报告资源管理情况,说明其履行所承担的财务、经营和计划责任的义务。美国审计总署(Government Accountability Office, GAO)认为,公共受托责任就是受托管理并有权使用公共资源的机构向社会公众说明其全部活动情况的义务。蔡春等(2012)[231]认为公共受托责任是指特定的主体按照特定要求或原则运用公共权力去经营管理公共资源或资金并报告其经管状况的义务。审计因受托责任的产生而产生,又因受托责任的发展而发展。受托责任关系的确立是审计产生的最重要前提,也是审计发展的基本动因。

公共受托责任关系的存在是现代国家审计产生的基本前提(蔡春等, 2013)[232]。国家审计产生于公共受托责任关系的确立,其根本目标在于保证和促进政府公共受托责任的全面有效履行(蔡春等,2012)[231]。在中国,人民代表大会委托各级政府管理国有资产,各级政府委托国资委履行出资人职责,从而对全体人民负有公共受托责任(秦荣生,2004)[233]。国企因为存在受托经营管理的公共财产,就必须承担公共受托责任,其公共受托责任履行情况应该由国家审计机关进行审计监督。国家审计机关对国企的审计监督权是保证和促进国企管理当局公共受托责任全面有效履行的至关重要的手段,有利于缓解国企信息不对称问题,防范国企经营者的腐败行为和国有资产流失问题,促进国有资产保值增值(李晓明等, 2004)[146]。

2) 国家审计机关在国企外部监督体系中所处地位

国家审计以公共受托责任为起点,基于产权关系代表所有权对国企进行审计监督,具有法定性、独立性和全面性等特点。法定性赋予了国家审计机关监督国企的权力,明确了其职责权限,主要体现在国家审计机关依据《宪法》《审计法》《审计法实施条例》等法律法规,依据《框架意见及相关配套文件》《国务院关于加强审计工作的意见》等意见,依法对国企实施审计监督。在国企监管体制改革的过程中,国家审计机关监督国企的法定职责不断扩展,2018年国务院机构改革将国资委的国有企业领导干部经济责任审计和国有重点大型企业监事会的职责划入审计署,进一步扩大了国家审计机关监督国企的职责。独立性作为审计的本质特征,对保证和提高国家审计质量起着至关重要的作用(马曙光,2007)[178],其主要体现在国家审计机关依据《宪法》规定,依法独立行使审计监督权,不受其他行政机关、社会团体和个人的干涉。全面性明确了国家审计监督国企的范围,不仅体现在国家审计机关对国企财会核算、决策和管理、政策落实、工程项目投资、廉洁从业、发展潜力和领导人经济责任履行情况等方面进行全方位审计,而且体现在国家审计机关有权对国企的主要监管机构——国资委进行审计监督。因此,随着国企管理体制改革和国企监督体系的进一步完善,国家审计机关监督国企的作用愈发明显,在国企监督体系中处于中坚地位,是促进国企资产保值增值的重要保障,深入研究以国家审计为中心的国企外部监督协同机制具有重要意义。

3.3.2 基于审计全覆盖的国家审计三维测度指标体系

1)审计全覆盖相关研究

审计全覆盖是国家治理新形势下党和政府对国家审计事业发展的新要求,同时也是国家审计机关所承担的职责和历史任务(戚振东和尹平,2015)[20]。审计全覆盖就是要遵循一切有利于维护和保障财政资金效率与效果的原则,对内整合、对外联合,改变以往单一资源配置模式,实现监督的全覆盖。党的十八届四中全会审议通过的《中共中央关于全面推进依法治国若干重大问题的决定》中首次提出:"完善审计制度,保障依法独立行使审计监督权。对公共资金、国有资产、国有资源和领导干部履行经济责任情况实行审计全覆盖。"2015年12月,中共中央、国务院印发的《完善审计制度若干重大问题的框架意见及相关配套文件》进一步作出具体部署:"对国有资产实行审计全覆盖,审计机关要依法对国有和国有资本占控股或主导地位的企业等管理、使用和运营的国有资产进行审计监督。"按照审计全覆盖的具体要求,国有资产流向哪里,审计就跟踪到哪里,与审计相关的国有资产主要是指企业国有资产,即国家对企业各种形式的出资所形成的权益(徐薇,2015)[234]。审计全覆盖最根本的目的就是要"把权力关进制度的笼子里",不仅要查出问题、惩治腐败、整改问题,而且要注重建设审计影响力,形成审计警钟常在、问责有力的舆情氛围(付忠伟等,2015)[31]。

审计全覆盖的主要内容包括审计对象、审计领域、审计范围、审计内容以及审计周期的全覆盖(付忠伟等,2015)[31]。审计全覆盖要实现审计边界和覆盖面的最大化,全面扩大审计监督的死角和盲区。首先,审计全覆盖是广度和深度上的全覆盖,广度上的全覆盖主要体现在国家审计机关年度审计项目数量之上,深度上的全覆盖主要体现在国家审计机关审计项目质量之上。审计全覆盖不仅要求扩大广度和深度,而且要提升力度和质量,有效运用审计监督成果(钱弘道和谢天予,2019)[235]。其次,审计全覆盖就是要实现国家审计服务国家治理现代化的广度、深度和前瞻性。其中,广度是指国家审计监督对象的领域范围,深度是指国家审计监督在审计内容、目标、发现问题、提出建议等方面所达到的层次和水平,前瞻性是指国家审计不仅要揭示国家治理运行冲突,还要能够分析国家治理运行的风险和未来走向(戚振东和尹平,2015)[20]。最后,审计全覆盖应当是有深度、有重点、有步骤、有成效的全覆盖。其中,深度是指对被审计单位问题审查的纵深程度,重点强调的是把握好全面审计与突出重点的关系,步骤是指审计全覆盖有统筹、有计划地逐步推进,成效是指审计全覆盖真正起到揭露问题、解决问题和预防问题的效果(徐薇,2015)[234]。但是,实现审计全覆盖与审计资源的有限性是一对矛盾,全覆盖要求在国家审计资源匹配前提下有重点的全覆盖,也应该在成本效益原则下实现审计绩效最大化(王中信和吴开钱,2009)[236]。因此,审计监督全覆盖必须处理好审计的广度、深度和力度之间的关系(向洪金等,2018)[237]。

2)国家审计 BDS 三维测度指标体系

审计全覆盖的相关研究成果为本书构建国家审计三维测度指标体系奠定了坚实的理论基础。本书选取审计全覆盖中最重要的三个维度——广度、深度和力度,结合中央审计委员会第一次会议具体部署,即"要落实党中央对审计工作的部署要求,加强全国审计工作统筹,优化审计资源配置,做到应审尽审、凡审必严、严肃问责,努力构建协同高效的审计监督体系,更好发挥审计在党和国家监督体系中的重要作用。要拓展审计监督广度和深度,消除监督盲区,加大对党中央重大政策措施贯彻落实情况跟踪审计力度,加大对经济社会运行中各类风险隐患揭示力度,加大对重点民生资金和项目审计力度。"以及审计全覆盖基本要求,即"应审尽审、凡审必严、严肃问责",从观察事物空间三维度的视角出发,认为可以通过充分扩大国家审计监督对象覆盖广度实现"应审尽审",努力拓展国家审计监督目标深度实现"凡审必严",加强国家审计监督权限行使力度实现"严肃问责"。据此,本书构建由国家审计机关监督国企的对象覆盖广度(Breadth)、目标实现深度(Depth)和权限行使力度(Strength)三维度组成的国家审计 BDS 三维测度指标体系,以全面分析新时代背景下国家审计机关监督国企的职能发挥情况。

国家审计对象覆盖广度是指国家审计机关监督国企的对象覆盖面,主要体现为每年审计监督国企的数量占国企总数的比重。国家审计机关每年监督国企的覆盖面越广泛,国企被审计的概率就会越高,这不仅有利于充分发挥国家审计的威慑功能,减少国企经营者的机会主义行为;而且能够在更大范围揭示和纠正国企存在的不利于国有资产保值增值的偏离行为,有效发现已经存在的问题,尽可能挽回已经发生或即将发生的国有资产损失,降低类似问题重复发生的概率,促进国企资产保值增值。

国家审计目标实现深度是指国家审计机关监督国企所要达到的目标层次,主要体现在国企审计的质量之上,可以用查出国企的违规违纪金额数量来衡量(宋常等,2006;马曙光,2007)[157,178]。依据《国家审计准则》,国家审计机关监督国企的主要工作目标是通过监督国企财务收支及有关经济活动的真实性、合法性、效益性,维护国有资产安全,促进国有资产保值增值。真实性是指国企财务收支以及有关经济活动的信息与实际情况相符合的程度。合法性是指国企财务收支以及有关经济活动遵守法律法规或者规章的情况。效益性是指国企财务收支及有关经济活动实现的经济效益、社会效益和环境效益。其中,合法性审计要以真实性审计为基础,效益性审计要以真实性审计和合法性审计为基础。国家审计机关监督国企的质量越高,查出的违规违纪金额越多,越能发现国企经营中的偏离行为,以便及时发挥纠偏功能,提高国企财务收支及有关经济活动的真实性、合法性、效益性,促进国企资产保值增值。

国家审计权限行使力度是指国家审计机关监督国企时运用权限的大小,主要体现为在全面、彻底检查国企财务收支及有关经济活动真实性、合法性、效益性的基础上,问责或移送处理处罚权的运用及其结果。国家审计机关监督国企的权限行使力度越大,国家审计机关揭示国企违反财务收支及有关经济活动的真实性、合法性、效益性的问题数量就越多,将涉嫌违规违纪问题移送纪检监察、司法机关,能够有效发挥国家审计威慑机制和预警机制的优势,促进国企资产保值增值。

3.3.3 国家审计机关协同其他监督主体的选择

1) 协同理论与国家审计协同其他监督相关研究

协同理论(Synergetics)亦称协同学,主要研究远离平衡状态下的开放系统在与外界进行物质或能量交换时,如何通过发挥内部协同作用,自发地形成时间、空间和功能上的有序结构,是关于系统中各个子系统间相互合作、相互竞争的科学(哈肯,1989)[238],为探索复杂社会现象提供了可以洞见的自然科学规律(成思危,1998)[239]。协同理论认为,尽管每个系统都具有不同的属性,但在整体环境中,各个系统间存在着相互合作与相互影响的关系,可以通过各系统之间的协同作用,按照某种规律自发形成具有一定内在性和自生性特点的功能。因此,协同有助于整个系统的稳定性和有序化,能从量和质两个方面放大系统的功效,创造出局部所没有的新功能(于江和魏崇辉,2015)[240]。协同理论的基本观点包括伺服原理、协同效应和自组织理论(李冬等,2013)[241]。伺服原理是指有序结构是由少数几个缓慢增加的变量决定的,所有子系统都受到这些慢变量的支配,通过这几个慢变量就可以描述系统的演化。协同效应是指各要素之间存在着非线性作用,当外界控制参量达到一定的阈值时,各要素之间相互联系、相互关联代替其相互独立的状态,相互合作占据主导地位,从而表现出协调、合作,其整体效应增强,系统从无序状态走向有序状态。自组织理论是指内部系统在没有外部指令的情况下,能够按照某种规律自发形成一定具有内生性和自生性特点的结构或功能。

治理(Governance)源自古典拉丁文或古希腊语"引领导航"(Steering),原意是控制、引导和操纵,指的是在特定范围内行使权威。1995 年,全球治理委员会(Commission on Global Governance)在《我们的全球伙伴关系》研究报告中将治理定义为:或公或私的个人和机构经营管理相同事务的诸多方式的总和,是使相互冲突或不同的利益得以调和并且采取联合行动的持续过程,包括有权迫使人们服从的正式机构和规章制度,以及种种非正式安排。世界银行(World Bank)将治理定义为:为谋求发展而在对国家经济和社会资源进行管理的过程中权力行使的方式。联合国开发计划署(United Nations Development Programme)将治理定义为:运用政治、经济、行政管理等方面的权力或权威来管理一个国家的资源和事务。治理具有四大特征,即治理是一个过程,治理的建立以调和为基础,治理同时涉及公私部门,治理并不一定是正式制度。因此,治理理论的核心论点强调"多主体"。多元主体协同治理的基本路径是重构政府、社会和公民的关系(于江和魏崇辉,2015)[240]。基于此,俞可平(2000)[242]提出了公共事务的"政府与社会合作",认为协同治理可以吸取公共部门、私人部门的独特属性和资源,带来"公私协作体"的增值,认为善治就是政府与公民对社会公共事务的协同管理(俞可平,2019)[243]。

基于协同理论和治理理论,协同治理即社会协同治理,是指在政府治理能力较高而社会发育程度较低的现实情形下,政府在社会治理中发挥主导作用,同时尊重社会的主体地位以及社会自身的运作机制和规律,从而充分发挥社会力量在社会治理中的主体作用(任泽涛和严国萍,2013)[244]。协同治理是在开放的系统中寻找有效治理结构的过程,强调参与主体的多元性、治理过程的协同性以及治理结果的超越性,要求政府、企业和民间组织等的相互协调,达到"1+1>2"的协同效果,以追求治理效能最大化,有效维护和增进公共利益(何水,2008;王祥君和周荣青,2014)[245,246]。系统越复杂,协调性要求越高,协同效应也越显著(范如国,2014)[21]。因此,协同治理有利于调动多元主体参与社会治理的积极性,发挥多主体的不同功效并形成合力(于江和魏崇辉,2015)[240]。

监督机制作为协同社会治理的重要部分,在于用制度管人管事管权,"将权力关在笼子里"(范如国,2014)[21]。党的十九大报告提出:"构建党统一指挥、全面覆盖、权威高效的监督体系。"《关于加强和改进企业国有资产监督防止国有资产流失的意见》也明确提出:"构建全面覆盖、分工明确、协同配合、制约有力的国有资产监督体系。"国家审计作为国有资产监督体系的重要组成部分,协同治理是提高公共经济权力监督质量与效率的制胜法宝。国家审计协同治理是指按照协调合作的协同管理思想,针对国家审计治理蕴含的所有内外部资源,构建若干功能各异的子系统,对各子系统内部要素以及不同子系统进行资源重组、融合与共享,寻求整体大于各个子系统作用力之和的功能倍增效果。当国家审计治理系统内外部环境发生变化时,系统会通过自我选择与协同提高审计能力和审计效率,以达到降低国家审计成本和提高国家审计效率的有序状态。国家审计协同治理要求国家审计由传统自上而下、主要依赖于监督职权的单一模式转变为治理模式,寻求建立审计机关与监督服务对象、监管部门、司法机关、社会公众等治理主体之间的协同合作,形成互相监督的耦合联动机制,构成一个较大范围的"国家审计治理系统"(戚振东和尹平,2015)[20]。在国家审计治理活动中,并不是国家审计机关单独行使监督权,而是各种主体相互配合实施监督,包括纪检监察机关、司法机关和社会公众等主体(钱弘道和谢天予,2019)[235]。

2)国家审计应该协同的其他主要监督主体

国企的主管政府部门尽管拥有任命国企高管的决策权,却不享有对国企经营人员实施监督所获得的收益,这致使他们缺乏监督动力,从而导致了国企经营者具有更严重的道德风险和机会主义行为(郁光华和伏健,1994)[247],必须构建全面覆盖、分工明确、协同配合、制约有力的国企内外部监督机制才能有效缓解这种问题。国家审计代表所有权对国企实施监督,可以与内部审计、社会审计相协同,也可以与国资委、纪检监察机关监督相协同,还可以和新闻媒体、社会公众监督相协同,以有效地降低国家审计成本,提高国家审计结果利用效率(王会金,2013)[188],促进国企资产保值增值。协同理论要求协同系统内一切可以协同的力量,但全面研究国家审计监督与所有其他监督的协同,不仅受到无法获取全部数据的限制,现阶段也难以进行实证检验,同时因为监督国企的主体众多,监督内容繁多且有重合,很难全面分析具体的影响和作用机理,得到有价值的研究结论。为了解决上述问题,本书基于现有研究基础,从协同理论和国家审计 BDS 三维测度指标体系出发,结合系统协同的三个基本要素——协同意愿、共同目标和信息沟通,选择国家审计需要协同的其他主要监督主体。协同意愿是不同监督主体有机协作的关键;共同目标是达成协同意愿的前提;信息沟通是协同意愿和协同目标相互联系的动态过程(范如国,2014)[21]。

本书从国家审计对象覆盖广度视角出发,研究国家审计机关与国资委协同促进国企资产保值增值的作用机理,因为他们之间不仅具有促进国有资产保值增值的共同目标,而且由于国企审计监督权的归属问题也有很强的协同意愿。党的十八大之后国资委以"管资本"为主加快国有资产监管职能转变,以及2018年国家机构改革将国资委国企领导干部经济责任审计和国有重点大型企业监事会的职责划入审计署,这些国企审计监督职责的改革也从实践的角度证明了这一点。国家审计机关和国资委作为国家行政机关,都是国企外部监督体系的重要组成部分,能够在监督国企的过程中实现有效的沟通。此外,国家审计机关有权对国资委进行审计监督,能够有效减少国资委与国企之间的合谋。

本书从国家审计目标实现深度视角出发,研究国家审计与社会审计协同促进国企资产保值增值的作用机理,它们不仅同属于审计监督系统,能够有效缓解信息不对称,降低代理成本,具有促进企业价值提升,实现资产保值增值的共同目标;而且它们之间各有所长,具有很强的协同意愿,国家审计具有更强的权威性和威慑力,社会审计具有更强的专业技术优势(刘骅和陈涵,2018)[248]。同时,国家审计机关还有权对社会审计机构出具的相关审计报告进行核查。因此,国家审计机关购买社会审计服务,聘请社会审计人员参与国企审计项目(徐薇,2015)[234],有利于整合审计资源,实现国家审计与社会审计的有效沟通,充分发挥两者的独特监督优势。

本书从国家审计权限行使力度视角出发,研究国家审计机关与媒体协同促进国企资产保值增值的作用机理,社会主义制度下国有资产的所有权属于全体人民,国家审计机关接受委托监督国企,国家审计应该服务于民主法治,协同社会公众进行审计监督。媒体作为社会监督的重要主体,不仅可以引起社会公众的广泛关注(Core等,2008;Dyck等,2008)[229,249],而且能够造成社会舆论压力(吴伟荣和刘亚伟,2015)[250]。因此,国家审计机关与媒体都以促进国企资产保值增值为协同目标,以有效保障全体人民对国企经营情况的知情权为协同意愿,能够建立有效的信息沟通机制。

3.4 小结

本章在系统回顾国家审计机关监督国企的制度变迁与实践现状、国企监管体制改革及其内外部监督主体的基础上,结合委托代理理论、监管俘获理论、公共受托责任理论和协同理论,科学界定国家审计机关监督国企的职责,构建国家审计BDS三维测度指标体系,确定国家审计协同的主要监督主体,形成国家审计协同其他主要监督促进国企资产保值增值的理论分析框架,为后文的研究提供了理论分析框架。

4 国家审计监督与国企资产保值增值

国企的首要职责就是实现国有资产保值增值,国家审计监督应以促进国企资产保值增值为首要目标。本章系统地阐释国家审计监督对国企资产保值增值的影响及其作用机理,并将审计署对央企实施的财务收支审计视为一场"准自然试验",采用 DID 模型进行实证检验。在此基础上,进一步考察混合所有制改革背景下,国有控股程度对两者关系的调节效应,为国家审计机关有效监督国企控股上市公司提供经验证据。

4.1 理论分析与假设提出

公共受托责任是国家审计工作的出发点和归宿点(秦荣生,2004)[233]。根据公共受托责任理论,国家审计的本质目标就是保证和促进被审计单位受托责任的全面有效履行(蔡春等,2012)[231]。国企作为公共受托责任关系中的受托人,不仅要实现国有资本的保值,而且要实现国有资本的增值(蔡春,1998)[251]。国家审计是评价、确认和证明受托经营者、管理者是否有效履行责任的一项经济监督活动(娄尔行和唐清亮,1987)[252]。依据《审计法》《审计法实施条例》《国家审计准则》《党政主要领导干部和国企领导人员经济责任审计规定》等相关法律法规,国家审计机关对国企的监督主要以资产、负债、损益的真实性、合法性和效益性为基础展开,不仅要监督国企领导人推动经济社会科学发展情况、制定和执行重大经济决策情况、建立和执行有关内部控制制度情况;还要监督国企领导人遵守国家有关经济法律法规情况、贯彻执行党和国家有关经济工作方针政策情况、遵守中央八项规定和廉洁从业情况。因此,国家审计机关以国有资产所有者代理人的身份对国企实施监督,旨在保障和促进国企经济活动合理合法有效进行,减少国企负责人的机会主义行为,提高国企经营效率,是国企外部具有揭示、抵御和预防功能的免疫系统。国家审计机关能够揭示国企经营过程中发展潜力、重大投资决策、内部控制、落实中央八项规定精神、廉洁从业、财务管理和会计核算等方面存在的不利于国企资产保值增值的具体问题,并督促其进行深入整改,从而预防和预警国企经营过程中可能发生的潜在风险隐患,促进国企资产保值增值(刘家义,2012)[11]。

国家审计机关通过对国企财务管理和会计核算情况进行审计监督,揭示国企经营成果和财务状况的真实性,发现国企经营业绩不实,以及财务报表不规范等不利于国企资产保值增值的问题①。据统计,审计署 2010—2018 年公布的央企财务收支审计结果公告中,所有被审计企业在财务管理或会计核算方面均存在不利于国企资产保值增值的问题。在此基础上,国家审计机关督促相关企业对已发现问题进行整改②,能够有效提高国企财会信息质量,缓解国企由"一股独大"以及所有者缺位而导致的代理问题(郝阳和龚六堂,2017)[253],促进国企资产保值增值。国家审计机关通过对国企重大投资决策和内部控制情况进行审计监督,揭示国企重大投资项目决策未经批准、违规决策,一些工程项目招投标不规范、手续不健全,以及违规出借资金或对外担保等不利于国企资产保值增值的问题③。据统计,审计署 2010—2018 年公布的央企财务收支审计结果公告中,所有被审计企业在重大投资决策和内部控制方面均存在不利于国企资产保值增值的问题。在此基础上,国家审计机关督促相关企业对已发现问题进行整改④,能够有效促进国企完善内部控制制度,提高内部控制质量,降低出现内部控制缺陷的数量和概率(池国华等,2019)[16],改善国企内部治理水平,促进国企资产保值增值。国家审计机关通过对国企落实中央八项规定精神及廉洁从业情况进行审计监督,揭示国企超标准接待、兼职取酬、违规领取补贴、超标准购车,部分管理人员违反廉洁从业规定,以及涉嫌滥用职权等不利于国企资产保值增值的问题⑤。据统计,审计署 2010—2018 年公

---

① 例如,2018 年审计署公布的第 8 号财务收支审计结果公告指出:"财务管理和会计核算方面。1. 2016 年,所属中机西南能源科技有限公司将递延收益一次性计入营业外收入,多计利润 6 955.29 万元……"

② 例如,2018 年中央企业公布的第 8 号审计整改公告指出:"财务管理和会计核算方面的整改结果:已按照整改要求进行追溯调整……"

③ 例如,2017 年审计署公布的第 28 号财务收支审计结果公告指出:"企业重大决策和内部管理方面。1. 所属中电建路桥集团有限公司等 14 家单位违规转分包工程项目,涉及金额 111.85 亿元,其中 2015 年 31.5 亿元……"

④ 例如,2017 年中央企业公布的第 28 号审计整改公告指出:"企业重大决策和内部管理方面的问题整改情况。1. 对违规转分包工程问题,公司已督导相关子企业对有关项目开展清查,加强对分包单位在建工程的履约管理,并修订完善了相关制度,防范同类问题再度发生……"

⑤ 例如,2017 年审计署公布的第 13 号财务收支审计结果公告指出:"落实中央八项规定精神及廉洁从业规定方面。1. 2012 年 12 月至 2013 年 1 月,所属石岛湾核电公司用工程建设资金购买纪念品、高档酒水等 216.8 万元。2. 2013 年至 2014 年,华能集团总部个别部门及所属中国华能集团燃料有限公司在高档酒店召开会议 3 次,消费 26.02 万元……"

布的央企财务收支审计结果公告中,有 57.66% 的被审计企业存在违反中央八项规定精神或廉洁从业相关规定等不利于国企资产保值增值的问题。在此基础上,国家审计机关督促相关企业对已发现问题进行整改①,能够有效抑制国企高管超额在职消费行为(褚剑和方军雄,2016)[17],揭示和查处国企领导人重大铺张浪费和损失浪费问题,以及滥用职权、贪污受贿等案件,推进国企反腐倡廉建设(刘家义,2015)[11],促进国企资产保值增值。国家审计机关通过对国企发展潜力情况进行审计,揭示其在自主创新方面存在的投入不足,以及亏损等不利于国企资产保值增值的问题②。据统计,审计署 2010—2018 年公布的央企财务收支审计结果公告中,有 17.52% 的被审计企业在发展潜力方面存在不利于国企资产保值增值的问题。在此基础上,国家审计机关督促对已发现问题进行整改③,可以有效促进国企保障研发资金投入,将科技成果转化为现实生产力(褚剑等,2018)[44],提高国企科技创新能力,促进国企资产保值增值。

此外,审计署对央企实施的财务收支审计是一个发现问题与整改问题同时进行的过程,这从审计结果公告和整改公告的公布方式和时间上可见一斑。例如,2010—2012 年审计署公布的央企财务收支审计结果公告中不仅包括审计发现的主要问题,而且包括央企的整改情况。尽管 2013 年后由审计署公布央企财务收支审计结果公告,央企公布审计整改报告,但两者的公布时间基本一致。审计署查出央企存在不利于国企资产保值增值的违规违纪问题同时,就已经开始督促央企着手整改,国家审计实施当期就能够有效发挥监督功能,促进国企资产保值增值。基于上述分析,本书提出以下假设 4.1:

假设 4.1:在其他条件一定的前提下,国家审计监督有利于促进国企资产保值增值。

---

① 例如,2017 年中央企业公布的第 13 号审计整改公告指出:"落实中央八项规定精神及廉洁从业规定方面的整改情况:对上述 2 项违反中央八项规定精神和华能集团改进工作作风 30 条具体要求的问题,依纪依规严肃处理,已责成相关人员清退了违规报销和发放的有关费用,公开拍卖封存的剩余白酒和纪念品;对集团总部 2 个部门和所属 2 家单位给予通报批评,并责令作出书面检查;对相关责任人员进行责任追究,问责追责 14 人次,其中党内严重警告 2 人、党内警告 3 人、诫勉谈话 6 人、提醒谈话 3 人……"
② 例如,2016 年审计署公布的第 16 号财务收支审计结果公告指出:"发展潜力方面。1. 中国电子科技投入占当年营业收入的比例未达到该集团十二五规划目标……"
③ 例如,2016 年中央企业公布的第 16 号审计整改公告指出:"发展潜力方面。1. 关于中国电子 2011 年至 2014 年科技投入占当年营业收入比例未达到十二五规划目标问题,中国电子将通过优化业务结构,提高核心业务收入占比,持续将科技投入纳入全面预算管理,并从人力资源、财力和物力等多方面给予企业科技投入保障等措施,确保十三五时期达到规划目标……"

4.2　研究设计

4.2.1　样本选择与数据来源

本书选取 2007—2017 年中国沪深 A 股上市公司为研究样本。主要原因有以下几个方面：首先，尽管审计署对央企实施的财务收支审计主要针对央企集团公司，但由于央企控股上市公司掌握了央企的主要优质资产，审计署也会对央企控股上市公司进行延伸审计。特别是在实践中，审计署公布央企财务收支审计结果公告之后，被审计的央企下属控股上市公司也会相应公布《关于国家审计署审计控股股东及其子公司情况公告》。因此，审计署实施的央企财务收支审计必然会辐射到其控股的上市公司（褚剑和方军雄，2017）[5]。其次，审计署从2010 年开始公布央企财务收支审计结果公告，审计实施年度具有一定滞后性，比如审计署 2010 年公布的央企财务收支审计结果公告，审计实施年度为2009 年，被审计的财务收支年份是 2008 年。目前最新的央企财务收支审计结果公告为 2018 年公布①，审计实施年度为 2017 年。最后，本书运用DID方法实证检验假设 4.1，且选择审计实施年度为分界点，所以需要至少在首次实施审计年度向前延伸 1 年的数据。

本书从审计署 2010—2018 年公布的央企财务收支审计公告出发，根据上市公司年报中公布或股权控制链计算所得的"实际控制人名称""实际控制人性质""直接控制控股股东名称"和"直接控股股东股份性质"，识别出央企控股的上市公司，剔除了国家审计实施后企业性质发生改变的、ST 和 * ST、金融行业以及研究变量缺失的上市公司样本数据，最终得到 2 791 个上市公司，20 986 个样本观测值。其中，审计署审计过的央企控股上市公司 311 个，2 836 个样本观测值；未被审计过的上市公司 2 457 个，18 150 个样本观测值，包括 318 个央企样本观测值，6 225 个地方国企样本观测值，11 607 个非国企样本观测值。此外，国家审计对象覆盖广度数据起始于 2009 年，故第 5 章实证检验数据为 18 649 个样本观测值，其中 7 797 个国企样本观测值。国家审计相关数据根据审计署官方网站公布的审计结果公告和审计署绩效报告手工整理所得，其他数据均来自国泰安数据库（CSMAR）。本书采用的数据处理软件为 STATA15.0，为控制极端值的影响，对所有连续变量进行了

---

① 统计截止时间为 2020 年 2 月 20 日。

上下 1%的缩尾处理（WINSORIZE）。

4.2.2 变量选取与测度

1) 国企资产保值增值

EVA 作为股东财富的测度指标，不仅考虑了财务指标、股权资本在内的资本成本，而且综合运用了会计指标和市场指标，能够实现指标选择的综合性和客观性，真正体现企业为股东创造的价值。EVA 还是一个管理工具，是建立企业财务管理体系及激励计划等一体化框架的重要指标，能够促使企业全面贯彻以价值管理为导向的管理思想（Stern 等，1995）[56]。国资委于 2010 年开始在央企推行 EVA 考核，2014 年制定了《关于以 EVA 为核心加强中央企业价值管理的指导意见》，并在 2016 年实施的《中央企业负责人经营业绩考核办法》中明确规定："突出经济增加值考核，通过考核经济增加值，着力引导企业资本投向更加合理，资本结构更加优化，资本效率进一步提高，督促国有资产保值增值。"因此，构建基于 EVA 的国企资产保值增值测度指标能够更有效地衡量国企资产保值增值情况。基于上述分析，本书选取 EVA 增加额与总资产的比值测度国企资产保值增值，当该指标等于 0 时，表示国企实现了资产保值；当该指标大于 0 时，表示国企实现了资产增值，所以该指标越大，表示国企资产保值增值情况越好。

2) 国家审计监督

限于国家审计资源，审计署对央企实施的审计是逐步进行的，即每年都会有部分央企被审计，而另一部分则未被审计。因此，本书借鉴 Chan 等（2012）[254]的研究，采用多期 DID 方法实证检验国家审计监督与国企资产保值增值的关系，主要从以下两个方面测度国家审计监督：一是国家审计实施与否，当上市公司所属央企或其自身被审计署审计过时取值为 1，否则取值为 0；二是国家审计实施前后，上市公司所属央企或其自身被审计署审计当年及以后年度取值为 1，否则取值为 0。

3) 控制变量

本书主要参考杨瑞龙等（2013）[45]、祁怀锦等（2018）[46]的研究选取以下控制变量：财务杠杆、公司规模、公司成长性、净资产收益率、董事长与总经理兼任情况、公司上市年龄、管理层持股比例、独立董事比例、董事会规模、董监高前 3 名薪酬总额、是否亏损、审计意见类型、时间固定效应和行业固定效应等。

本章变量定义详见表 4.1。

表 4.1　变　量　定　义　表

变量名称	变量符号	计算方法
国企资产保值增值	*Aeva*	本期 EVA 增加额与总资产的比值
国家审计实施与否	*Audit*	当上市公司所属央企或自身被审计署审计过时取值为 1,否则取值为 0
国家审计实施前后	*Postaudit*	当上市公司所属央企或自身被审计署审计当年及以后年度取值为 1,否则取值为 0
财务杠杆	*Lev*	总负债与总资产的比值
公司规模	*Lnasset*	总资产的自然对数
公司成长性	*Growth*	本期营业收入增加额与上期营业收入的比值
净资产收益率	*Roea*	净利润与股东权益余额的比值
董事长与总经理兼任情况	*Ifjz*	当董事长与总经理两职合一时取值为 1,否则取值为 2
公司上市年龄	*Establish*	当年与初始上市时间之差
管理层持股比例	*Glccg*	管理层持股数量与股本总额的比值
独立董事比例	*Independ*	独立董事人数与董事会总人数的比值
董事会规模	*Lnboard*	董事会总人数的自然对数
董监高前 3 名高管薪酬总额	*Djgqsxc*	董事、监事和高管前 3 名薪酬总额的自然对数
是否亏损	*Loss*	当净利润小于 0 时,取值为 1,否则取值为 0
审计意见类型	*Opinion*	当注册会计师签发无法表示意见或否定意见时,取值为 0;签发保留意见时,取值为 1;签发带强调事项段的无保留意见时,取值为 2;标准无保留意见时,取值为 3
时间固定效应	*Year*	当样本属于某一年度时取值为 1,否则取值为 0
行业固定效应	*Industry*	当样本属于某一行业时取值为 1,否则取值为 0

主要变量 对应前三行；*控制变量* 对应其余各行。

资料来源:作者整理所得。

4.2.3　实证模型设计

为了验证假设 4.1,本书借鉴 Chan 等(2012)[254]、褚剑和方军雄(2016)[17]的研究,构建如下多期 DID 模型实证检验国家审计监督与国企资产保值增值的关系:

$$Aeva_{i,t} = \alpha_0 + \alpha_1 Audit_i + \alpha_2 Postaudit_{i,t} + \alpha_3 Lev_{i,t} + \alpha_4 Lnasset_{i,t}$$
$$+ \alpha_5 Growth_{i,t} + \alpha_6 Roea_{i,t} + \alpha_7 Ifjz_{i,t} + \alpha_8 Establish_{i,t}$$
$$+ \alpha_9 Glccg_{i,t} + \alpha_{10} Independ_{i,t} + \alpha_{11} Lnboard_{i,t}$$
$$+ \alpha_{12} Djgqsxc_{i,t} + \alpha_{13} Loss_{i,t} + \alpha_{14} Opinion_{i,t}$$
$$+ \sum Year + \sum Industry + \varepsilon_{i,t} \tag{4.1}$$

其中，$Aeva$ 表示国企资产保值增值；$Audit$ 表示国家审计实施与否；$Postaudit$ 表示国家审计实施前后；α_0 表示常数项；ε 表示扰动项；i 表示上市公司；t 表示国家审计实施年份；$Year$ 表示时间固定效应；$Industry$ 表示行业固定效应；剩余变量为控制变量。本书主要考察系数 α_2，如果系数 α_2 显著为正，则表明国家审计监督有利于促进国企资产保值增值。

4.3 实证检验

4.3.1 描述性统计

由表 4.2 "描述性统计结果"可知，国企资产保值增值（$Aeva$）的中位数为 0.0004，最小值为 -0.2262，最大值为 0.2763，表明尽管各上市公司的资产保值增值情况存在较大差异，但大部分上市公司都实现了资产保值增值。国家审计与否（$Audit$）的均值为 0.1351，表明全样本中有 13.51% 的公司被审计署直接或间接审计过。国家审计实施前后（$Postaudit$）的均值为 0.0580，接近国家审计与否（$Audit$）均值的一半，表明全样本中有 5.80% 的公司处于审计署实施审计当年及以后，且国家审计实施前后的样本分布区间较为均匀。控制变量中，财务杠杆（Lev）、公司规模（$Lnasset$）、公司成长性（$Growth$）、净资产收益率（$Roea$）、董事长与总经理兼任情况（$Ifjz$）、公司上市年龄（$Establish$）、管理层持股比例（$Glccg$）、独立董事比例（$Independ$）、董事会规模（$Lnboard$）、董监高前 3 名薪酬总额（$Djgqsxc$）、是否亏损（$Loss$）、审计意见（$Opinion$）的最大值和最小值基本都存在较大差异，这些变量都会影响到公司资产的保值增值情况。

表 4.2 描述性统计结果

变量名称	样本量	均值	标准差	$p25$	$p50$	$p75$	最小值	最大值
$Aeva$	20 986	0.0010	0.0501	-0.0139	0.0004	0.0142	-0.2262	0.2763
$Audit$	20 986	0.1351	0.3419	0.0000	0.0000	0.0000	0.0000	1.0000
$Postaudit$	20 986	0.0580	0.2338	0.0000	0.0000	0.0000	0.0000	1.0000

变量名称	样本量	均值	标准差	p25	p50	p75	最小值	最大值
Lev	20 986	0.4499	0.2089	0.2836	0.4491	0.6131	0.0791	0.8800
Lnasset	20 986	21.9937	1.2703	21.0977	21.8407	22.7236	18.9607	25.7804
Growth	20 986	0.5053	1.6162	−0.0380	0.1362	0.4421	−0.7814	12.5126
Roea	20 986	0.0614	0.1257	0.0272	0.0669	0.1137	−0.7022	0.3678
Ifjz	20 986	1.7696	0.4211	2.0000	2.0000	2.0000	1.0000	2.0000
Establish	20 986	15.8434	5.3849	12.0137	15.7123	19.5288	3.1836	29.1288
Glccg	20 986	0.1017	0.1827	0.0000	0.0003	0.1162	0.0000	0.6933
Independ	20 986	0.3709	0.0525	0.3333	0.3333	0.4000	0.3000	0.5714
Lnboard	20 986	2.1548	0.1999	2.0794	2.1972	2.1972	1.6094	2.7081
Djgqsxc	20 986	14.1793	0.7357	13.7295	14.1825	14.6315	12.0130	16.1313
Loss	20 986	0.0944	0.2924	0.0000	0.0000	0.0000	0.0000	1.0000
Opinion	20 986	2.9528	0.2726	3.0000	3.0000	3.0000	0.0000	3.0000

资料来源：作者采用 STATA 软件处理数据所得。

4.3.2 相关性分析

由表 4.3"主要变量相关性分析结果"可知[①]，国家审计与否（Audit）与国企资产保值增值（Aeva）的相关系数为 0.0004，国家审计实施前后（Postaudit）与国企资产保值增值（Aeva）的相关系数为 0.0006，均不存在显著相关性。同时，方差膨胀因子（VIF）检验结果表明，各变量 VIF 的最大值为 1.96，平均 VIF 值为 1.47，各变量之间不存在多重共线性问题。

表 4.3　主要变量相关性分析结果

变量名称	Aeva	Audit	Postaudit
Aeva	1.0000		
Audit	0.0004	1.0000	
Postaudit	0.0006	0.5913***	1.0000

注：*、**、*** 分别表示回归系数在 10%、5%、1% 的置信水平上显著，下同。

资料来源：作者采用 STATA 软件处理数据所得。

---

① 限于篇幅，本书仅报告主要变量相关性分析结果，VIF 检验结果并未列示，如有需要可向作者索取，下同。

4.3.3 实证结果分析

由表 4.4"国家审计监督与国企资产保值增值回归"结果可知,在全样本回归结果中,国家审计实施前后($Postaudit$)与国企资产保值增值($Aeva$)的回归系数为0.0042,在5%水平上显著正相关,表明国家审计监督有利于促进国企资产保值增值。相较于没有被审计的国企和非国企,国企被审计之后其资产保值增值($Aeva$)增加了0.42%,远高于全样本国企资产保值增值($Aeva$)的均值0.10%,具有显著的经济学意义,初步验证了研究假设4.1。在国企样本回归结果中,国家审计实施前后($Postaudit$)与国企资产保值增值($Aeva$)的回归系数为0.0028,在10%水平上显著正相关,进一步表明国家审计监督有利于促进国企资产保值增值。相较于没有被审计的国企,国企被审计之后其资产保值增值($Aeva$)增加了0.28%,也远高于全样本国企资产保值增值($Aeva$)的均值0.10%,进一步验证了假设4.1。因此,国家审计监督有利于促进国企资产保值增值。

表 4.4　国家审计监督与国企资产保值增值回归结果

变量名称	模型(4.1)	
	全样本	国企样本
$Audit$	0.0013	0.0011
	(0.9313)	(0.8681)
$Postaudit$	0.0042**	0.0028*
	(2.2964)	(1.6842)
Lev	0.0308***	0.0287***
	(12.4571)	(8.4601)
$Lnasset$	−0.0048***	−0.0040***
	(−10.2557)	(−7.5740)
$Growth$	0.0008***	0.0006*
	(3.0704)	(1.9146)
$Roea$	0.1844***	0.1589***
	(28.6535)	(18.4607)
$Ifjz$	0.0003	−0.0013
	(0.4294)	(−0.8851)

变量名称	模型（4.1）	
	全样本	国企样本
Establish	0.0000	0.0001
	(0.4510)	(1.0913)
Glccg	−0.0159***	−0.0068
	(−10.4742)	(−0.3063)
Independ	0.0080	0.0066
	(1.2281)	(0.7457)
Lnboard	0.0010	0.0027
	(0.5383)	(1.1989)
Djgqsxc	−0.0056***	−0.0065***
	(−10.5038)	(−8.6014)
Loss	−0.0213***	−0.0183***
	(−11.3842)	(−7.4962)
Opinion	−0.0098***	−0.0138***
	(−4.6504)	(−3.9592)
Constant	0.1837***	0.1874***
	(14.4583)	(9.8959)
Year	控制	控制
Industry	控制	控制
样本量	20 986	9 311
调整 R^2	0.2780	0.2680
F 值	68.6600	31.8600

注：括号内为公司层面聚类后的稳健 *T* 统计量，下同。

资料来源：作者采用 STATA 软件处理数据所得。

4.4 国有控股程度的调节效应

国企所在国家的政府治理和市场导向等制度环境特征，都会对国企经营目标、风险偏好和治理水平产生影响(Aguilera 和 Grøgaard,2019;Grøgaard 等,2019)[255,256]。其中,国家对国企的所有权控制程度及其监管策略是影响国企治理效率的重要因素(Estrin 等,2016;Musacchio 等,2015)[257,258]。随着国企混合所有制改革的大力推进,国企中国有资本与民营资本交叉融合,国有控股企业数量不断增加,国有股份终极控制权的消极作用和积极作用往往彼此纠缠并相互抵消(Zhou 等,2017)[259]。通过国家控股参与企业的经营决策,国家与企业之间形成了所有权与经营权相分离的受托经济责任关系,国家作为国有资产的所有者,需要了解企业受托经济责任的完成情况和国有资产保值增值情况。但是,关于国家审计机关是否应当对国有控股企业进行审计监督,有的学者认为,国家审计机关应"抓大放小",摒弃"国企一定要由国家审计"的想法,重点审计国有独资企业,而不应直接审计国家参股、控股企业(余玉苗,1999;张先治和蒋美华,2008)[33,113];也有学者认为,国家审计机关也应将国有资本控股或占主导地位的企业作为重点审计对象(吴秋生,2007;黄溶冰和王跃堂,2008)[23,143]。关于上述问题国家审计机关和国企其他相关监督部门、理论界和实务界也一直争论不休,以致现行的《审计法》对此未作出明确规定,而是授权由"国务院另行规定"。尽管国务院 2010 年修订的《审计法实施条例》指出审计机关依法对国有资本占企业资本(股本)总额的比例超过 50% 的企业,以及国有资本占企业资本(股本)总额的比例在 50% 以下、但拥有实际控制权的企业进行审计监督。但目前国家审计机关监督国企的实践,还是以审计国有独资企业为主,适当延伸到国企控股上市公司。那么,国有控股程度会如何影响国家审计监督与国企资产保值增值的关系呢?

4.4.1 理论分析与研究假设

实行混合所有制改革,在国有资本中引入非国有资本,是本轮国企改革的重要任务,有利于改善国企"一股独大"带来的内部人控制和监管失效(郝阳和龚六堂,2017)[253],以及公司治理水平较低和缺乏管理激励等问题(Grøgaard 等,2019)[256]。多元产权主体的构成必然会改进国企的董事会结构和决策流程,健全国企信息披露制度,有利于完善国企治理机制(黄群慧和余菁,2013)[68],促进国企资产保值增值。但是,国家必须掌握国企的控制权,发展混合所有制是巩固公有制的主体地位、引导非公有制经济发展的一种形式和手段,而不是实行国有资本私有化。当国企中资本混合度的大小可以稳固保证国有控股权时,在此范围内提高国企资本混合度,即增加非国有股比例,有利于在坚持国有资本优良特征的前提下,通过引入非国有资本参与到国企经营管理中,使国有资本与非国有资本形成一种相互监督和相互促进的关系,充分发挥不同所有制主体的治理优势(张蕊和蒋煦涵,2018)[260],从而形成灵活高效的市场化经营机制,提高国企资源配置效率,增强国企活力,实现国有资产保值增值。

尽管国企在"渐进式的混合所有制改革"中不断引入各类异质性股东来稀释国有股权,但国有股代表的超级股东身份仍占据着控制权优势,削弱了异质性股东对企业的参与能力(刘汉民等,2018)[261]。国企负责人作为"准官员"也会由于其"经济人"特征而产生在公共选择方面的机会主义行为(杨瑞龙等,2013)[45],不利于实现国有资产保值增值。国家审计机关代表出资人,依法独立对国企实施监督,可以有效降低国企经营者的道德风险和机会主义行为。国家审计机关监督国企的权力来源于国有资产出资人,且在实践中国家审计机关通常优先审计国有独资企业,而对于国有资本占控股地位的企业,都是在审计国企集团公司的同时进行的延伸审计。因此,国企控股上市公司的国有控股程度会在很大程度上影响到其被延伸审计的概率。国企控股上市公司的国有控股程度越高,其所承担的国有资产保值增值的责任就越大,国家审计机关对其国有资产受托责任的监督意愿也越强,这不仅能够提高其被抽查审计的概率,而且能够对其财会核算、重大决策和内部管理、政策贯彻落实情况、中央八项规定落实情况等实施更加全面的审查,有助于形成对国企高管的有效威慑,降低他们的机会主义行为和道德风险,促进国企资产保值增值。基于上述分析,本书提出以下假设4.2:

假设4.2:在其他条件一定的前提下,国有控股程度越高,国家审计监督促进国企资产保值增值的效果越明显。

4.4.2 变量选取与测度

本书从两个方面来测度国有控股程度:一个是企业的直接控股股东持股比例,对于国企而言,该指标越大表明国有控股程度越高,用 Control 表示;另一个是企业前十大股东中国有股比例,该指标越大表明国有控股程度越高,用 Mix 表示(魏明海等,2017;刘汉民等,2018)[261,262]。其中,直接控股股东的首要判断依据为年报中披露的信息,如果年报中未披露则采用股权控制链计算的方式确定;前十大股东中国有股比例主要通过上市公司年报披露的前十大股东性质、股东持股比例等数据手工整理所得。此外,考虑到采用 DID 模型对主假设4.1进行实证检验,Mix 指标难以覆盖全样本,因此,本书采用 Control 指标进行主回归分析,采用 Mix 指标进行稳健性检验。

4.4.3 实证模型设计

为了验证假设4.2,本书进一步在模型(4.1)的基础上增加国有控股程度调节

变量,构建如下模型实证检验国有控股程度对国家审计监督与国企资产保值增值关系的调节效应:

$$
\begin{aligned}
Aeva_{i,t} =& \beta_0 + \beta_1 Audit_i + \beta_2 Postaudit_{i,t} + \beta_3 Control_{i,t} + \beta_4 Audit_i \\
& \times Control_{i,t} + \beta_5 Postaudit_{i,t} \times Control_{i,t} + \beta_6 Lev_{i,t} \\
& + \beta_7 Lnasset_{i,t} + \beta_8 Growth_{i,t} + \beta_9 Roea_{i,t} + \beta_{10} Ifjz_{i,t} \\
& + \beta_{11} Establish_{i,t} + \beta_{12} Glccg_{i,t} + \beta_{13} Independ_{i,t} + \beta_{14} Lnboard_{i,t} \\
& + \beta_{15} Djgqsxc_{i,t} + \beta_{16} Loss_{i,t} + \beta_{17} Opinion_{i,t} + \sum Year \\
& + \sum Industry + \theta_{i,t} \qquad (4.2)
\end{aligned}
$$

$$
\begin{aligned}
Aeva_{i,t} =& \tau_0 + \tau_1 Audit_i + \tau_2 Postaudit_{i,t} + \tau_3 Mix_{i,t} + \tau_4 Audit_i \times Mix_{i,t} \\
& + \tau_5 Postaudit_{i,t} \times Mix_{i,t} + \tau_6 Lev_{i,t} + \tau_7 Lnasset_{i,t} + \tau_8 Growth_{i,t} \\
& + \tau_9 Roea_{i,t} + \tau_{10} Ifjz_{i,t} + \tau_{11} Establish_{i,t} + \tau_{12} Glccg_{i,t} \\
& + \tau_{13} Independ_{i,t} + \tau_{14} Lnboard_{i,t} + \tau_{15} Djgqsxc_{i,t} + \tau_{16} Loss_{i,t} \\
& + \tau_{17} Opinion_{i,t} + \sum Year + \sum Industry + \pi_{i,t} \qquad (4.3)
\end{aligned}
$$

其中,$Aeva$ 表示国企资产保值增值;$Audit$ 表示国家审计实施与否;$Postaudit$ 表示国家审计实施前后;$Control$ 和 Mix 表示国有控股程度;β_0 和 τ_0 表示常数项;θ 和 π 表示扰动项;i 表示上市公司;t 表示国家审计实施年份;$Year$ 表示时间固定效应;$Industry$ 表示行业固定效应;剩余变量为控制变量。本书主要考察系数 β_5 和 τ_5,如果系数 β_5 和 τ_5 均显著为正,则表明国有控股程度能够显著增强国家审计监督与国企资产保值增值的正相关关系。

4.4.4 实证结果分析

由表 4.5"国有控股程度对两者关系的调节效应回归结果"可知,在全样本回归结果中,直接控股股东持股比例($Control$)与国企资产保值增值($Aeva$)的回归系数为 -0.0001,在 1% 水平上显著负相关;交乘项($Postaudit \times Control$)与国企资产保值增值($Aeva$)的回归系数为 0.0002,在 5% 水平上显著正相关,表明直接控股股东持股比例越高,国家审计监督促进国企资产保值增值的作用越有效,且直接控股股东持股比例越低,越有利于促进国企资产保值增值,初步验证了研究假设 4.2。在国企样本回归结果中,交乘项($Postaudit \times Control$)与国企资产保值增值($Aeva$)的回归系数为 0.0002,在 5% 水平上显著正相关;交乘项($Postaudit \times Mix$)与国企资产保值增值($Aeva$)的回归系数为 0.0175,在 10% 水平上显著正相关,表明国有控股程度越高,国家审计监督促进国企资产保值增值的作用越有效,假设 4.2 再次得到验证。因此,为了充分利用国家审计资源,促进国企资产保值增值,随着国企混合所有制改革的大力推进,国家审计机关应该优先审计国有控股程度较高的国企。

表 4.5 国有控股程度对两者关系的调节效应回归结果

变量名称	模型(4.2)		变量名称	模型(4.2)
	全样本	国企样本		国企样本
Audit	0.0029	0.0046	Audit	0.0054
	(0.7345)	(1.3665)		(1.5763)
Postaudit	−0.0050	−0.0052	Postaudit	−0.0065
	(−1.0200)	(−1.2121)		(−1.2958)
Control	−0.0001***	0.0000	Mix	0.0000
	(−5.6264)	(−0.7028)		(−1.0898)
Audit×Control	0.0000	−0.0001	Audit×Mix	−0.0058
	(−0.3611)	(−1.1680)		(−0.8211)
Postaudit×Control	0.0002**	0.0002**	Postaudit×Mix	0.0175*
	(2.1404)	(2.0768)		(1.7918)
Lev	0.0303***	0.0284***	Lev	0.0213***
	(12.2635)	(8.2974)		(4.1022)
Lnasset	−0.0044***	−0.0039***	Lnasset	−0.0027***
	(−9.6570)	(−7.1969)		(−3.4998)
Growth	0.0008***	0.0006*	Growth	0.0005
	(3.1040)	(1.9190)		(1.1016)
Roea	0.1857***	0.1578***	Roea	0.1598***
	(28.5883)	(18.2570)		(11.3974)
Ifjz	0.0004	−0.0011	Ifjz	−0.0040*
	(0.5853)	(−0.7423)		(−1.9173)
Establish	0.0000	0.0001	Establish	0.0001
	(−0.3327)	(0.8514)		(0.7965)
Glccg	−0.0152***	−0.0099	Glccg	0.0119
	(−10.1338)	(−0.4382)		(0.3918)

（续表）

变量名称	模型(4.2)		变量名称	模型(4.2)
	全样本	国企样本		国企样本
Independ	0.0088	0.0068	*Independ*	0.0042
	(1.3571)	(0.7658)		(0.3329)
Lnboard	0.0005	0.0024	*Lnboard*	−0.0001
	(0.2905)	(1.0820)		(−0.0350)
Djgqsxc	−0.0058 ***	−0.0065 ***	*Djgqsxc*	−0.0070 ***
	(−10.7963)	(−8.3656)		(−6.2736)
Loss	−0.0213 ***	−0.0183 ***	*Loss*	−0.0219 ***
	(−11.3537)	(−7.4654)		(−5.6531)
Opinion	−0.0096 ***	−0.0137 ***	*Opinion*	−0.0125 **
	(−4.5720)	(−3.9253)		(−2.4039)
Constant	0.1847 ***	0.1864 ***	*Constant*	0.1734 ***
	(14.5369)	(9.8109)		(6.5712)
Year	控制	控制	*Year*	控制
Industry	控制	控制	*Industry*	控制
样本量	20 986	9 311	样本量	9 311
调整 R^2	0.2790	0.2660	调整 R^2	0.2710
F 值	64.1800	29.5200	F 值	16.6700

资料来源：作者采用 STATA 软件处理数据所得。

4.5　稳健性检验

随机试验和观测数据是现有实证研究中验证因果关系的两种基本方法（Bascel，2008）[263]，尽管 DID 模型是基于随机试验或自然试验的一种方法，能够有效修正内生性问题（Meyer 和 Breed，1995）[264]。但内生性问题还可能来自测量误差、遗漏变量误差、双向或反向因果、选择偏差和动态面板偏差等方面（Bascle，2008；Hamilton 和 Nickerson，2003；王宇和李海洋，2017）[263,265,266]。本书的研究中不存在由双向或反向因果和动态面板偏差而导致的内生性问题。为了保证研究结论的稳健性,本书在平行趋势检验和安慰剂检验的基础上,进一步采用重新测度被解释变量和解释变量缓解由测量误差引起的内生性问题;采用 PSM 方法缓解由样本选择偏差引起的内生性问题;采用固定效应模型缓解由遗漏变量误差引起的内生性问题,以消除不随时间变化、无法观测因素的影响。

4.5.1 平行趋势检验

尽管使用 DID 方法不要求实验组和控制组是完全一致的,两组数据之间可以存在一定的差异,但处理组和对照组在政策实施之前必须具有相同的发展趋势,即共同趋势是使用 DID 方法最为重要和关键的前提条件。基于此,本书借鉴 Bertrand 和 Mullainathan(2003)[267]提出的跨期动态面板模型,根据国家审计实施时间分别设置以下虚拟变量:其中,$Year\_2$ 表示国家审计实施之前的第二个年度取值 1,否则取值 0;$Year\_1$ 表示国家审计实施之前的第一个年度取值 1,否则取值 0;$Year0$ 表示国家审计实施当年取值 1,否则取值 0;$Year1$ 表示国家审计实施后的第一个年度取值 1,否则取值 0;$Year2$ 表示国家审计实施后的第二个年度取值 1,否则取值 0。$Befoyear\_2$ 表示国家审计实施前两期的虚拟变量与国家审计实施与否($Audit$)的交互项;$Befoyear\_1$ 表示国家审计实施前一期的虚拟变量与国家审计实施与否($Audit$)的交互项;$Postyear0$ 表示国家审计实施当期的虚拟变量与国家审计实施与否($Audit$)的交互项;$Postyear1$ 表示国家审计实施后一期的虚拟变量与国家审计实施与否($Audit$)的交互项;$Postyear2$ 表示国家审计实施后两期的虚拟变量与国家审计实施与否($Audit$)的交互项;$Postyear3$ 表示国家审计实施后三期的虚拟变量与国家审计实施与否($Audit$)的交互项。

表 4.6　基于跨期动态面板模型的检验结果

变量名称	模型(4.1)	
	全样本	国企样本
$Audit$	−0.0600***	−0.0057
	(−5.3182)	(−0.2054)
$Year\_2$	0.0040	0.1068
	(0.0477)	(1.4297)
$Year\_1$	0.0406	0.3248**
	(0.4443)	(2.0794)

变量名称	模型(4.1)	
	全样本	国企样本
Year0	−0.0812	0.0811
	(−1.4420)	(1.1459)
Year1	−0.0348	0.0306
	(−0.4525)	(0.4081)
Year2	0.0305	0.0354
	(0.4028)	(0.5854)
Befoyear_2	0.0906	−0.0222
	(1.5747)	(−0.2394)
Befoyear_1	0.0371	−0.0346
	(1.4396)	(−0.4688)
Postyear0	0.0779***	−0.0777
	(2.8004)	(−0.8824)
Postyear1	0.0762***	0.1353*
	(2.6475)	(1.6714)
Postyear2	0.0437*	0.0822**
	(1.9293)	(2.1552)
Lev	−0.1523***	−0.0524
	(−5.9491)	(−1.0009)
Lnasset	0.0473***	0.0195***
	(10.0810)	(2.6958)
Growth	0.0239***	0.0143
	(5.9527)	(1.3220)
Roea	0.8325***	0.8103***
	(18.3840)	(7.6897)
Ifjz	−0.0215**	0.0081
	(−2.5758)	(0.3109)

变量名称	模型（4.1）	
	全样本	国企样本
Establish	0.0013*	0.0021
	(1.7620)	(1.3207)
Glccg	0.0286	0.8332*
	(1.5164)	(1.8036)
Independ	−0.0666	0.0601
	(−0.9848)	(0.4633)
Lnboard	−0.0570***	0.0286
	(−2.8733)	(0.7805)
Djgqsxc	−0.0434***	−0.0235
	(−6.7108)	(−1.5088)
Loss	−0.0321**	−0.0635***
	(−2.0600)	(−2.6640)
Opinion	−0.0230	−0.0378
	(−1.3205)	(−0.7192)
Constant	0.9511***	0.8261***
	(7.6010)	(3.1315)
Year	控制	控制
Industry	控制	控制
样本量	20 986	9 311
调整 R^2	0.0992	0.1473

资料来源：作者采用 STATA 软件处理数据所得。

由图 4.1 中的平行趋势可知，国家审计实施之前，国企资产保值增值情况没有发生较大幅度的波动；国家审计实施之后，国企资产保值增值大幅增加，特别是在国家审计实施当年及之后的第一年。同时，由表 4.6"基于跨期动态面板模型的检验结果"可知，国家审计实施前两年，国家审计监督（*Befoyear_2*）与国企资产保值增值（*Aeva*）、国家审计监督（*Befoyear_1*）与国企资产保值增值（*Aeva*）均不存在显著相关性；国家审计实施之后，国家审计监督（$Postyear0$）与国企资产保值增值（$Aeva$）、国家审计监督（$Postyear1$）与国企资产保值增值（$Aeva$）、国家审计监督（$Postyear2$）与国企资产保值增值（$Aeva$）基本均存在显著的正相关关系。这不仅表明本书中的实验组和控制组在国家审计实施之前满足平行趋势假设；而且表明国家审计监督能够有效促进国企资产保值增值，且这种效果具有持续性，可以延续到国家审计实施之后的连续两个年度。

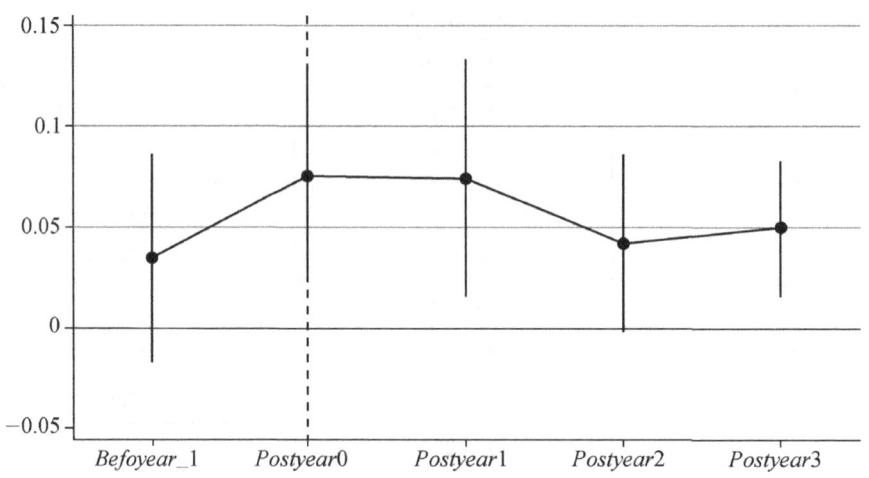

资料来源：作者采用 STATA 软件绘制所得，相关原始数据来自国泰安数据库。

图 4.1　平行趋势检验

4.5.2　安慰剂检验

尽管本书的实验组和控制组在国家审计实施之前满足平行趋势假设，但仍要进一步考虑国企资产保值增值的变化是否由其他政策的实施引起的，即国家审计实施时点之后实验组和控制组趋势的变化，可能并不真正是由国家审计引起的，而是由同时期其他的政策引起的。基于此，本书进行安慰剂检验。具体而言，考虑到国家审计监督效果具有持续性，会延续到审计实施之后的第二年，因此，本书将国家审计实施时间整体分别向前推 3 年和向后推 3 年进行回归分析。由表 4.7"安慰剂检验结果"可知，国家审计实施前后（$Postaudit$）与国企资产保值增值（$Aeva$）均不存在显著相关性，表明国家审计监督有利于促进国企资产保值增值。本书研究结论不变。

表 4.7　安慰剂检验结果

变量名称	模型(4.1)			
	全样本	国企样本	全样本	国企样本
Audit	0.0020	0.0009	0.0023 **	0.0014
	(1.4386)	(0.7219)	(2.1106)	(1.3480)
Postaudit(-3)	0.0013	0.0012		
	(0.7613)	(0.7281)		
Postaudit(+3)			0.0015	0.0003
			(0.5817)	(0.0914)
Lev	0.0310 ***	0.0304 ***	0.0310 ***	0.0303 ***
	(12.3447)	(8.5432)	(12.3363)	(8.5433)
Lnasset	-0.0052 ***	-0.0044 ***	-0.0052 ***	-0.0044 ***
	(-10.8555)	(-7.7989)	(-10.8010)	(-7.7507)
Growth	0.0009 ***	0.0006 *	0.0009 ***	0.0006 *
	(3.1476)	(1.8768)	(3.1442)	(1.8752)
Roea	0.1861 ***	0.1598 ***	0.1861 ***	0.1597 ***
	(28.6647)	(18.2407)	(28.6548)	(18.2352)
Ifjz	0.0003	-0.0010	0.0003	-0.0010
	(0.3588)	(-0.7067)	(0.3545)	(-0.7114)
Establish	0.0000	0.0001	0.0000	0.0001
	(0.4003)	(1.1314)	(0.4096)	(1.1521)
Glccg	-0.0157 ***	-0.0004	-0.0157 ***	-0.0001
	(-9.9922)	(-0.0217)	(-9.9833)	(-0.0041)
Independ	0.0059	0.0073	0.0058	0.0072
	(0.8791)	(0.7877)	(0.8737)	(0.7847)
Lnboard	0.0003	0.0024	0.0003	0.0024
	(0.1681)	(1.0362)	(0.1655)	(1.0307)
Djgqsxc	-0.0052 ***	-0.0062 ***	-0.0052 ***	-0.0063 ***
	(-9.5346)	(-7.4517)	(-9.5339)	(-7.4535)
Loss	-0.0216 ***	-0.0188 ***	-0.0216 ***	-0.0188 ***
	(-11.4769)	(-7.6574)	(-11.4767)	(-7.6529)

变量名称	模型（4.1）			
	全样本	国企样本	全样本	国企样本
Opinion	−0.0097***	−0.0131***	−0.0097***	−0.0131***
	（−4.5907）	（−3.7765）	（−4.5952）	（−3.7709）
Constant	0.1874***	0.1908***	0.1872***	0.1903***
	（13.9433）	（9.7407）	（13.9276）	（9.7272）
Year	控制	控制	控制	控制
Industry	控制	控制	控制	控制
样本量	20 986	9 311	20 986	9 311
调整 R^2	0.2799	0.2686	0.2799	0.2685

资料来源：作者采用 STATA 软件处理数据所得。

4.5.3 重新测度主要解释变量

本书借鉴杨瑞龙等（2013）[45]和祁怀锦等（2018）[46]的研究，选取国有资产保值增值率测度国企资产保值增值，用 *Bzl* 表示；选取第一大股东持股比例测度国有控股程度，用 *First* 表示。具体而言，国有资产保值是增值的基础，保值指的是在物价上涨情况下保全实际价值。因此，本书借鉴祁怀锦等（2018）[46]的研究构建如下模型计算资产保值增值率：

$$\frac{资产保值}{增值率} = \frac{期初所有者权益 + （本期净利润 − 期初所有者权益 \times 物价变动指数）}{期初所有者权益}$$

$$\times 100\% \tag{4.4}$$

由表 4.8"替换主要变量检验结果"可知，在全样本回归结果中，国家审计实施前后（*Postaudit*）与国企资产保值增值（*Bzl*）的回归系数为 0.3836，在 1％水平上显著正相关；交乘项（*Postaudit×Control*）与国企资产保值增值（*Bzl*）的回归系数为 0.0028，在 5％水平上显著正相关；交乘项（*Postaudit×First*）与国企资产保值增值（*Bzl*）的回归系数为 0.0003，在 5％水平上显著正相关。在国企样本回归结果中，国家审计实施前后（*Postaudit*）与国企资产保值增值（*Bzl*）的回归系数为 0.3822，在 1％水平上显著正相关；交乘项（*Postaudit×Control*）与国企资产保值增值（*Bzl*）的回归系数为 0.0028，在 5％水平上显著正相关；交乘项（*Postaudit×First*）与国企资产保值增值（*Bzl*）的回归系数为 0.0002，在 5％水平上显著正相关。本书研究结论不变。

表 4.8 替换主要变量检验结果

变量名称	模型(4.1) 全样本	模型(4.1) 国企样本	模型(4.2) 全样本	模型(4.2) 国企样本
$Audit$	-0.2595***	-0.1495***	-0.3025***	-0.1786**
	(-9.6548)	(-4.7199)	(-4.1301)	(-1.9785)
$Postaudit$	0.3836***	0.3822***	0.4962***	0.4918***
	(12.0851)	(11.3008)	(5.7230)	(5.3210)
$Control$			-0.0010*	0.0020**
			(-1.7282)	(2.0514)
$Audit \times Control$			0.0012	0.0007
			(0.6732)	(0.3488)
$Postaudit \times Control$			0.0028**	0.0028**
			(2.0226)	(2.0041)
Lev	-0.4786***	-0.3615***	-0.4834***	-0.3447***
	(-11.2450)	(-5.1975)	(-11.3443)	(-4.9692)
$Lnasset$	0.1175***	0.0759***	0.1207***	0.0692***
	(13.0692)	(6.1589)	(13.1533)	(5.3185)

变量名称	模型(4.2) 全样本	模型(4.2) 国企样本
$Audit$	0.0039	0.0056
	(0.9643)	(1.5296)
$Postaudit$	-0.0060	-0.0064
	(-1.1508)	(-1.3615)
$First$	-0.0001***	0.0000
	(-5.4322)	(-0.7084)
$Audit \times First$	-0.0001	-0.0001
	(-0.6439)	(-1.3704)
$Postaudit \times First$	0.0003**	0.0002**
	(2.2368)	(2.1977)
Lev	0.0303***	0.0284***
	(12.2828)	(8.2854)
$Lnasset$	-0.0044***	-0.0039***
	(-9.5935)	(-7.1851)

国家审计协同监督与国企国有资产保值增值

变量名称	模型（4.1）		模型（4.2）		变量名称	模型（4.2）	
	全样本	国企样本	全样本	国企样本		全样本	国企样本
Growth	0.0193***	0.0183***	0.0194***	0.0179***	*Growth*	0.0008***	0.0006*
	(5.2648)	(3.1961)	(5.2797)	(3.1054)		(3.1063)	(1.9364)
Roea	0.3025***	0.3094***	0.3124***	0.2976***	*Roea*	0.1857***	0.1578***
	(4.9723)	(3.6486)	(5.1332)	(3.4948)		(28.5832)	(18.2584)
Ifjz	-0.0761***	-0.0460	-0.0750***	-0.0514	*Ifjz*	0.0004	-0.0011
	(-4.7132)	(-1.3952)	(-4.6436)	(-1.5568)		(0.4903)	(-0.7420)
Establish	0.0472***	0.0604***	0.0467***	0.0619***	*Establish*	0.0000	0.0001
	(29.1086)	(20.2634)	(28.3085)	(20.0136)		(-0.3740)	(0.8177)
Glccg	0.5801***	1.9887***	0.5860***	2.1793***	*Glccg*	-0.0167***	-0.0097
	(13.3098)	(3.6950)	(13.4327)	(3.9506)		(-10.8542)	(-0.4280)
Independ	-0.0167	0.4110*	-0.0089	0.4030*	*Independ*	0.0087	0.0068
	(-0.1109)	(1.8774)	(-0.0589)	(1.8464)		(1.3322)	(0.7592)
Lnboard	-0.4089***	-0.2752***	-0.4127***	-0.2600***	*Lnboard*	0.0005	0.0024
	(-9.3382)	(-4.4100)	(-9.3959)	(-4.1624)		(0.2835)	(1.0730)

Djgqsxc	0.1451***	0.1308***	0.1432***	0.1338***	Djgqsxc	-0.0058***	-0.0065***
	(12.0306)	(7.0959)	(11.8848)	(7.2241)		(-10.8274)	(-8.3768)
Loss	-0.0536**	-0.0594**	-0.0522**	-0.0593**	Loss	-0.0213***	-0.0183***
	(-2.5549)	(-1.9745)	(-2.4916)	(-1.9654)		(-11.3556)	(-7.4647)
Opinion	-0.0357*	0.0295	-0.0341	0.0307	Opinion	-0.0097***	-0.0137***
	(-1.6636)	(0.7963)	(-1.5922)	(0.8253)		(-4.5813)	(-3.9283)
Constant	-0.5594**	-0.4760	-0.5604**	-0.5060	Constant	0.1847***	0.1863***
	(-2.5339)	(-1.4996)	(-2.5101)	(-1.5721)		(14.5475)	(9.7920)
Year	控制	控制	控制	控制	Year	控制	控制
Industry	控制	控制	控制	控制	Industry	控制	控制
样本量	20 986	9 311	20 986	9 311	样本量	20 986	9 311
调整 R^2	0.3316	0.3590	0.3321	0.3605	调整 R^2	0.2792	0.2661
F 值	111.5220	59.1023	101.5130	53.7913	F 值	64.3494	29.5159

资料来源：作者采用 STATA 软件处理数据所得。

国家审计监督与国企资产保值增值值

4.5.4 改变国家审计政策实施时点基准

现有文献中关于构建多期 DID 模型时国家审计政策实施时点的选择主要有三种观点：一是以国家审计实施前 1 年为基准（褚剑和方军雄，2016）[17]；二是以国家审计实施当年为基准（陈宋生等，2013）[42]；三是以国家审计实施后 1 年为基准（蔡利和马可哪呐，2014；李青原和马彬彬，2017）[14,47]。考虑到本书在模型（4.1）和模型（4.2）中采用的是第二种观点，即以国家审计机关实施当年为基准构建多期 DID 模型。因此，本书进一步采用另外两种观点进行稳健性检验。

由表 4.9"国家审计实施后 1 年检验结果"可知，在全样本回归结果中，国家审计实施前后（Postaudit）与国企资产保值增值（Aeva）的回归系数为 0.0037，在 5% 水平上显著正相关；交乘项（Postaudit×Control）与国企资产保值增值（Aeva）的回归系数为 0.0001，在 5% 水平上显著正相关。在国企样本回归结果中，国家审计实施前后（Postaudit）与国企资产保值增值（Aeva）的回归系数为 0.0047，在 1% 水平上显著正相关；交乘项（Postaudit ×Control）与国企资产保值增值（Aeva）的回归系数为 0.0001，在 10% 水平上显著正相关。由表 4.10"国家审计实施前 1 年检验结果"可知，在全样本回归结果中，国家审计实施前后（Postaudit）与国企资产保值增值（Aeva）的回归系数为 0.0034，在 10% 水平上显著正相关；交乘项（Postaudit×Control）与国企资产保值增值（Aeva）的回归系数为 0.0002，在 1% 水平上显著正相关。在国企样本回归结果中，国家审计实施前后（Postaudit）与国企资产保值增值（Aeva）的回归系数为 0.0040，在 5% 水平上显著正相关；交乘项（Postaudit×Control）与国企资产保值增值（Aeva）的回归系数为 0.0002，在 1% 水平上显著正相关。本书研究结论不变。

表 4.9　国家审计实施后 1 年检验结果

变量名称	模型（4.1）		模型（4.2）	
	全样本	国企样本	全样本	国企样本
Audit	0.0018	0.0009	0.0011	0.0028
	(1.4640)	(0.8000)	(0.3499)	(0.9809)
Postaudit	0.0037**	0.0047***	−0.0013	−0.0015
	(2.0175)	(2.9205)	(−0.4432)	(−0.5492)
Control			−0.0001***	0.0000
			(−5.6283)	(−0.7070)

变量名称	模型(4.1)		模型(4.2)	
	全样本	国企样本	全样本	国企样本
$Audit \times$ Control			0.0000	0.0000
			(0.1207)	(−0.7141)
$Postaudit \times$ Control			0.0001 **	0.0001 *
			(2.2934)	(1.7985)
Lev	0.0308 ***	0.0248 ***	0.0303 ***	0.0284 ***
	(12.4533)	(7.4114)	(12.2571)	(8.2880)
$Lnasset$	−0.0047 ***	−0.0031 ***	−0.0044 ***	−0.0039 ***
	(−10.2266)	(−6.0122)	(−9.6561)	(−7.1851)
$Growth$	0.0008 ***	0.0008 **	0.0008 ***	0.0006 *
	(3.0656)	(2.4231)	(3.1073)	(1.9276)
$Roea$	0.1843 ***	0.1543 ***	0.1857 ***	0.1578 ***
	(28.6592)	(18.1289)	(28.5896)	(18.2602)
$Ifjz$	0.0003	−0.0010	0.0004	−0.0011
	(0.4353)	(−0.6622)	(0.5871)	(−0.7287)
$Establish$	0.0000	0.0006 ***	0.0000	0.0001
	(0.4526)	(6.2185)	(−0.3319)	(0.8561)
$Glccg$	−0.0159 ***	0.0093	−0.0152 ***	−0.0096
	(−10.4848)	(0.4612)	(−10.1139)	(−0.4214)
$Independ$	0.0081	0.0067	0.0089	0.0068
	(1.2352)	(0.7298)	(1.3605)	(0.7666)
$Lnboard$	0.0010	0.0000	0.0005	0.0025
	(0.5357)	(−0.0021)	(0.2942)	(1.0915)
$Djgqsxc$	−0.0056 ***	−0.0056 ***	−0.0058 ***	−0.0065 ***
	(−10.5002)	(−7.7159)	(−10.8258)	(−8.4226)
$Loss$	−0.0213 ***	−0.0199 ***	−0.0213 ***	−0.0183 ***
	(−11.3770)	(−7.9825)	(−11.3503)	(−7.4593)
$Opinion$	−0.0098 ***	−0.0142 ***	−0.0096 ***	−0.0137 ***
	(−4.6494)	(−3.9508)	(−4.5712)	(−3.9255)

4

国家审计监督与国企资产保值增值

变量名称	模型(4.1)		模型(4.2)	
	全样本	国企样本	全样本	国企样本
Constant	0.1833***	0.1588***	0.1847***	0.1866***
	(14.4184)	(8.5415)	(14.5393)	(9.8156)
Year	控制	控制	控制	控制
Industry	控制	控制	控制	控制
样本量	20 986	9 311	20 986	9 311
调整 R^2	0.2781	0.2461	0.2793	0.2659
F 值	68.4725	31.3732	63.9011	29.3944

资料来源：作者采用 STATA 软件处理数据所得。

表 4.10　国家审计实施前 1 年检验结果

变量名称	模型(4.1)		模型(4.2)	
	全样本	国企样本	全样本	国企样本
Audit	0.0011	0.0004	0.0013	0.0041
	(0.7142)	(0.2946)	(0.3938)	(1.3480)
Postaudit	0.0034*	0.0040**	−0.0021	−0.0036
	(1.8268)	(2.2931)	(−0.7723)	(−1.4207)
Control			−0.0001***	0.0000
			(−5.2431)	(−0.7580)
Audit×Control			0.0000	−0.0001
			(0.0274)	(−1.0538)
Postaudit×Control			0.0002***	0.0002***
			(2.8886)	(2.8998)
Lev	0.0295***	0.0248***	0.0290***	0.0265***
	(11.3725)	(6.9577)	(11.1842)	(7.3031)
Lnasset	−0.0041***	−0.0030***	−0.0038***	−0.0034***
	(−8.5456)	(−5.4318)	(−7.9098)	(−5.9189)
Growth	0.0010***	0.0009***	0.0010***	0.0008**
	(3.2967)	(2.6929)	(3.3559)	(2.2622)

变量名称	模型(4.1)		模型(4.2)	
	全样本	国企样本	全样本	国企样本
Roea	0.1826***	0.1503***	0.1838***	0.1525***
	(26.1716)	(17.1960)	(26.1380)	(17.1065)
Ifjz	−0.0001	−0.0009	0.0000	−0.0010
	(−0.1836)	(−0.5886)	(−0.0366)	(−0.6386)
Establish	0.0000	0.0004***	0.0000	0.0001
	(0.3422)	(3.9537)	(−0.4994)	(0.5069)
Glccg	−0.0134***	0.0186	−0.0127***	0.0055
	(−8.3523)	(0.8710)	(−8.0237)	(0.2322)
Independ	0.0049	0.0054	0.0055	0.0049
	(0.6986)	(0.5638)	(0.7945)	(0.5212)
Lnboard	0.0012	0.0003	0.0006	0.0017
	(0.5924)	(0.1415)	(0.3333)	(0.7434)
Djgqsxc	−0.0058***	−0.0058***	−0.0060***	−0.0063***
	(−10.0883)	(−7.4920)	(−10.3510)	(−7.7047)
Loss	−0.0208***	−0.0208***	−0.0207***	−0.0194***
	(−10.5498)	(−8.0344)	(−10.5344)	(−7.6033)
Opinion	−0.0111***	−0.0143***	−0.0109***	−0.0139***
	(−4.8395)	(−3.7208)	(−4.7652)	(−3.7077)
Constant	0.1802***	0.1587***	0.1812***	0.1763***
	(13.3649)	(8.3322)	(13.4216)	(9.0633)
Year	控制	控制	控制	控制
Industry	控制	控制	控制	控制
样本量	18 412	8 420	18 412	8 420
调整 R^2	0.2760	0.2462	0.2771	0.2623
F 值	61.2122	30.0301	57.3997	26.5564

资料来源：作者采用 STATA 软件处理数据所得。

4.5.5　基于 PSM 方法配对样本的检验

为了缓解由样本选择偏差引起的内生性问题,本书采用 PSM 方法进行内生性检验。具体而言,本书采用 logit 回归,选取财务杠杆、公司规模、公司成长性、净资产收益率、董事长与总经理兼任情况、公司上市年龄、管理层持股比例、独立董事比例、董事会规模、董监高前 3 名薪酬总额、是否亏损、审计意见等作为特征变量,并控制行业和时间固定效应,得到模型预测的倾向值得分,对被审计过的与未被审计的上市公司进行 1∶1 最邻近匹配,得到配对的样本组(Demsetz,1967;Faccio 等,2011)[268,269]。为了保证研究结论的可靠性,本书借鉴池国华等(2019)[16]、褚剑和方军雄(2016)[17]的研究,首先,选取全样本进行 1∶1 最邻近匹配,在满足平行趋势检验的基础上进行回归分析,由表 4.11"基于 PSM-DID 方法的检验结果"可知,在全样本配对回归结果中,国家审计实施前后(Postaudit)与国企资产保值增值(Aeva)的回归系数为0.0053,在 1% 水平上显著正相关;交乘项(Postaudit×Control)与国企资产保值增值(Aeva)的回归系数为 0.0002,在 10% 水平上显著正相关。其次,选取国企样本进行1∶1 最邻近匹配,在满足平行趋势检验的基础上进行回归分析,由表 4.11 可知,在国企样本配对回归结果中,国家审计实施前后(Postaudit)与国企资产保值增值(Aeva)的回归系数为 0.0063,在 1% 水平上显著正相关;交乘项(Postaudit×Control)与国企资产保值增值(Aeva)的回归系数为 0.0003,在 5% 水平上显著正相关。最后,选取非国企样本进行 1∶1 最邻近匹配,在满足平行趋势检验的基础上进行回归分析,由表 4.11 可知,在非国企样本配对回归结果中,国家审计实施前后(Postaudit)与国企资产保值增值(Aeva)的回归系数为 0.0066,在 1% 水平上显著正相关;交乘项(Postaudit×Control)与国企资产保值增值(Aeva)的回归系数为 0.0003,在 1% 水平上显著正相关。本书研究结论不变。

表 4.11　基于 PSM-DID 方法的检验结果

变量名称	全样本配对		国企样本配对		非国企样本配对	
	模型(4.1)	模型(4.2)	模型(4.1)	模型(4.2)	模型(4.1)	模型(4.2)
Audit	0.0006	0.0058	−0.0008	0.0054	−0.0004	0.0059
	(0.3777)	(1.2936)	(−0.4800)	(1.0814)	(−0.2130)	(1.1555)
Postaudit	0.0053***	−0.0068	0.0063***	−0.0087*	0.0066***	−0.0097*
	(2.6034)	(−1.2849)	(2.8674)	(−1.6785)	(3.2303)	(−1.8188)
Control		0.0000		−0.0001		−0.0001
		(−0.5641)		(−1.1366)		(−1.5572)

（续表）

变量名称	全样本配对		国企样本配对		非国企样本配对	
	模型(4.1)	模型(4.2)	模型(4.1)	模型(4.2)	模型(4.1)	模型(4.2)
$Audit \times Control$		−0.0001		−0.0001		−0.0001
		(−1.0685)		(−1.0396)		(−1.0070)
$Postaudit \times Control$		0.0002*		0.0003**		0.0003***
		(1.8564)		(2.4488)		(2.6406)
Lev	0.0259***	0.0287***	0.0278***	0.0308***	0.0243***	0.0279***
	(4.8447)	(5.2774)	(5.3392)	(5.8323)	(4.3841)	(4.9358)
$Lnasset$	−0.0023***	−0.0030***	−0.0038***	−0.0042***	−0.0028***	−0.0036***
	(−2.8930)	(−3.5790)	(−4.6221)	(−4.9105)	(−2.7219)	(−3.3724)
$Growth$	0.0008*	0.0005	0.0009	0.0006	0.0018***	0.0016***
	(1.8516)	(1.2167)	(1.6295)	(1.0317)	(3.0217)	(2.6570)
$Roea$	0.1497***	0.1533***	0.1661***	0.1701***	0.1793***	0.1830***
	(13.1802)	(13.3886)	(13.3141)	(13.5221)	(12.5963)	(12.5177)
$Ifjz$	−0.0025	−0.0024	−0.0007	−0.0015	0.0063**	0.0063**
	(−0.8946)	(−0.8282)	(−0.2961)	(−0.6417)	(2.4428)	(2.4829)
$Establish$	0.0005***	0.0001	0.0008***	0.0002	0.0005***	0.0000
	(3.5502)	(0.6418)	(5.0180)	(1.2441)	(2.9193)	(0.1077)
$Glccg$	0.0386	0.0282	0.0317	0.0102	0.0169	−0.0021
	(1.5581)	(1.1253)	(1.2775)	(0.3628)	(0.8248)	(−0.1022)
$Independ$	−0.0100	−0.0093	0.0198	0.0164	0.0295*	0.0306*
	(−0.7711)	(−0.7314)	(1.2643)	(1.0697)	(1.7649)	(1.8363)
$Lnboard$	0.0005	0.0032	0.0041	0.0050	0.0022	0.0048
	(0.1576)	(0.9311)	(1.1167)	(1.3623)	(0.4801)	(1.0706)
$Djgqsxc$	−0.0053***	−0.0062***	−0.0069***	−0.0080***	−0.0060***	−0.0071***
	(−4.7669)	(−5.2962)	(−5.4418)	(−6.0554)	(−4.5979)	(−5.1920)
$Loss$	−0.0211***	−0.0188***	−0.0175***	−0.0154***	−0.0257***	−0.0244***
	(−5.3823)	(−4.8022)	(−4.2024)	(−3.7509)	(−6.1034)	(−5.8706)
$Opinion$	−0.0226***	−0.0208***	−0.0269***	−0.0266***	−0.0286***	−0.0276***
	(−3.2593)	(−3.0035)	(−3.9219)	(−3.9561)	(−3.1810)	(−3.0864)

4 国家审计监督与国企资产保值增值

变量名称	全样本配对		国企样本配对		非国企样本配对	
	模型(4.1)	模型(4.2)	模型(4.1)	模型(4.2)	模型(4.1)	模型(4.2)
Constant	0.1648***	0.1879***	0.2048***	0.2365***	0.1767***	0.2141***
	(5.5795)	(6.3172)	(6.7157)	(7.6728)	(4.8923)	(5.8000)
Year	未控制	未控制	未控制	未控制	未控制	未控制
Industry	控制	控制	控制	控制	控制	控制
样本量	4 452	4 452	3 934	3 934	3 057	3 057
调整 R^2	0.2268	0.2475	0.2657	0.2900	0.2925	0.3079
F 值	18.0136	16.6502	17.4917	16.7422	19.3332	15.6304

资料来源：作者采用 STATA 软件处理数据所得。

4.5.6 基于双向固定效应模型的检验

为了缓解由遗漏变量误差引起的内生性问题，本书采用双向固定效应模型进行内生性检验。本书借鉴 Bertrand 和 Mullainathan（2003）[267]、刘晔等（2016）[270]的研究，构建如下多期 DID 模型检验国家审计监督、国有控股强度与国企资产保值增值的关系：

$$Aeva_{i,t} = \alpha_0 + \alpha_1 Postaudit_{i,t} + \alpha_2 Lev_{i,t} + \alpha_3 Lnasset_{i,t} + \alpha_4 Growth_{i,t}$$
$$+ \alpha_5 Roea_{i,t} + \alpha_6 Ifjz_{i,t} + \alpha_7 Establish_{i,t} + \alpha_8 Glccg_{i,t}$$
$$+ \alpha_9 Independ_{i,t} + \alpha_{10} Lnboard_{i,t} + \alpha_{11} Djgqsxc_{i,t} + \alpha_{12} Loss_{i,t}$$
$$+ \alpha_{13} Opinion_{i,t} + \sum Year + \varepsilon_{i,t} \tag{4.5}$$

$$Aeva_{i,t} = \beta_0 + \beta_1 Postaudit_{i,t} + \beta_2 Control_{i,t} + \beta_3 Postaudit_{i,t} \times Control_{i,t}$$
$$+ \beta_4 Lev_{i,t} + \beta_5 Lnasset_{i,t} + \beta_6 Growth_{i,t} + \beta_7 Roea_{i,t} + \beta_8 Ifjz_{i,t}$$
$$+ \beta_9 Establish_{i,t} + \beta_{10} Glccg_{i,t} + \beta_{11} Independ_{i,t} + \beta_{12} Lnboard_{i,t}$$
$$+ \beta_{13} Djgqsxc_{i,t} + \beta_{14} Loss_{i,t} + \beta_{15} Opinion_{i,t} + \sum Year + \theta_{i,t} \tag{4.6}$$

由表 4.12"基于双向固定效应模型的检验结果"可知，在全样本回归结果中，国家审计实施前后（*Postaudit*）与国企资产保值增值（*Aeva*）的回归系数为 0.0027，在 10% 水平上显著正相关；交乘项（*Postaudit* × *Control*）与国企资产保值增值($Aeva$)的回归系数为0.0003,在10%水平上显著正相关。在国企样本回归结果中,国家审计实施前后($Postaudit$)与国企资产保值增值($Aeva$)的回归系数为0.0029,在10%水平上显著正相关;交乘项($Postaudit \times Control$)与国企资产保值增值($Aeva$)的回归系数为0.0002,T值为1.6095,接近于在10%水平上显著正相关。本书研究结论基本不变。

表 4.12　基于双向固定效应模型检验结果

变量名称	模型(4.4)		模型(4.5)	
	全样本	国企样本	全样本	国企样本
$Postaudit$	0.0027*	0.0029*	−0.0096	−0.0069
	(1.6793)	(1.7575)	(−1.4485)	(−1.1338)
$Control$			−0.0002**	0.0000
			(−2.5334)	(0.0654)
$Audit \times$ Control			0.0002	0.0000
			(1.1533)	(0.0323)
$Postaudit \times$ Control			0.0003*	0.0002
			(1.7751)	(1.6095)
Lev	0.0093**	0.0052	0.0484***	0.0490***
	(2.4283)	(0.9025)	(9.9623)	(6.1640)
$Lnasset$	−0.0028**	−0.0046***	−0.0140***	−0.0149***
	(−2.5726)	(−2.6733)	(−10.2514)	(−7.0326)
$Growth$	0.0007**	0.0006**	0.0009***	0.0007*
	(2.2637)	(2.1628)	(2.6316)	(1.9082)
$Roea$	0.0039***	0.0033***	0.2275***	0.1951***
	(22.5205)	(14.8335)	(27.1241)	(17.5738)
$Ifjz$	0.0000	−0.0008	0.0008	−0.0014
	(0.0286)	(−0.5276)	(0.5595)	(−0.7058)
$Establish$	−0.0020	−0.0018	−0.0020	−0.0009
	(−1.2205)	(−0.9000)	(−0.9276)	(−0.3260)
$Glccg$	0.0045	−0.0620	−0.0136**	0.0350
	(0.9901)	(−1.1016)	(−2.2066)	(0.4245)

变量名称	模型(4.4)		模型(4.5)	
	全样本	国企样本	全样本	国企样本
Independ	0.0014	0.0055	−0.0045	0.0000
	(0.1390)	(0.3759)	(−0.3324)	(0.0021)
Lnboard	0.0047	0.0105 **	0.0009	0.0164 ***
	(1.4251)	(2.1367)	(0.2096)	(2.7282)
Djgqsxc	0.0018 *	0.0024 *	−0.0076 ***	−0.0091 ***
	(1.9450)	(1.8727)	(−6.2082)	(−4.8625)
Loss	−0.0301 ***	−0.0249 ***	−0.0271 ***	−0.0233 ***
	(−13.9904)	(−8.5781)	(−12.4693)	(−7.8526)
Opinion	0.0098 ***	0.0094 *	−0.0061 **	−0.0105 **
	(4.0374)	(1.8787)	(−2.5260)	(−2.3498)
Constant	0.0140	0.0380	0.4118 ***	0.4251 ***
	(0.4941)	(0.8760)	(11.8612)	(8.4299)
Year	控制	控制	控制	控制
公司个体效应	控制	控制	控制	控制
样本量	20 986	9 311	20 986	9 311
Within-R^2	0.3099	0.2995	0.3410	0.3282
F 值	88.5177	39.6614	97.1678	44.2080

资料来源：作者采用 STATA 软件处理数据所得。

4.6 小结

本章主要基于公共受托责任理论和产权理论，阐释国家审计监督促进国企资产保值增值的作用机理，以及国有控股程度对国家审计监督与国企资产保值增值的关系调节效应。在此基础上，从审计署公布的央企财务收支审计结果公告出发，选取 2007—2017 年中国沪深 A 股上市公司为研究样本，构建多期 DID 模型和调节效应模型，分别从全样本和国企样本出发实证检验国家审计监督与国企资产保值增值的线性关系以及国有控股程度对于两者关系的调节效应。研究发现，国家审计监督有利于促进国企资产保值增值,这种功能主要体现在国家审计实施当年及之后的两个年度;国有控股程度越高,越有利于国家审计监督促进国企资产保值增值功能的发挥。为了保证研究结论的稳健性,本章在平行趋势检验和安慰剂检验的基础上,进一步采用重新测度被解释变量和解释变量、PSM方法和固定效应模型缓解由测量误差、选择偏差和遗漏变量导致的内生性问题,研究结论保持不变。本章的研究结论为后文研究国家审计机关协同其他监督主体促进国企资产保值增值提供了坚实的基础。

5 国家审计广度、协同国资委监管与国企资产保值增值

国资委代表出资人对国企实施监管,承担促进国有资产保值增值的主要责任。国家审计机关作为独立于国资委和国企的外部监督主体,具有超然的独立性和权威性,不仅能够通过审计监督国企,而且有权监督国资委。因此,本章基于国家审计 BDS 三维测度指标体系,系统阐释国家审计对象覆盖广度对国企资产保值增值的影响机理,以及国家审计机关与国资委的协同效应发挥机制,并进行实证检验。这对于构建国家审计机关协同国资委的国企监督机制具有重要意义。

5.1 理论分析与假设提出

5.1.1 国家审计广度与国企资产保值增值

审计全覆盖是中国完善审计制度的重要任务,也是国家审计机关全面履行审计职能的必然要求。国家审计机关要实现审计全覆盖,依法实现对国企的"应审尽审",就需要充分扩大国家审计对象覆盖广度。本书第 4 章研究结果表明国家审计监督能够有效促进国企资产保值增值,且国有控股程度越高,国家审计监督促进国企资产保值增值的功能就越强,但这种功能主要体现在被审计的国企之中。

首先,国家审计对象覆盖广度越大,国家审计机关每年审计国企的数量就越多,国家审计机关不仅可以全面揭示被审计国企在财会核算情况、决策和管理情况、政策落实情况、工程项目投资情况、廉洁从业情况、发展潜力情况和领导人经济责任履行情况等方面存在的不利于国企资产保值增值的违规违纪问题,并提出改进建议,督促被审计国企进行积极整改(Lee 等,2016)[271],提高国企公司治理水平,完善国企内部控制制度,防止国有资产流失,促进国企资产保值增值;而且可以通过处理处罚和移送纪检监察机关涉嫌犯罪案件线索,对被审计国企起到惩戒和警示作用(Lee 等,2016)[271],降低国企负责人的机会主义行为,减少屡审屡犯、屡

犯屡审的情况,促进国企资产保值增值。其次,国家审计对象覆盖广度越大,国家审计机关每年审计国企的覆盖面就越大,国企预期受到国家审计的概率就会提高,可以有效降低因国家审计覆盖面较低而产生的机会主义行为,充分发挥国家审计的权威性和威慑力(杨贺和郑石桥,2015)[272],有利于在国企中形成"不想违规违纪、不能违规违纪、不敢违规违纪"的良好风气,降低不利于国企资产保值增值的违规违纪问题发生概率,促进国企资产保值增值。最后,尽管中国一直在推行政企分开以及国企去行政化改革,但国企负责人依然由各级党委组织部管辖,享受同等级别政府官员的待遇,并有机会晋升为政府官员。在中国官员晋升锦标赛中,官员面临着激烈的晋升压力,为了脱颖而出,官员会尽力完成考核指标,达到晋升标准(杨瑞龙等,2013)[45],这在一定程度上会诱发国企高管的机会主义行为。国家审计对象覆盖广度越大,越有利于国家全面深入地了解国企领导干部公共受托责任的履行情况,国企领导干部出于政治晋升的考虑,也会积极约束自身行为,减少对短期绩效的盲目重视,增加对国企可持续经营能力和长远发展的考虑(余明桂等,2016)[59],促进国企资产保值增值。因此,扩大国家审计对象覆盖广度有利于消除国企审计监督盲区,全面揭示国企存在的不利于国企资产保值增值的违规违纪问题,有效降低国企负责人的机会主义行为和违规违纪问题发生概率(付忠伟等,2015)[31],促进国企资产保值增值。基于上述分析,本书提出以下假设 5.1:

假设 5.1:在其他条件一定的前提下,扩大国家审计对象覆盖广度有利于促进国企资产保值增值。

5.1.2 国家审计与国资委监管的协同效应

国家对国企控制权的实现,不仅取决于控股权和董事控制性表决权,而且取决于政府对国企监管权的有效实现。在中国经济监督主体多元化,监督检查职权交叉重叠的背景下,为了实现国企资产保值增值,就必须从根本上解决政府部门对国企的多头监督问题(梁祖晨,2002)[273],规范政府各监督部门职责,理顺政府行政部门监督、国资委监管与企业自主经营之间的关系(林毅夫和刘培林,2001;林毅夫和李志赟,2005)[274,275],特别是国家审计机关与国资委对国企的监督职权分配问题。自国资委成立以来,政府通过授权国资委履行出资人职责对国企实施全面监管,形成了以"管资产"为主,辅之以"管人管事"的国有资产管理体制,几乎垄断了所有国企监管权力。但是这种国有资产管理体制在实际运行中由于监管者之间缺少相互制衡,不仅出现了严重的监管俘获问题(齐震等,2017)[214],也逐渐暴露出加剧政资不分、政企不分、过度干预以及国有资产运行效率不高等新问题(中国社会科学院工业经济研究所课题组等,2014)[80]。加之2006年修订的《审计法》并没有明确赋予国家审计机关对国企进行审计全覆盖的权限,而是提出对国有资本占控股地位或者主导地位企业的审计监督由国务院另行规定,这就导致国家审计机关在实践中重点监督国有独资企业,适当延伸到其控股企业。在这一背景下,国企要受到国资委代表出资人的全面监管、审计署实施的财务收支审计、审计署和国资委实施的经济责任审计(审计署济南特派办理论研究会课题组等,2015)[155]。虽然国家审计机关与国资委对国企的双重审计监督能够产生极大的威慑力,有其存在的必要性,但如果各监督部门间权责不清,不仅会增加监督成本,降低监督效率,而且会导致两个部门之间互相掣肘,不利于国企资产保值增值。

面对上述国有资产监管困境,党的十八大以来,中国积极推进以"管资本"为主的国资委监管职能转变,不但要求国资委对国企的监管应当以"管资本"为主,即作为国企出资人进行监管,代理国有资本所有者对国企进行重大决策控制和监督,而且要求国家审计机关今后对国企的监督也应以服务"管资本"为主,以国有资本所有权监督者和公共事务监督者的身份定期对国企进行独立监督,实行审计全覆盖。特别是2018年《深化国家机构改革方案》中进一步将国资委的国企领导干部经济责任审计和国有重点大型企业监事会的职责划入审计署。国有资产监管体制的这一改革明确界定了国资委和国家审计机关在国企监督体系中的职责,扩大了国家审计监督职权,国资委与国家审计机关的各自权限得以重组和明确。在国家审计机关扩大国企审计对象覆盖范围、国资委职权作出相应调整时,两者的合理搭配将有助于明确国企两大外部监督主体的各自职责,有利于形成监督合力,强化国家审计对象覆盖广度对国企资产保值增值的促进作用。因此,国家审计机关与国资委的协同有利于促进国企资产保值增值。基于上述分析,本书提出以下假设5.2:

假设5.2:在其他条件一定的前提下,国家审计机关与国资委的协同有利于促进国企资产保值增值。

5.2 研究设计

5.2.1 变量选取与测度

1) 国家审计对象覆盖广度

基于3.3.2小节的分析,国家审计对象覆盖广度主要体现在国家审计机关每年监督检查的单位数量之上(蔡春和李江涛,2009)[276]。因此,本书采用审计署每年审计央企数量占央企总数的比值测度国家审计对象覆盖广度,用 $Yqbl$ 表示。

2）国资委监管职权调整

党的十八大、特别是党的十八届三中全会以来,国企改革进入一个顶层设计、全面深化的新阶段,明确了新一轮国企改革的两个主攻方向:一是以"管资本"为主推进国有资产监管体制改革;二是发展混合所有制经济(项安波,2018)[81]。因此,本书以党的十八届三中全会召开之后国资委以"管资本"为主的监管职权调整为契机,深入研究国家审计机关与国资委的协同机制。具体而言,以党的十八届三中全会召开为标志,2013 年之后取值为 1,否则取值为 0,用 $Xtgzw$ 表示。

本章主要变量定义详见表 5.1,其他变量详见表 4.1。

表 5.1　主要变量定义表

	变量名称	变量符号	计算方法
主要变量	国企资产保值增值	$Aeva$	本期 EVA 增加额与总资产的比值
	国家审计对象覆盖广度	$Yqbl$	审计署每年审计央企数量与央企总数的比值
	国资委监管职权调整	$Xtgzw$	以党的十八届三中全会召开为标志,2013 年之后取值为 1,否则取值为 0

资料来源:作者整理所得。

5.2.2　实证模型设计

为了验证假设 5.1,本书构建如下多元线性回归模型实证检验国家审计对象覆盖广度与国企资产保值增值之间的关系:

$$
\begin{aligned}
Aeva_{i,t} = {} & \chi_0 + \chi_1 Yqbl_{i,t} + \chi_2 Lev_{i,t} + \chi_3 Lnasset_{i,t} + \chi_4 Growth_{i,t} \\
& + \chi_5 Roea_{i,t} + \chi_6 Ifjz_{i,t} + \chi_7 Establish_{i,t} + \chi_8 Glccg_{i,t} \\
& + \chi_9 Independ_{i,t} + \chi_{10} Lnboard_{i,t} + \chi_{11} Djgqsxc_{i,t} \\
& + \chi_{12} Loss_{i,t} + \chi_{13} Opinion_{i,t} + \sum Year \\
& + \sum Industry + \vartheta_{i,t}
\end{aligned}
\tag{5.1}
$$

为了验证假设 5.2,本书在论证国家审计对象覆盖广度与国企资产保值增值关系的基础上,增加国资委监管职权调整调节变量,构建如下调节效应模型实证检验国家审计机关与国资委的协同对国企资产保值增值的影响:

$$
\begin{aligned}
Aeva_{i,t} =\ & \delta_0 + \delta_1 Yqbl_{i,t} + \delta_2 Xtgzw_{i,t} + \delta_3 Yqbl_{i,t} \times Xtgzw_{i,t} + \delta_4 Lev_{i,t} \\
& + \delta_5 Lnasset_{i,t} + \delta_6 Growth_{i,t} + \delta_7 Roea_{i,t} + \delta_8 Ifjz_{i,t} \\
& + \delta_9 Establish_{i,t} + \delta_{10} Glccg_{i,t} + \delta_{11} Independ_{i,t} + \delta_{12} Lnboard_{i,t} \\
& + \delta_{13} Djgqsxc_{i,t} + \delta_{14} Loss_{i,t} + \delta_{15} Opinion_{i,t} + \sum Year \\
& + \sum Industry + \bar{\omega}_{i,t}
\end{aligned} \tag{5.2}
$$

其中,$Aeva$ 表示国企资产保值增值;$Yqbl$ 表示国家审计对象覆盖广度;$Xtgzw$ 表示国资委监管职权调整;χ_0、δ_0 表示常数项;ϑ、$\bar{\omega}$ 表示扰动项;其他变量如前文所述。本书主要考察系数 χ_1 和 δ_3,如果系数 χ_1 显著为正,则表明扩大国家审计对象覆盖广度有利于促进国企资产保值增值;如果系数 δ_3 显著为正,则表明国家审计机关与国资委的协同有利于促进国企资产保值增值。

5.3　实证检验

5.3.1　描述性统计

由表 5.2"主要变量描述性统计结果"可知,国家审计对象覆盖广度($Yqbl$)的均值为 0.1463,最小值和最大值分别为 0.0465 和 0.3465,表明审计署每年审计的央企比例整体较低,且差异很大,平均每年有 14.63% 的央企被审计过。国资委监管职权调整($Xtgzw$)的均值为 0.6387,表明全样本中有 63.87% 的样本处于国资委监管职权调整之后。其他变量描述性统计结果详见表 4.2。由表 5.3"党的十八大前后主要变量均值 T 检验结果"可知,在全样本和国企样本中,国企资产保值增值($Aeva$)在党的十八大前后的均值 T 检验均不存在显著差异,国家审计对象覆盖广度($Yqbl$)在党的十八大前后的均值 T 检验均在 1% 水平上存在显著差异,表明党的十八大之后国家审计对象覆盖广度显著提高。

表 5.2　主要变量描述性统计结果

变量名称	样本量	均值	标准差	$p25$	$p50$	$p75$	最小值	最大值
$Aeva$	18 649	0.0013	0.0483	−0.0134	0.0004	0.0138	−0.2262	0.2763
$Yqbl$	18 649	0.1463	0.0873	0.0901	0.1197	0.1869	0.0465	0.3465
$Xtgzw$	18 649	0.6387	0.4804	0.0000	1.0000	1.0000	0.0000	1.0000

资料来源:作者采用 STATA 软件处理数据所得。

表 5.3　党的十八大前后主要变量均值 T 检验结果

变量名称	全样本			国企样本		
	(1)前	(2)后	(1)—(2)	(3)前	(4)后	(3)—(4)
	均值		均值 T 检验	均值		均值 T 检验
$Aeva$	0.0008	0.0015	−0.9548	0.0028	0.0012	1.4793
$Yqbl$	0.0985	0.1734	−61.7782 ***	0.0981	0.1689	−41.6970 ***
样本量	6 738	11 911		3 421	4 376	

资料来源:作者采用 STATA 软件处理数据所得。

5.3.2　相关性分析

由表 5.4"主要变量相关性分析结果"可知,国家审计对象覆盖广度($Yqbl$)与国企资产保值增值($Aeva$)的相关系数为 0.0551,在 1‰水平上显著正相关,表明扩大国家审计对象覆盖广度有利于促进国企资产保值增值,初步验证了假设 5.1;国资委监管职权调整($Xtgzw$)与国企资产保值增值($Aeva$)的相关系数为−0.0011,不存在显著相关性。同时,方差膨胀因子(VIF)检验结果表明,各变量 VIF 的最大值为 1.97,平均 VIF 值为 1.44,各变量之间不存在多重共线性问题。

表 5.4　主要变量相关性分析结果

变量名称	$Aeva$	$Xtgzw$	$Yqbl$
$Aeva$	1.0000		
$Xtgzw$	−0.0011	1.0000	
$Yqbl$	0.0551 ***	0.4069 ***	1.0000

资料来源:作者采用 STATA 软件处理数据所得。

5.3.3　实证结果分析

方红星和刘丹(2013)[277]、张嘉兴和傅绍正(2014)[278]认为研究协同效应的首要前提在于验证两者能否单独发挥作用,如果其中一方没有发挥作用,那么后续协同效应的实证检验也没有意义。鉴于此,本书增加国资委监管职权调整与国企资产保值增值关系的实证检验,以提高研究结果的可靠性。由表 5.5"国家审计、国资委监管与国企资产保值增值回归结果"可知,在全样本回归结果中,国家审计对象覆盖广度($Yqbl$)与国企资产保值增值($Aeva$)的回归系数为 0.0455,在 1‰水平上显著正相关,表明扩大国家审计对象覆盖广度有利于促进国企资产保值增值,且国家审计对象覆盖广度每增加一个单位,国企资产保值增值增加 4.55%,远高于全样本国企资产保值增值($Aeva$)的均值 0.10%,具有显著的经济意义,初步验证了研究假设 5.1;国资委监管职权调整($Xtgzw$)与国企资产保值增值($Aeva$)的回归系数为 0.0136,交乘项($Yqbl \times Xtgzw$)与国企资产保值增值($Aeva$)的回归系数为 0.1679,且均在 1% 水平上显著正相关,表明国资委监管职权调整可以有效促进国企资产保值增值,且国资委监管职权调整显著增强了国家审计对象覆盖广度与国企资产保值增值的正相关关系,发挥了协同效应,即国家审计机关与国资委的协同有利于促进国企资产保值增值,初步验证了研究假设 5.2。在国企样本回归结果中,国家审计对象覆盖广度($Yqbl$)与国企资产保值增值($Aeva$)的回归系数为 0.0528,在 1% 水平上显著正相关,且国家审计对象覆盖广度每增加一个单位,国企资产保值增值增加 5.28%,远高于全样本国企资产保值增值($Aeva$)的均值 0.10%,具有显著的经济意义;国资委监管职权调整($Xtgzw$)与国企资产保值增值($Aeva$)的回归系数为 0.0159,在 1% 水平上显著正相关;交乘项($Yqbl \times Xtgzw$)与国企资产保值增值($Aeva$)的回归系数为 0.1376,在 5% 水平上显著正相关,进一步验证了假设 5.1 和假设 5.2。因此,为促进国企资产保值增值,国家审计机关不仅要提高审计监督国企的对象覆盖广度,而且要充分发挥与国资委监管的协同效应。

表 5.5 国家审计、国资委监管与国企资产保值增值回归结果

变量名称	模型(5.1)		国资委监管职权调整		模型(5.2)	
	全样本	国企样本	全样本	国企样本	全样本	国企样本
$Yqbl$	0.0455 ***	0.0528 ***			−0.1450 ***	−0.1124 *
	(6.8596)	(5.7306)			(−3.1719)	(−1.8601)
$Xtgzw$			0.0136 ***	0.0159 ***	−0.0010	0.0019
			(6.8596)	(5.7306)	(−0.2443)	(0.3174)
$Yqbl \times Xtgzw$					0.1679 ***	0.1376 **
					(3.6470)	(2.2466)
Lev	0.0327 ***	0.0306 ***	0.0327 ***	0.0306 ***	0.0327 ***	0.0306 ***
	(12.4460)	(8.0751)	(12.4460)	(8.0751)	(12.4460)	(8.0751)
$Lnasset$	−0.0048 ***	−0.0041 ***	−0.0048 ***	−0.0041 ***	−0.0048 ***	−0.0041 ***
	(−9.7260)	(−7.0895)	(−9.7260)	(−7.0895)	(−9.7260)	(−7.0895)
$Growth$	0.0009 ***	0.0004	0.0009 ***	0.0004	0.0009 ***	0.0004
	(3.1317)	(1.2640)	(3.1317)	(1.2640)	(3.1317)	(1.2640)

变量名称	模型（5.1）		国资委监管职权调整		模型（5.2）	
	全样本	国企样本	全样本	国企样本	全样本	国企样本
Roea	0.1778 ***	0.1451 ***	0.1778 ***	0.1451 ***	0.1778 ***	0.1451 ***
	(25.3400)	(15.3134)	(25.3400)	(15.3134)	(25.3400)	(15.3134)
Ifjz	0.0012	0.0009	0.0012	0.0009	0.0012	0.0009
	(1.6303)	(0.5487)	(1.6303)	(0.5487)	(1.6303)	(0.5487)
Establish	0.0000	0.0001	0.0000	0.0001	0.0000	0.0001
	(0.1659)	(0.6913)	(0.1659)	(0.6913)	(0.1659)	(0.6913)
Glccg	−0.0163 ***	−0.0120	−0.0163 ***	−0.0120	−0.0163 ***	−0.0120
	(−10.6502)	(−0.4971)	(−10.6502)	(−0.4971)	(−10.6502)	(−0.4971)
Independ	0.0105	0.0108	0.0105	0.0108	0.0105	0.0108
	(1.5413)	(1.1060)	(1.5413)	(1.1060)	(1.5413)	(1.1060)
Lnboard	0.0020	0.0036	0.0020	0.0036	0.0020	0.0036
	(0.9457)	(1.3134)	(0.9457)	(1.3134)	(0.9457)	(1.3134)
Djgqsxc	−0.0057 ***	−0.0064 ***	−0.0057 ***	−0.0064 ***	−0.0057 ***	−0.0064 ***
	(−10.0729)	(−7.3115)	(−10.0729)	(−7.3115)	(−10.0729)	(−7.3115)
Loss	−0.0230 ***	−0.0193 ***	−0.0230 ***	−0.0193 ***	−0.0230 ***	−0.0193 ***
	(−11.7132)	(−7.2912)	(−11.7132)	(−7.2912)	(−11.7132)	(−7.2912)
Opinion	−0.0101 ***	−0.0159 ***	−0.0101 ***	−0.0159 ***	−0.0101 ***	−0.0159 ***
	(−4.4741)	(−4.0167)	(−4.4741)	(−4.0167)	(−4.4741)	(−4.0167)
Constant	0.1822 ***	0.1887 ***	0.1843 ***	0.1911 ***	0.1911 ***	0.1963 ***
	(13.4765)	(9.0098)	(13.5840)	(9.1006)	(14.0610)	(9.3035)
Year	控制	控制	控制	控制	控制	控制
Industry	控制	控制	控制	控制	控制	控制
样本量	18 649	7 797	18 649	7 797	18 649	7 797
调整 R^2	0.2686	0.2399	0.2686	0.2399	0.2686	0.2399
F 值	64.3164	24.7898	64.3164	24.7898	64.3164	24.7898

资料来源：作者采用 STATA 软件处理数据所得。

5.4　稳健性检验

由本书 4.5 小节可知，内生性问题主要来自于测量误差、遗漏变量误差、双向或反向因果、选择偏差和动态面板偏差等方面（Bascle，2008；Hamilton 和 Nickerson，

2003;王宇和李海洋,2017)[263,265,266]。本书不存在由双向或反向因果和动态面板偏差导致的内生性问题。因此,本章主要采用重新测度被解释变量和解释变量缓解由测量误差引起的内生性问题;采用 PSM 方法缓解由样本选择偏差引起的内生性问题;采用固定效应模型缓解由遗漏变量误差引起的内生性问题,以消除不随时间变化、无法观测因素的影响。

5.4.1 重新测度被解释变量

与 4.4.3 小节相同,本书借鉴杨瑞龙等(2013)[45]和祁怀锦等(2018)[46]的研究,选取国有资产保值增值率作为被解释变量进行稳健性检验,用 Bzl 表示。由表 5.6"替换被解释变量检验结果"可知,在全样本回归结果中,国家审计对象覆盖广度($Yqbl$)与国企资产保值增值(Bzl)的回归系数为 5.4787,在 1% 水平上显著正相关;国资委监管职权调整($Xtgzw$)与国企资产保值增值(Bzl)的回归系数为 1.6437,在 1% 水平上显著正相关;交乘项($Yqbl \times Xtgzw$)与国企资产保值增值(Bzl)的回归系数为 19.4074,在 1% 水平上显著正相关。在国企样本回归结果中,国家审计对象覆盖广度($Yqbl$)与国企资产保值增值(Bzl)的回归系数为 5.6486,在 1% 水平上显著正相关;国资委监管职权调整($Xtgzw$)与国企资产保值增值(Bzl)的回归系数为 1.6947,在 1% 水平上显著正相关;交乘项($Yqbl \times Xtgzw$)与国企资产保值增值(Bzl)的回归系数为 19.8840,在 1% 水平上显著正相关。本书研究结论不变。

表 5.6 替换被解释变量检验结果

变量名称	模型(5.1)		国资委监管职权调整		模型(5.2)	
	全样本	国企样本	全样本	国企样本	全样本	国企样本
$Yqbl$	5.4787***	5.6486***			−18.0763***	−18.4738***
	(119.9169)	(65.1429)			(−86.7919)	(−49.0686)
$Xtgzw$			1.6437***	1.6947***	0.3417***	0.3468***
			(119.9169)	(65.1429)	(55.9865)	(32.6349)
$Yqbl \times Xtgzw$					19.4074***	19.8840***
					(93.9863)	(54.0389)
Lev	0.0274	0.0851	0.0274	0.0851	0.0274	0.0851
	(0.9311)	(1.5612)	(0.9311)	(1.5612)	(0.9311)	(1.5612)
$Lnasset$	0.0030	−0.0246***	0.0030	−0.0246***	0.0030	−0.0246***
	(0.5087)	(−2.7743)	(0.5087)	(−2.7743)	(0.5087)	(−2.7743)

变量名称	模型(5.1)		国资委监管职权调整		模型(5.2)	
	全样本	国企样本	全样本	国企样本	全样本	国企样本
Growth	0.0061*	0.0071	0.0061*	0.0071	0.0061*	0.0071
	(1.9345)	(1.4262)	(1.9345)	(1.4262)	(1.9345)	(1.4262)
Roea	1.0215***	0.9964***	1.0215***	0.9964***	1.0215***	0.9964***
	(22.0987)	(13.8854)	(22.0987)	(13.8854)	(22.0987)	(13.8854)
Ifjz	−0.0021	−0.0565***	−0.0021	−0.0565***	−0.0021	−0.0565***
	(−0.2221)	(−2.8020)	(−0.2221)	(−2.8020)	(−0.2221)	(−2.8020)
Establish	0.0025**	−0.0003	0.0025**	−0.0003	0.0025**	−0.0003
	(2.3576)	(−0.1629)	(2.3576)	(−0.1629)	(2.3576)	(−0.1629)
Glccg	−0.0660**	−0.254	−0.0660**	−0.2541	−0.0660**	−0.2541
	(−2.5183)	(−1.1036)	(−2.5183)	(−1.1036)	(−2.5183)	(−1.1036)
Independ	0.1440	0.3470**	0.1440	0.3470**	0.1440	0.3470**
	(1.5632)	(2.3673)	(1.5632)	(2.3673)	(1.5632)	(2.3673)
Lnboard	0.0032	0.0335	0.0032	0.0335	0.0032	0.0335
	(0.1109)	(0.7282)	(0.1109)	(0.7282)	(0.1109)	(0.7282)
Djgqsxc	−0.0393***	−0.0356**	−0.0393***	−0.0356**	−0.0393***	−0.0356**
	(−4.5932)	(−2.4314)	(−4.5932)	(−2.4314)	(−4.5932)	(−2.4314)
Loss	0.0044	−0.0114	0.0044	−0.0114	0.0044	−0.0114
	(0.3209)	(−0.5286)	(0.3209)	(−0.5286)	(0.3209)	(−0.5286)
Opinion	0.0240	0.0555	0.0240	0.0555	0.0240	0.0555
	(1.4236)	(1.4704)	(1.4236)	(1.4704)	(1.4236)	(1.4704)
Constant	2.7033***	3.0246***	2.9581***	3.2873***	3.7988***	4.1466***
	(18.4714)	(12.2307)	(20.1146)	(13.2140)	(25.3935)	(16.2595)
Year	控制	控制	控制	控制	控制	控制
Industry	控制	控制	控制	控制	控制	控制
样本量	18 649	7 797	18 649	7 797	18 649	7 797
调整 R^2	0.7219	0.7056	0.7219	0.7056	0.7219	0.7056
F 值	1 100	346.3145	1 100	346.3145	1 100	346.3145

资料来源：作者采用 STATA 软件处理数据所得。

5.4.2　按照国资委监管职权调整时间分组检验

本书按照国资委监管职权调整时间分组检验国家审计对象覆盖广度与国企资产保值增值的关系,进一步考察国家审计机关与国资委的协同机制。由表 5.7"按照国资委监管职权调整时间分组检验结果"可知,在全样本回归结果中,国资委监管职权调整之前,国家审计对象覆盖广度($Yqbl$)与国企资产保值增值($Aeva$)的回归系数为 -0.1441,在 1‰水平上显著负相关;国资委监管职权调整之后,国家审计对象覆盖广度($Yqbl$)与国企资产保值增值($Aeva$)的回归系数为 0.0527,在 1‰水平上显著正相关。在国企样本回归结果中,国资委监管职权调整之前,国家审计对象覆盖广度($Yqbl$)与国企资产保值增值($Aeva$)的回归系数为 -0.1246,在 1‰水平上显著负相关;国资委监管职权调整之后,国家审计对象覆盖广度($Yqbl$)与国企资产保值增值($Aeva$)的回归系数为 0.0664,在 1‰水平上显著正相关,表明国资委监管职权调整之后,扩大国家审计对象覆盖广度可以有效促进国企资产保值增值,进一步验证了国家审计机关与国资委的协同效应。本书研究结论不变。

表 5.7　按照国资委监管职权调整时间分组检验结果

变量名称	全样本		国企样本	
	$Xtgzw=0$	$Xtgzw=1$	$Xtgzw=0$	$Xtgzw=1$
$Yqbl$	-0.1441^{***}	0.0527^{***}	-0.1246^{**}	0.0664^{***}
	(-3.0461)	(10.7533)	(-2.0224)	(8.6982)
Lev	0.0291^{***}	0.0343^{***}	0.0200^{***}	0.0390^{***}
	(7.0836)	(10.7554)	(3.5638)	(8.4905)
$Lnasset$	-0.0048^{***}	-0.0047^{***}	-0.0041^{***}	-0.0042^{***}
	(-6.6582)	(-7.7840)	(-4.9969)	(-6.1034)
$Growth$	0.0011^{**}	0.0008^{**}	0.0009	0.0001
	(2.4640)	(2.0672)	(1.6048)	(0.1564)
$Roea$	0.1669^{***}	0.1873^{***}	0.1394^{***}	0.1548^{***}
	(13.7510)	(23.0582)	(10.0078)	(12.7412)
$Ifjz$	0.0022^{*}	0.0007	0.0040^{*}	-0.0016
	(1.6810)	(0.8018)	(1.8598)	(-0.6731)
$Establish$	0.0002	-0.0001	0.0002	0.0000
	(1.6221)	(-0.9435)	(1.0277)	(-0.0286)

变量名称	全样本		国企样本	
	$Xtgzw=0$	$Xtgzw=1$	$Xtgzw=0$	$Xtgzw=1$
Glccg	−0.0169 ***	−0.0159 ***	0.0330	−0.0343
	(−6.7764)	(−8.2396)	(0.5737)	(−1.3394)
Independ	0.0048	0.0141 *	0.0082	0.0144
	(0.4298)	(1.6860)	(0.5369)	(1.2658)
Lnboard	0.0017	0.0025	0.0024	0.0048
	(0.5559)	(0.9322)	(0.6499)	(1.3275)
Djgqsxc	−0.0064 ***	−0.0052 ***	−0.0060 ***	−0.0070 ***
	(−7.2392)	(−7.3939)	(−4.6726)	(−6.2546)
Loss	−0.0225 ***	−0.0227 ***	−0.0207 ***	−0.0175 ***
	(−6.5066)	(−9.9713)	(−4.8643)	(−5.5951)
Opinion	−0.0185 ***	−0.0066 ***	−0.0207 ***	−0.0123 **
	(−3.8588)	(−2.5798)	(−3.3479)	(−2.3022)
Constant	0.2241 ***	0.1608 ***	0.2035 ***	0.1828 ***
	(10.1038)	(9.5491)	(7.5446)	(5.8930)
Year	控制	控制	控制	控制
Industry	控制	控制	控制	控制
样本量	6 738	11 911	3 421	4 376
调整 R^2	0.2413	0.2907	0.2120	0.2723

资料来源:作者采用 STATA 软件处理数据所得。

5.4.3 基于 DID 模型的检验

DID 模型能够有效修正内生性问题（Meyer，1995）[264]，本书将国资委以"管资本"为主的监管职权调整视为一场"准自然实验"，检验与非国企相比，国资委监管职权调整是否有利于促进国企资产保值增值。在前文研究的基础上增加企业性质变量，定义为国企则取值为 1，否则取值为 0，用 *Soe* 表示。本书构建如下模型实证检验国资委监管职权调整与国企资产保值增值的关系，以及国家审计对象覆盖广度与国企资产保值增值的调节效应：

$$Aeva_{i,t} = \chi_0 + \chi_1 Xtgzw_{i,t} + \chi_2 Soe_{i,t} + \chi_3 Xtgzw_{i,t} \times Soe_{i,t} + \chi_4 Lev_{i,t}$$
$$+ \chi_5 Lnasset_{i,t} + \chi_6 Growth_{i,t} + \chi_7 Roea_{i,t} + \chi_8 Ifjz_{i,t}$$
$$+ \chi_9 Establish_{i,t} + \chi_{10} Glccg_{i,t} + \chi_{11} Independ_{i,t}$$
$$+ \chi_{12} Lnboard_{i,t} + \chi_{13} Djgqsxc_{i,t} + \chi_{14} Loss_{i,t}$$
$$+ \chi_{15} Opinion_{i,t} + \sum Year + \sum Industry + \vartheta_{i,t} \qquad (5.3)$$

$$Aeva_{i,t} = \delta_0 + \delta_1 Yqbl_{i,t} + \delta_2 Xtgzw_{i,t} + \delta_3 Soe_{i,t} + \delta_4 Xtgzw_{i,t} \times Soe_{i,t}$$
$$+ \delta_5 Yqbl_{i,t} \times Soe_{i,t} + \delta_6 Yqbl_{i,t} \times Xtgzw_{i,t} + \delta_7 Yqbl_{i,t}$$
$$\times Xtgzw_{i,t} \times Soe_{i,t} + \delta_8 Lev_{i,t} + \delta_9 Lnasset_{i,t} + \delta_{10} Growth_{i,t}$$
$$+ \delta_{11} Roea_{i,t} + \delta_{12} Ifjz_{i,t} + \delta_{13} Establish_{i,t} + \delta_{14} Glccg_{i,t}$$
$$+ \delta_{15} Independ_{i,t} + \delta_{16} Lnboard_{i,t} + \delta_{17} Djgqsxc_{i,t} + \delta_{18} Loss_{i,t}$$
$$+ \delta_{19} Opinion_{i,t} + \sum Year + \sum Industry + \bar{\omega}_{i,t} \qquad (5.4)$$

其中,$Aeva$ 表示国企资产保值增值;$Yqbl$ 表示国家审计对象覆盖广度;$Xtgzw$ 表示国资委监管职权调整;χ_0、δ_0 表示常数项;ϑ_{it}、$\bar{\omega}_{i,t}$ 表示扰动项;其他变量如前文所述。本书主要考察系数 χ_3 和 δ_6,如果系数 χ_3 显著为正,则表明国资委监管职权调整有利于促进国企资产保值增值;如果系数 δ_7 显著为正,则表明国家审计机关与国资委的协同有利于促进国企资产保值增值。

为了缓解多重共线性问题,本书在模型(5.4)中仅保留了交乘项。由表 5.8"基于 DID 模型的检验结果"可知,交乘项($Xtgzw \times Soe$)与国企资产保值增值($Aeva$)的回归系数为 0.0022,在 10% 水平上显著正相关;交乘项($Yqbl \times Xtgzw \times Soe$)与国企资产保值增值($Aeva$)的回归系数为 0.0104,在 5% 水平上显著正相关,表明国资委监管职权调整有利于促进国企资产保值增值,且国家审计机关与国资委的协同有利于促进国企资产保值增值。本书研究结论不变。

表 5.8　基于 DID 模型的检验结果

变量名称	模型(5.3)	增加 Yqbl	模型(5.4)
	列(1)	列(2)	列(3)
Yqbl		0.0234***	0.0199**
		(3.0527)	(2.5030)
Xtgzw	0.0135***	0.0074***	0.0070***
	(6.5774)	(2.9582)	(2.8004)

变量名称	模型(5.3)	增加 Yqbl	模型(5.4)
	列(1)	列(2)	列(3)
Soe	0.0027***	0.0036***	0.0027***
	(3.0916)	(4.5928)	(3.1706)
$Xtgzw \times Soe$	0.0022*		
	(1.8479)		
$Yqbl \times Xtgzw \times Soe$			0.0104**
			(2.0892)
Lev	0.0324***	0.0324***	0.0325***
	(12.3787)	(12.3674)	(12.3876)
Lnasset	−0.0051***	−0.0051***	−0.0051***
	(−10.3658)	(−10.3667)	(−10.3552)
Growth	0.0009***	0.0009***	0.0009***
	(3.1304)	(3.1362)	(3.1294)
Roea	0.1787***	0.1786***	0.1786***
	(25.5264)	(25.5207)	(25.5267)
Ifjz	0.0007	0.0007	0.0007
	(0.9097)	(0.9156)	(0.9002)
Establish	0.0000	0.0000	0.0000
	(−0.2742)	(−0.2483)	(−0.2817)
Glccg	−0.0135***	−0.0135***	−0.0135***
	(−8.2506)	(−8.2477)	(−8.2744)
Independ	0.0089	0.0088	0.0088
	(1.2904)	(1.2893)	(1.2890)
Lnboard	0.0009	0.0009	0.0009
	(0.4173)	(0.4361)	(0.4159)
Djgqsxc	−0.0055***	−0.0055***	−0.0055***
	(−9.7730)	(−9.8055)	(−9.7613)

变量名称	模型(5.3)	增加 Yqbl	模型(5.4)
	列(1)	列(2)	列(3)
Loss	−0.0230***	−0.0230***	−0.0230***
	(−11.7181)	(−11.7220)	(−11.7128)
Opinion	−0.0105***	−0.0104***	−0.0105***
	(−4.6433)	(−4.6234)	(−4.6525)
Constant	0.1918***	0.1903***	0.1908***
	(14.0574)	(13.9717)	(13.9983)
Year	控制	控制	控制
Industry	控制	控制	控制
样本量	18 649	18 649	18 649
调整 R^2	0.2695	0.2694	0.2695
F 值	61.1768	62.7533	61.0428

资料来源：作者采用 STATA 软件处理数据所得。

5.4.4 基于 PSM 方法配对样本的检验

与 4.4.5 小节相同，本章采用 PSM 方法对被审计过的与未被审计的上市公司进行 1∶1 最邻近匹配，得到配对的样本组（Demsetz，1967；Faccio 等，2011）[268-269]。为了保证研究结论的可靠性，本书借鉴池国华等（2019）[16]、褚剑和方军雄（2016）[17]的研究，首先，选取全样本进行 1∶1 最邻近匹配，在满足平行趋势检验的基础上进行回归分析，由表 5.9"基于 PSM 方法配对样本的检验结果"可知，在全样本配对回归结果中，国家审计对象覆盖广度（Yqbl）与国企资产保值增值（Aeva）的回归系数为 0.0617，在 1%水平上显著正相关；国资委监管职权调整（Xtgzw）与国企资产保值增值（Aeva）的回归系数为 0.0185，在 1%水平上显著正相关；交乘项（Yqbl×Xtgzw）与国企资产保值增值（Aeva）的回归系数为 0.2219，在 5%水平上显著正相关。其次，本书选取国企样本进行 1∶1 最邻近匹配，在满足平行趋势检验的基础上进行回归分析，由表 5.9"基于 PSM 方法配对样本的检验结果"可知，在国企配对样本回归结果中，国家审计对象覆盖广度（yqbl）与国企资产保值增值($Aeva$)的回归系数为 0.0594,在 1%水平上显著正相关;国资委监管职权调整($Xtgzw$)与国企资产保值增值($Aeva$)的回归系数为 0.0178,在 1%水平上显著正相关;交乘项($Yqbl \times Xtgzw$)与国企资产保值增值($Aeva$)的回归系数为 0.0134,在 1%水平上显著正相关。本书研究结论不变。

表 5.9　基于 PSM 方法配对样本的检验结果

变量名称	全样本配对			国企样本配对		
	模型(5.1)	国资委监管职权调整	模型(5.2)	模型(5.1)	国资委监管职权调整	模型(5.2)
$Yqbl$	0.0617***		−0.1806**	0.0594***		0.1132
	(4.7824)		(−2.1094)	(4.3269)		(1.1449)
$Xtgzw$		0.0185***	−0.0042		0.0178***	−0.0854
		(4.7824)	(−0.4932)		(4.3269)	(−0.9441)
$Yqbl \times Xtgzw$			0.2219**			0.0134***
			(2.5199)			(3.3781)
Lev	0.0321***	0.0321***	0.0321***	0.0339***	0.0339***	0.0339***
	(5.4330)	(5.4330)	(5.4330)	(5.8498)	(5.8498)	(5.8498)
$Lnasset$	−0.0032***	−0.0032***	−0.0032***	−0.0048***	−0.0048***	−0.0048***
	(−3.5996)	(−3.5996)	(−3.5996)	(−5.0796)	(−5.0796)	(−5.0796)
$Growth$	0.0004	0.0004	0.0004	0.0006	0.0006	0.0006
	(0.7372)	(0.7372)	(0.7372)	(0.9012)	(0.9012)	(0.9012)
$Roea$	0.1424***	0.1424***	0.1424***	0.1598***	0.1598***	0.1598***
	(11.3668)	(11.3668)	(11.3668)	(11.1308)	(11.1308)	(11.1308)
$Ifjz$	0.0002	0.0002	0.0002	−0.0005	−0.0005	−0.0005
	(0.0749)	(0.0749)	(0.0749)	(−0.1930)	(−0.1930)	(−0.1930)
$Establish$	0.0001	0.0001	0.0001	0.0003*	0.0003*	0.0003*
	(0.7757)	(0.7757)	(0.7757)	(1.9493)	(1.9493)	(1.9493)
$Glccg$	0.0429	0.0429	0.0429	0.0314	0.0314	0.0314
	(1.5851)	(1.5851)	(1.5851)	(1.0859)	(1.0859)	(1.0859)

变量名称	全样本配对			国企样本配对		
	模型(5.1)	国资委监管职权调整	模型(5.2)	模型(5.1)	国资委监管职权调整	模型(5.2)
Independ	−0.0027	−0.0027	−0.0027	0.0290*	0.0290*	0.0290*
	(−0.1945)	(−0.1945)	(−0.1945)	(1.7310)	(1.7310)	(1.7310)
Lnboard	0.0056	0.0056	0.0056	0.0079*	0.0079*	0.0079*
	(1.4033)	(1.4033)	(1.4033)	(1.8688)	(1.8688)	(1.8688)
Djgqsxc	−0.0069***	−0.0069***	−0.0069***	−0.0082***	−0.0082***	−0.0082***
	(−5.4112)	(−5.4112)	(−5.4112)	(−5.2610)	(−5.2610)	(−5.2610)
Loss	−0.0213***	−0.0213***	−0.0213***	−0.0155***	−0.0155***	−0.0155***
	(−5.1080)	(−5.1080)	(−5.1080)	(−3.4960)	(−3.4960)	(−3.4960)
Opinion	−0.0212***	−0.0212***	−0.0212***	−0.0267***	−0.0267***	−0.0267***
	(−2.7155)	(−2.7155)	(−2.7155)	(−3.6730)	(−3.6730)	(−3.6730)
Constant	0.1893***	0.1922***	0.2006***	0.2396***	0.2423***	0.2371***
	(5.7653)	(5.8477)	(5.9733)	(7.2174)	(7.2768)	(6.9815)
Year	控制	控制	控制	控制	控制	控制
Industry	控制	控制	控制	控制	控制	控制
样本量	3 773	3 773	3 773	3 271	3 271	3 271
调整 R^2	0.2333	0.2333	0.2333	0.2709	0.2709	0.2709
F 值	15.7654	15.7654	15.7654	14.7757	14.7757	14.7757

资料来源：作者采用 STATA 软件处理数据所得。

5.4.5 基于双向固定效应模型的检验

与 4.4.6 小节相同，为了缓解由遗漏变量误差引起的内生性问题，本章采用双向固定效应模型进行内生性检验。由表 5.10"基于双向固定效应模型检验结果"可知，在全样本回归结果中，国家审计对象覆盖广度（*Yqbl*）与国企资产保值增值（*Aeva*）的回归系数为 0.1651，在 1% 水平上显著正相关；国资委监管职权调整（*Xtgzw*）与国企资产保值增值（*Aeva*）的回归系数为 0.0495，在 1% 水平上显著正相关；交乘项（$Yqbl \times Xtgzw$）与国企资产保值增值（$Aeva$）的回归系数为 0.4941，在 5% 水平上显著正相关。在国企样本回归结果中，国家审计对象覆盖广度（$Yqbl$）与国企资产保值增值（$Aeva$）的回归系数为 0.1259，在 5% 水平上显著正相关；国资委监管职权调整（$Xtgzw$）与国企资产保值增值（$Aeva$）的回归系数为 0.0378，在 5% 水平上显著正相关。本书研究结论基本不变。

表 5.10　基于双向固定效应模型检验结果

变量名称	模型（5.1）		国资委监管职权调整		模型（5.2）	
	全样本	国企样本	全样本	国企样本	全样本	国企样本
$Yqbl$	0.1651***	0.1259**			−0.4485**	−0.2650
	(2.9881)	(2.0168)			(−2.3068)	(−1.1910)
$Xtgzw$			0.0495***	0.0378**	0.0129***	0.0133***
			(2.9881)	(2.0168)	(3.6098)	(3.0800)
$Yqbl \times Xtgzw$					0.4941**	0.3001
					(2.3968)	(1.2785)
Lev	0.0479***	0.0501***	0.0479***	0.0501***	0.0479***	0.0501***
	(8.8325)	(5.1608)	(8.8325)	(5.1608)	(8.8325)	(5.1608)
$Lnasset$	−0.0149***	−0.0151***	−0.0149***	−0.0151***	−0.0149***	−0.0151***
	(−9.6708)	(−6.0612)	(−9.6708)	(−6.0612)	(−9.6708)	(−6.0612)
$Growth$	0.0010***	0.0006	0.0010***	0.0006	0.0010***	0.0006
	(2.8938)	(1.4675)	(2.8938)	(1.4675)	(2.8938)	(1.4675)
$Roea$	0.2279***	0.1910***	0.2279***	0.1910***	0.2279***	0.1910***
	(24.5613)	(15.0978)	(24.5613)	(15.0978)	(24.5613)	(15.0978)
$Ifjz$	0.0021	−0.0003	0.0021	−0.0003	0.0021	−0.0003
	(1.4285)	(−0.1421)	(1.4285)	(−0.1421)	(1.4285)	(−0.1421)
$Establish$	−0.0023	−0.0008	−0.0023	−0.0008	−0.0023	−0.0008
	(−1.0975)	(−0.3318)	(−1.0975)	(−0.3318)	(−1.0975)	(−0.3318)
$Glccg$	−0.0155**	0.0481	−0.0155**	0.0481	−0.0155**	0.0481
	(−2.4961)	(0.5762)	(−2.4961)	(0.5762)	(−2.4961)	(0.5762)
$Independ$	−0.0051	0.0011	−0.0051	0.0011	−0.0051	0.0011
	(−0.3666)	(0.0504)	(−0.3666)	(0.0504)	(−0.3666)	(0.0504)
$Lnboard$	−0.0011	0.0152**	−0.0011	0.0152**	−0.0011	0.0152**
	(−0.2516)	(2.0333)	(−0.2516)	(2.0333)	(−0.2516)	(2.0333)

变量名称	模型(5.1)		国资委监管职权调整		模型(5.2)	
	全样本	国企样本	全样本	国企样本	全样本	国企样本
Djgqsxc	−0.0088***	−0.0098***	−0.0088***	−0.0098***	−0.0088***	−0.0098***
	(−6.4410)	(−4.2807)	(−6.4410)	(−4.2807)	(−6.4410)	(−4.2807)
Loss	−0.0295***	−0.0241***	−0.0295***	−0.0241***	−0.0295***	−0.0241***
	(−12.5706)	(−7.1828)	(−12.5706)	(−7.1828)	(−12.5706)	(−7.1828)
Opinion	−0.0062**	−0.0100*	−0.0062**	−0.0100*	−0.0062**	−0.0100*
	(−2.2849)	(−1.9549)	(−2.2849)	(−1.9549)	(−2.2849)	(−1.9549)
Constant	0.4489***	0.4375***	0.4566***	0.4433***	0.4775***	0.4556***
	(11.0538)	(6.7254)	(10.8873)	(6.7040)	(10.1121)	(6.4411)
Year	控制	控制	控制	控制	控制	控制
公司个体效应	控制	控制	控制	控制	控制	控制
样本量	18 649	7 797	18 649	7 797	18 649	7 797
Within-R²	0.3436	0.3166	0.3436	0.3166	0.3436	0.3166
F 值	104.7111	41.3552	104.7111	41.3552	104.7111	41.3552

资料来源：作者采用 STATA 软件处理数据所得。

5.5 小结

本章基于监管俘获理论和协同理论，阐释国家审计对象覆盖广度促进国企资产保值增值的作用机理，以及国家审计机关与国资委促进国企资产保值增值的协同机制。在此基础上，从审计署公布的央企财务收支审计结果公告出发，选取2007—2017 年中国沪深 A 股上市公司为研究样本，构建多元线性回归模型和调节效应模型，分别从全样本和国企样本两个方面出发实证检验国家审计对象覆盖广度与国企资产保值增值的线性关系，以及国家审计机关与国资委的协同效应。研究发现，扩大国家审计对象覆盖广度有利于促进国企资产保值增值，国资委监管职权调整可以有效促进国企资产保值增值，且显著增强了国家审计对象覆盖广度与国企资产保值增值的正相关关系，发挥了协同效应。表明进一步明确国家审计机关与国资委监管国企的职权范围，积极扩大国家审计监督国企的覆盖广度,有利于充分发挥两者之间的协同效应,促进国企资产保值增值。为了保证研究结论的稳健性,本章进一步采用重新测度被解释变量和解释变量、PSM方法和固定效应模型缓解了由测量误差、选择偏差和遗漏变量导致的内生性问题,研究结论保持不变。

6 国家审计深度、协同社会审计与国企资产保值增值

国家审计和社会审计作为审计系统内部的重要主体,国家审计具有更强的独立性和权威性,对国企主要发挥监督作用;社会审计具有更强的专业技术优势,主要发挥对国企财务报表的鉴证作用。两者目标不同,但又相互联系。因此,本章基于国家审计 BDS 三维测度指标体系,系统阐释国家审计目标实现深度对国企资产保值增值的影响机理,以及国家审计与社会审计的协同效应发挥机制,并进行实证检验。这对于构建国家审计协同社会审计的国企监督机制具有重要意义。

6.1 理论分析与假设提出

6.1.1 国家审计深度与国企资产保值增值

审计全覆盖是中国完善审计制度的重要任务,也是国家审计机关全面履行审计职能的必然要求。国家审计机关要实现审计全覆盖,依法做到对国企的"凡审必严",就必须努力提高国家审计目标实现深度。国家审计机关能否实现促进国企资产保值增值的监督目标,不仅体现在查出国企财会核算情况、决策和管理情况、政策落实情况、工程项目投资情况、廉洁从业情况、发展潜力情况和领导人经济责任履行情况等方面存在的不利于国企资产保值增值的违规违纪问题,而且更大程度上体现在国家审计机关发现国企存在的违规违纪金额数量以及督促国企最终有效整改的金额,因为这直接决定了国家审计机关帮助国企挽回国有资产流失的金额数量,以及促进国企资产保值增值的程度。

国企负责人兼具经济市场和政治市场的双重行为主体身份,具有明显的"经济人"特征,也会受到权力、地位、名望等的驱使谋求个人经济利益最大化(杨瑞龙等,2013;王曾等,2014)[45,279],这就不可避免地会产生代理问题,不利于促进国企资产保值增值。《国家审计准则》第六条指出:"审计机关的主要工作目标是通过监督被审计

单位财政收支、财务收支以及有关经济活动的真实性、合法性、效益性,维护国家经济安全,推进民主法治,促进廉政建设,保障国家经济和社会健康发展。"具体到国企,国家审计机关的主要工作目标是通过监督国企财务收支以及有关经济活动的真实性、合法性和效益性,防止国有资产流失,促进国企资产保值增值。在实践中,国家审计机关主要通过监督国企在财会核算情况、决策和管理情况、政策落实情况、工程项目投资情况、廉洁从业情况、发展潜力情况和领导人经济责任履行情况等方面的真实性、合法性和效益性,揭示国企在这些方面存在的不利于国企资产保值增值的违规违纪金额①。在此基础上,国家审计机关督促被审计国企依据查出的相关违规违纪金额进行整改,不仅能够及时挽回国有资产损失,而且可以有效预防类似的问题再次发生。因此,提高国家审计目标实现深度,不能只满足于全方位查出国企存在的不利于国企资产保值增值的违规违纪金额,更重要的是要督促国企进行整改,减少不必要的国有资产流失,通过发挥国家审计威慑效应和警示效应降低国企负责人的机会主义行为,缓解由国企产权主体缺陷而导致的"逆向选择"和"道德风险"问题(江龙,2001)[101],在国企中形成"发现问题、整改问题、避免问题再次发生"的良性循环,防止国有资产流失,促进国企资产保值增值。基于上述分析,本书提出以下研究假设 6.1:

假设 6.1: 在其他条件一定的前提下,提高国家审计目标实现深度有利于促进国企资产保值增值。

6.1.2 国家审计与社会审计的协同效应

后新公共管理理论强调以公共服务为逻辑,协调政府部门和私人部门,增加不同组织的整体协同性,促进公共价值提升(王会金,2014;Osborne 和 Stephen,2018)[280,281]。随着国家审计事业的发展,党中央和国务院不仅对国家审计广度、深度和力度等方面的要求越来越高,而且对国家审计专业技术水平的要求也越来越高,为了弥补国家审计资源有限、知识结构难以满足专业化要求等不足,国家审计机关在进行审计时也可以外购社会审计服务(Lowensohn 和 Collins,2001)[282],特别是采购高质量的社会审计服务。国家审计机关监督国企业务外包已经成为各国审计机关提高国企审计效率的重要路径,是否选择外购社会审计服务,很大程度上取决于国家审计机关监督国企的工作量及其业务的复杂程度。在国家审计机关监督国企的过程中,

---

① 例如:《国务院关于 2018 年度中央预算执行和其他财政收支的审计工作报告》中指出:"9 户央企 15 项重大决策事项存在违反程序、论证不充分、盲目决策等问题,造成损失 30.14 亿元;8 户央企偏离主业违规开展房地产、金融业务,或向房地产领域提供融资等,涉及 38.76 亿元;6 户央企和 2 家金融机构违规采购物资和服务 29.79 亿元;22 户央企和 1 家金融机构 2017 年多计收入 90.7 亿元、利润 45.23 亿元;10 户央企和 4 家金融机构超范围配备、未及时处置公务用车 57 辆,超标准乘坐交通工具 1 624.23 万元。"

由于国企规模大,数量多,且审计业务种类繁多,包括了财会核算情况、决策和管理情况、政策落实情况、工程项目投资情况、廉洁从业情况、发展潜力情况和领导人经济责任履行情况等方面,实现国企审计全覆盖,提高国家审计目标实现深度,需要依靠增加审计工作量和借助更专业的审计业务能力,现有国家审计资源是难以实现的。而中国社会审计市场发育已经较为成熟,社会审计资源不像国家审计受政府预算限制,且其审计程序与国家审计具有相通性,对一些业务的审计专业能力也更强,这也为国家审计机关外购社会审计服务提供了必要条件。

国家审计与社会审计在监督国企过程中的协同是一种历史发展趋势,加强国家审计与社会审计的协同,应该充分发挥国家审计在监督国企过程中的主导作用,保证国家审计目标的实现。国家审计机关外购社会审计服务,目的是为了提高国家审计效率,进行国家审计业务外包时,应该选择一批资质、信誉良好,审计方案可读性较高的社会审计机构进行初步沟通,确定潜在合作机构,缩小两者之间的审计期望差(Chang 和 Dan,2019)[283]。社会审计质量越高,审计人员的专业素质越高,社会认同度也越高,越有利于提高国家审计效率(许汉友,2004)[190],促进国企资产保值增值。国家审计可以利用社会审计的专业优势,通过和社会审计共享财务审计报告、国企审计结果公告及整改成果信息,发现国家审计难以发现的违规违纪金额,促进国企资产保值增值;而社会审计也会因忌惮而谨慎对待有可能被国家审计抽中的国企,缓解社会审计"搭便车"问题(Lesage 等,2017)[284],提高社会审计质量,促进国企资产保值增值(李晓慧和蒋亚含,2018;许汉友等,2018)[137,285]。因此,国家审计在监督国企过程中外购高质量的社会审计服务,能够充分利用国家审计与社会审计的协同作用,有效弥补现阶段国家审计资源不足的缺陷,发挥不同审计主体的优势(许汉友,2004)[190],全面查出国企存在的不利于国企资产保值增值的违规违纪金额,减少国有资产流失,促进国企资产保值增值。基于上述分析,本书提出以下研究假设 6.2:

假设 6.2: 在其他条件一定的前提下,国家审计与社会审计的协同有利于促进国企资产保值增值。

6.2 研究设计

6.2.1 变量选取与测度

1) 国家审计目标实现深度

基于 3.3.2 小节的分析,国家审计目标实现深度是指国家审计机关监督检查被审计单位的纵深程度,主要体现在审计监督质量之上,可以用查出的违规违纪金额测度(戚振东和尹平,2015;徐薇,2015;吴秋生等,2016)[20,179,234]。因此,为了消除企业规模效应对回归结果的影响,本书采用审计署查出央企违规违纪金额与企业总资产比值加 1 的自然对数衡量国家审计目标实现深度,用 Lnzm 表示。

2) 社会审计质量

在社会审计市场中,四大会计师事务所①的审计质量认同度最高(王咏梅和王鹏,2006)[286],所提供的审计方案可读性更高(Boritz 等,2016;Smith,2019)[287,288],且被其审计过的企业发生舞弊的概率更低(Defond 和 Jiambalvo,1993)[289]。因此,本书采用上市公司是否被四大会计师事务所审计作为社会审计质量的测度指标,当该上市公司被四大会计师事务所审计时取值为 1,否则取值为 0,用 Ifsd 表示。

本章主要变量定义详见表 6.1,其他变量详见表 4.1。

表 6.1　主要变量定义表

	变量名称	变量符号	计算方法
主要变量	国企资产保值增值	Aeva	本期 EVA 增加额与总资产的比值
	国家审计目标实现深度	Lnzm	审计署查出央企违规违纪金额与企业总资产比值加 1 的自然对数
	社会审计质量	Ifsd	当上市公司被四大会计师事务所审计时取值为 1,否则取值为 0

资料来源:作者整理所得。

6.2.2　实证模型设计

为了验证假设 6.1,构建如下多元线性回归模型实证检验国家审计目标实现深度与国企资产保值增值之间的关系:

$$
\begin{aligned}
Aeva_{i,t} = {} & \rho_0 + \rho_1 Lnzm_{i,t} + \rho_2 Lev_{i,t} + \rho_3 Lnasset_{i,t} + \rho_4 Growth_{i,t} \\
& + \rho_5 Roea_{i,t} + \rho_6 Ifjz_{i,t} + \rho_7 Establish_{i,t} + \rho_8 Glccg_{i,t} \\
& + \rho_9 Independ_{i,t} + \rho_{10} Lnboard_{i,t} + \rho_{11} Djgqsxc_{i,t} \\
& + \rho_{12} Loss_{i,t} + \rho_{13} Opinion_{i,t} + \sum Year \\
& + \sum Industry + \pi_{i,t}
\end{aligned}
\tag{6.1}
$$

---

① 四大会计师事务所,分别为 KPMG 毕马威,PWC 普华永道,DTT 德勤和 EY 安永。

为了验证假设 6.2,本书在论证国家审计目标实现深度与国企资产保值增值关系的基础上,增加社会审计质量调节变量,构建如下调节效应模型实证检验国家审计与社会审计的协同对国企资产保值增值的影响:

$$
\begin{aligned}
Aeva_{i,t} = {} & \eta_0 + \eta_1 Lnzm_{i,t} + \eta_2 Ifsd_{i,t} + \eta_3 Lnzm_{i,t} \times Ifsd_{i,t} \\
& + \eta_4 Lev_{i,t} + \eta_5 Lnasset_{i,t} + \eta_6 Growth_{i,t} + \eta_7 Roea_{i,t} \\
& + \eta_8 Ifjz_{i,t} + \eta_9 Establish_{i,t} + \eta_{10} Glccg_{i,t} + \eta_{11} Independ_{i,t} \\
& + \eta_{12} Lnboard_{i,t} + \eta_{13} Djgqsxc_{i,t} + \eta_{14} Loss_{i,t} + \eta_{15} Opinion_{i,t} \\
& + \sum Year + \sum Industry + \kappa_{i,t}
\end{aligned}
\tag{6.2}
$$

其中,$Aeva$ 表示国企资产保值增值;$Lnzm$ 表示国家审计目标实现深度;$Ifsd$ 表示社会审计质量;ρ_0、η_0 表示常数项;π、κ 表示扰动项;其他变量如前文所述。本书主要考察系数 ρ_1、η_3,如果系数 ρ_1 显著为正,则表明提高国家审计目标深度有利于促进国企资产保值增值;如果系数 η_3 显著为正,则表明国家审计与社会审计的协同有利于促进国企资产保值增值。

6.3 实证检验

6.3.1 描述性统计

由表 6.2"主要变量描述性统计结果"可知,国家审计目标实现深度($Lnzm$)的均值为 0.2882,最小值和最大值分别为 0 和 9.0258,表明审计署查出央企的违规违纪金额差异较大。社会审计质量($Ifsd$)的均值为 0.0551,最小值和最大值分别为 0 和 1,表明样本中有 5.51% 的上市公司被四大会计师事务所审计。其他变量描述性统计结果详见表 4.2。

表 6.2　主要变量描述性统计结果

变量名称	样本量	均值	标准差	$p25$	$p50$	$p75$	最小值	最大值
$Aeva$	20 986	0.0010	0.0501	−0.0139	0.0004	0.0142	−0.2262	0.2763
$Lnzm$	20 986	0.2882	1.2089	0.0000	0.0000	0.0000	0.0000	9.0258
$Ifsd$	20 986	0.0551	0.2282	0.0000	0.0000	0.0000	0.0000	1.0000

资料来源:作者采用 STATA 软件处理数据所得。

6.3.2 相关性分析

由表6.3"主要变量相关性分析结果"可知,国家审计目标实现深度(Lnzm)与国企资产保值增值(Aeva)的相关系数为0.0036,社会审计质量(Ifsd)与国企资产保值增值(Aeva)的回归系数为-0.0005,均不存在显著相关性。同时,方差膨胀因子(VIF)检验结果表明,各变量VIF的最大值为1.99,平均VIF值为1.39,各变量之间不存在多重共线性问题。

表6.3 主要变量相关性分析结果

变量名称	$Aeva$	$Lnzm$	$Ifsd$
$Aeva$	1.0000		
$Lnzm$	0.0036	1.0000	
$Ifsd$	-0.0005	0.1367***	1.0000

资料来源:作者采用STATA软件处理数据所得。

6.3.3 实证结果分析

与5.3.3小节相同,本章借鉴方红星和刘丹(2013)[277]、张嘉兴和傅绍正(2014)[278]的研究,实证检验社会审计质量与国企资产保值增值的关系,以提高研究结果的可靠性。由表6.4"国家审计、社会审计与国企资产保值增值回归结果"可知,在全样本回归结果中,国家审计目标实现深度(Lnzm)与国企资产保值增值(Aeva)的回归系数为0.0010,在1%水平上显著正相关,表明提高国家审计目标实现深度有利于促进国企资产保值增值,且国家审计目标实现深度每增加1个单位,国企资产保值增值增加0.10%,等于全样本国企资产保值增值(Aeva)的均值0.10%,具有显著的经济意义,初步验证了假设6.1;社会审计质量(Ifsd)与国企资产保值增值(Aeva)的回归系数为0.0030,在5%水平上显著正相关;交乘项(Lnzm×Ifsd)与国企资产保值增值(Aeva)的回归系数为-0.0011,在5%水平上显著负相关,表明高质量的社会审计可以有效促进国企资产保值增值,但显著降低了国家审计目标实现深度与国企资产保值增值的正相关关系,国家审计与社会审计尚未形成协同效应,假设6.2未得到验证。在国企样本回归结果中,国家审计目标实现深度(Lnzm)与国企资产保值增值(Aeva)的回归系数为0.0006,在5%水平上显著正相关,表明国家审计目标实现深度每增加1个单位,国企资产保值增值增加0.06%,具有显著的经济意义,进一步验证了假设

6.1；社会审计质量（$Ifsd$）与国企资产保值增值（$Aeva$）的回归系数为 0.0024，在 10％水平上显著正相关；交乘项（$Lnzm \times Ifsd$）与国企资产保值增值（$Aeva$）的回归系数为 -0.0009，在 10％水平上显著负相关，假设 6.2 仍未得到验证。因此，国家审计机关目标实现深度的提高能够有效促进国企资产保值增值，高质量的社会审计有利于促进国企资产保值增值，国家审计与高质量的社会审计在监督国企过程中具有替代效应，即国家审计在监督国企的过程中可以优先选择非四大会计师事务所审计的企业，高质量的社会审计可以弥补国家审计监督力量不足的缺陷。

表 6.4　国家审计、社会审计与国企资产保值增值回归结果

变量名称	模型（6.1）		社会审计		模型（6.2）	
	全样本	国企样本	全样本	国企样本	全样本	国企样本
$Lnzm$	0.0010 ***	0.0006 **			0.0011 ***	0.0007 **
	(3.3119)	(2.1723)			(3.3897)	(2.3852)
$Ifsd$			0.0030 **	0.0024 *	0.0035 **	0.0033 **
			(2.3111)	(1.8136)	(2.5472)	(2.2440)
$Lnzm \times$ $Ifsd$					-0.0011 **	-0.0009 *
					(-2.0594)	(-1.7918)
Lev	0.0311 ***	0.0304 ***	0.0314 ***	0.0307 ***	0.0312 ***	0.0307 ***
	(12.3407)	(8.5419)	(12.3405)	(8.5390)	(12.3030)	(8.5317)
$Lnasset$	-0.0052 ***	-0.0044 ***	-0.0053 ***	-0.0046 ***	-0.0053 ***	-0.0046 ***
	(-10.9619)	(-7.7992)	(-10.6833)	(-7.6951)	(-10.8156)	(-7.7166)
$Growth$	0.0009 ***	0.0006 *	0.0009 ***	0.0006 *	0.0009 ***	0.0006 *
	(3.1629)	(1.8863)	(3.2163)	(1.9487)	(3.1853)	(1.9180)
$Roea$	0.1861 ***	0.1598 ***	0.1859 ***	0.1597 ***	0.1862 ***	0.1599 ***
	(28.6627)	(18.2330)	(28.6093)	(18.2209)	(28.6727)	(18.2503)
$Ifjz$	0.0003	-0.0010	0.0004	-0.0009	0.0002	-0.0011
	(0.3509)	(-0.7403)	(0.5600)	(-0.6341)	(0.3150)	(-0.7731)
$Establish$	0.0000	0.0001	0.0000	0.0001	0.0000	0.0001
	(0.3562)	(1.1211)	(0.3922)	(1.0442)	(0.3578)	(1.1327)
$Glccg$	-0.0158 ***	0.0005	-0.0163 ***	-0.0010	-0.0157 ***	0.0014
	(-10.2077)	(0.0263)	(-10.7102)	(-0.0521)	(-10.1375)	(0.0688)
$Independ$	0.0060	0.0073	0.0056	0.0065	0.0056	0.0068
	(0.8950)	(0.7909)	(0.8350)	(0.7021)	(0.8347)	(0.7390)

变量名称	模型(6.1)		社会审计		模型(6.2)	
	全样本	国企样本	全样本	国企样本	全样本	国企样本
Lnboard	0.0003	0.0024	0.0005	0.0024	0.0002	0.0022
	(0.1668)	(1.0251)	(0.2531)	(1.0223)	(0.1127)	(0.9418)
Djgqsxc	−0.0052***	−0.0062***	−0.0053***	−0.0063***	−0.0053***	−0.0063***
	(−9.4626)	(−7.4006)	(−9.5470)	(−7.3553)	(−9.5908)	(−7.4467)
Loss	−0.0216***	−0.0188***	−0.0216***	−0.0188***	−0.0217***	−0.0189***
	(−11.4973)	(−7.6747)	(−11.4706)	(−7.6506)	(−11.5171)	(−7.6866)
Opinion	−0.0096***	−0.0130***	−0.0095***	−0.0129***	−0.0096***	−0.0129***
	(−4.5867)	(−3.7588)	(−4.5203)	(−3.7215)	(−4.5617)	(−3.7408)
Constant	0.1879***	0.1914***	0.1891***	0.1944***	0.1922***	0.1966***
	(14.0404)	(9.7832)	(13.7327)	(9.5924)	(13.9446)	(9.7019)
Year	控制	控制	控制	控制	控制	控制
Industry	控制	控制	控制	控制	控制	控制
样本量	20 986	9 311	20 986	9 311	20 986	9 311
调整 R^2	0.2801	0.2689	0.2798	0.2686	0.2803	0.2690

资料来源：作者采用 STATA 软件处理数据所得。

6.4 稳健性检验

由 4.5 小节可知，内生性问题主要来自测量误差、遗漏变量误差、双向或反向因果、选择偏差和动态面板偏差等方面（Bascle，2008；Hamilton 和 Nickerson，2003；王宇和李海洋，2017）[263,265,266]。考虑到本书不存在由双向或反向因果和动态面板偏差而导致的内生性问题。因此，本章主要采用重新测度被解释变量和解释变量缓解由测量误差引起的内生性问题；采用 PSM 方法缓解由样本选择偏差引起的内生性问题；采用固定效应模型缓解由遗漏变量误差引起的内生性问题，以消除不随时间变化、无法观测因素的影响。

6.4.1 重新测度被解释变量

与 4.4.3 小节相同，本书借鉴杨瑞龙等（2013）[45]和祁怀锦等（2018）[46]的研究，选取国有资产保值增值率作为被解释变量进行稳健性检验，用 Bzl 表示。由表

6.5"替换被解释变量检验结果"可知,在全样本回归结果中,国家审计目标实现深度(Lnzm)与国企资产保值增值(Bzl)的回归系数为0.0042,在10%水平上显著正相关;交乘项(Lnzm×Ifsd)与国企资产保值增值(Bzl)的回归系数为−0.0188,在1%水平上显著负相关。在国企样本回归结果中,国家审计目标实现深度(Lnzm)与国企资产保值增值(Bzl)的回归系数为0.0044,在10%水平上显著正相关;交乘项(Lnzm×Ifsd)与国企资产保值增值(Bzl)的回归系数为−0.0132,在5%水平上显著负相关。本书研究结论不变。

表6.5 替换被解释变量检验结果

变量名称	模型(6.1)		模型(6.2)	
	全样本	国企样本	全样本	国企样本
Lnzm	0.0042*	0.0044*	0.0086***	0.0077***
	(1.7890)	(1.8060)	(3.2851)	(2.8154)
Ifsd			−0.0572***	−0.0616***
			(−5.6633)	(−4.8583)
Lnzm×Ifsd			−0.0188***	−0.0132**
			(−3.4767)	(−2.4625)
Lev	0.0310*	0.0569**	0.0238	0.0449
	(1.8436)	(2.0905)	(1.4072)	(1.6288)
Lnasset	0.0052	−0.0168***	0.0099***	−0.0100*
	(1.6253)	(−3.4963)	(2.9768)	(−1.9539)
Growth	0.0056**	0.0067	0.0055**	0.0063
	(2.1501)	(1.6326)	(2.0837)	(1.5412)
Roea	1.0172***	1.0088***	1.0190***	1.0093***
	(26.6978)	(17.4665)	(26.7860)	(17.5136)
Ifjz	−0.0032	−0.0498***	−0.0037	−0.0505***
	(−0.6232)	(−4.5846)	(−0.7186)	(−4.6724)
Establish	0.0024***	0.0006	0.0024***	0.0005
	(5.0535)	(0.6632)	(4.9674)	(0.5912)
Glccg	−0.0486***	−0.3892***	−0.0485***	−0.4038***
	(−3.9593)	(−2.9315)	(−3.9595)	(−3.0503)
Independ	0.1614***	0.3216***	0.1763***	0.3386***
	(3.4087)	(4.4174)	(3.7348)	(4.6717)

变量名称	模型(6.1)		模型(6.2)	
	全样本	国企样本	全样本	国企样本
Lnboard	0.0038	0.0354*	0.0038	0.0351*
	(0.2966)	(1.8862)	(0.2982)	(1.8632)
Djgqsxc	−0.0341***	−0.0339***	−0.0328***	−0.0317***
	(−8.4176)	(−4.9671)	(−8.0564)	(−4.6239)
Loss	0.0112	0.0066	0.0121	0.0074
	(1.0277)	(0.3951)	(1.1111)	(0.4441)
Opinion	0.0175*	0.0326	0.0153	0.0299
	(1.6714)	(1.5472)	(1.4664)	(1.4164)
Constant	2.4639***	2.8115***	2.3537***	2.6474***
	(30.9793)	(21.8609)	(28.3770)	(19.4140)
Year	控制	控制	控制	控制
Industry	控制	控制	控制	控制
样本量	20 986	9 311	20 986	9 311
调整 R^2	0.7968	0.7933	0.7974	0.7942

资料来源:作者采用STATA软件处理数据所得。

6.4.2 重新测度解释变量

现有文献中对社会审计质量的测度指标较多,除了本书采用的是否被四大会计师事务所审计,还有以下几种:一是采用是否被国内前十家会计师事务所审计测度社会审计质量,当上市公司被国内前十家会计师事务所审计时,取值为1,否则取值为0,用 *Gnifsd* 表示;二是采用修正的 Jones 模型计算出的可操纵性应计利润的绝对值测度社会审计质量(Dechow 等,1995)[290],可操纵性应计利润越低,会计信息质量越高,社会审计质量也越高,用 *Ada* 表示;三是采用审计收费来测度社会审计质量,审计收费越高,社会审计质量越高(Fan 和 Wong,2002)[291],用 *Lnfee* 表示。因此,本书进一步采用上述三种方法测度社会审计质量进行稳健性检验。由表6.6"替换解释变量检验结果"可知,在全样本回归结果中,交乘项(*Lnzm*×*Gnifsd*)与国企资产保值增值(*Aeva*)的回归系数为−0.0093,在10%水平上显著负相关;交乘项(*Lnzm*×*Ada*)与国企资产保值增值(*Aeva*)的回归系数为

表6.6　替换解释变量检验结果

变量名称	模型(6.2) 全样本	国企样本	变量名称	模型(6.2) 全样本	国企样本	变量名称	模型(6.2) 全样本	国企样本
Lnzm	0.0086*	0.0104**	Lnzm	-0.0028	-0.0012	Lnzm	0.1523***	0.1535***
	(1.8298)	(2.1314)		(-0.5149)	(-0.2181)		(3.2781)	(3.1747)
Gmifsd	0.0055	0.0229	Ada	0.2781***	0.2326***	Lnfee	0.0182	0.0128
	(0.6226)	(1.5662)		(6.1049)	(2.8324)		(1.5382)	(0.6408)
Lnzm× Gmifsd	-0.0093*	-0.0115**	Lnzm× Ada	0.0673*	0.0747*	Lnzm× Lnfee	-0.0106***	-0.0107***
	(-1.6974)	(-2.0080)		(1.6774)	(1.7667)		(-3.1887)	(-3.0880)
Lev	-0.0779**	-0.0270	Lev	0.0271	0.0895*	Lev	-0.0809**	-0.0444
	(-2.2332)	(-0.3889)		(1.0147)	(1.9106)		(-2.3382)	(-0.6515)
Lnasset	0.0505***	0.0443***	Lnasset	0.00250	-0.0231***	Lnasset	0.0458***	0.0412**
	(5.4513)	(2.5965)		(0.4640)	(-3.0219)		(4.6125)	(2.3362)
Growth	0.0066**	0.0085**	Growth	0.0034	0.0050	Growth	0.0080***	0.0098**
	(2.2796)	(1.9902)		(1.2440)	(1.1591)		(2.6549)	(2.2685)
Roea	0.9635***	0.9379***	Roea	1.0097***	1.0086***	Roea	0.9698***	0.9426***
	(23.2572)	(15.9451)		(24.4430)	(16.2170)		(22.4639)	(15.3052)
Ifjz	-0.0157**	-0.0238	Ifjz	-0.0018	-0.0484***	Ifjz	-0.0154*	-0.0169
	(-2.0101)	(-1.6024)		(-0.2083)	(-2.7371)		(-1.9554)	(-1.1833)
Establish	0.0287**	0.0452**	Establish	0.0025**	0.0003	Establish	0.0279*	0.0453**
	(2.0412)	(2.1911)		(2.4815)	(0.1624)		(1.9486)	(2.1544)
Glccg	0.1041***	0.2592	Glccg	-0.0605**	-0.2110	Glccg	0.1158***	0.2820
	(3.1213)	(0.8417)		(-2.4128)	(-0.9745)		(3.3913)	(0.8958)

变量						
Independ	0.0955	0.1012	0.1604*	0.3343***	0.0787	0.0842
	(1.2039)	(0.8131)	(1.9372)	(2.6485)	(0.9956)	(0.6974)
Lnboard	−0.0177	−0.0044	0.0046	0.0252	−0.0194	−0.0067
	(−0.6095)	(−0.0857)	(0.1826)	(0.6544)	(−0.7026)	(−0.1400)
Djgqsxc	0.0199*	0.0154	−0.0312***	−0.0252**	0.0183*	0.0139
	(1.9180)	(0.9660)	(−4.0767)	(−2.0698)	(1.7390)	(0.8588)
Loss	0.0220**	0.0229*	0.0021	−0.0042	0.0229**	0.0243*
	(2.5043)	(1.7768)	(0.1712)	(−0.2309)	(2.5330)	(1.8224)
Opinion	0.0006	0.0257	0.0201	0.0403	0.0019	0.0362
	(0.0501)	(0.8718)	(1.3543)	(1.2681)	(0.1721)	(1.2476)
Constant	0.7270***	0.6790	2.5322***	2.8388***	0.6477**	0.5723
	(2.8319)	(1.4554)	(19.3546)	(13.4208)	(2.4545)	(1.1842)
Year	控制	控制	控制	控制	控制	控制
Industry	控制	控制	控制	控制	控制	控制
样本量	20 986	9 311	20 986	9 311	20 986	9 311
调整 R^2	0.8885	0.8794	0.7946	0.7901	0.8866	0.8788

资料来源:作者采用 STATA 软件处理数据所得。

0.0673,在10%水平上显著正相关;交乘项(Lnzm×Lnfee)与国企资产保值增值(Aeva)的回归系数为－0.0106,在1%水平上显著负相关。在国企样本回归结果中,交乘项(Lnzm×Gnifsd)与国企资产保值增值(Aeva)的回归系数为－0.0115,在5%水平上显著负相关;交乘项(Lnzm×Ada)与国企资产保值增值(Aeva)的回归系数为0.0747,在10%水平上显著正相关;交乘项(Lnzm×Lnfee)与国企资产保值增值(Aeva)的回归系数为－0.0107,在1%水平上显著负相关。上述结论进一步验证了高质量的社会审计会显著降低国家审计目标实现深度与国企资产保值增值的正相关关系。本书研究结论不变。

6.4.3 按照是否四大会计师事务所分组检验

本书按照是否四大会计师事务所审计进行分组,检验国家审计与社会审计的协同对国企资产保值增值的影响。由表6.7"按照是否四大会计师事务所分组检验结果"可知,在全样本回归结果中,非四大会计师事务所审计分组的国家审计目标实现深度(Lnzm)与国企资产保值增值(Aeva)的回归系数为0.0012,在1%水平上显著正相关;四大会计师事务所审计分组的国家审计目标实现深度(Lnzm)与国企资产保值增值(Aeva)的回归系数为0.0005,不存在显著相关性。在国企样本回归结果中,非四大会计师事务所审计分组的国家审计目标实现深度(Lnzm)与国企资产保值增值(Aeva)的回归系数为0.0008,在5%水平上显著正相关;四大会计师事务所审计分组的国家审计目标实现深度(Lnzm)与国企资产保值增值(Aeva)的回归系数为0.0005,不存在显著相关性。表明提高国家审计目标实现深度促进国企资产保值增值的功能,主要体现在非四大会计师事务所审计的企业之中。本书研究结论不变。

表6.7 按照是否四大会计师事务所分组检验结果

变量名称	全样本		国企样本	
	$Ifsd=0$	$Ifsd=1$	$Ifsd=0$	$Ifsd=1$
Lnzm	0.0012***	0.0005	0.0008**	0.0005
	(3.4827)	(1.0597)	(2.4924)	(1.1745)
Lev	0.0319***	0.0114	0.0309***	0.0061
	(12.2924)	(1.5102)	(8.3897)	(1.1692)
Lnasset	－0.0052***	－0.0015	－0.0046***	－0.0008
	(－10.0819)	(－1.4800)	(－7.5543)	(－1.1570)
Growth	0.0009***	－0.0008	0.0006*	0.0005
	(3.1562)	(－1.4518)	(1.9059)	(0.8253)

（续表）

变量名称	全样本		国企样本	
	$Ifsd=0$	$Ifsd=1$	$Ifsd=0$	$Ifsd=1$
Roea	0.1874***	0.1108***	0.1628***	0.0725***
	(28.1967)	(5.2016)	(18.0370)	(4.1368)
Ifjz	0.0004	−0.0008	−0.0010	−0.0042
	(0.4805)	(−0.2186)	(−0.6288)	(−0.9412)
Establish	0.0000	−0.0001	0.0002	−0.0002
	(0.5483)	(−0.4368)	(1.3472)	(−1.3416)
Glccg	−0.0165***	0.0015	−0.0034	−0.1227***
	(−10.6884)	(0.2169)	(−0.1477)	(−4.0912)
Independ	0.0074	−0.0047	0.0043	0.0136
	(1.0712)	(−0.3804)	(0.4360)	(1.2941)
Lnboard	0.0010	−0.0024	0.0029	0.0012
	(0.5005)	(−0.6095)	(1.1559)	(0.3606)
Djgqsxc	−0.0056***	−0.0049***	−0.0066***	−0.0036**
	(−9.9640)	(−3.2574)	(−7.8280)	(−2.1218)
Loss	−0.0215***	−0.0188**	−0.0185***	−0.0156
	(−11.1907)	(−2.2052)	(−7.3309)	(−1.5788)
Opinion	−0.0098***	−0.0113	−0.0144***	0.0003
	(−4.6124)	(−0.7544)	(−4.0259)	(0.0842)
Constant	0.1918***	0.1401***	0.2015***	0.0700**
	(14.0427)	(2.6571)	(9.6785)	(2.2533)
Year	控制	控制	控制	控制
Industry	控制	控制	控制	控制
样本量	19 830	1 156	8 438	873
调整 R^2	0.2825	0.1993	0.2731	0.1894
F 值	67.3212	4.4400	32.4834	3.5762

资料来源：作者采用STATA软件处理数据所得。

125

6.4.4　基于 PSM 方法配对样本的检验

与 4.4.5 小节相同,本书采用 PSM 方法对被审计过的与未被审计的上市公司进行 1∶1 最邻近匹配,得到配对的样本组(Demsetz,1967;Faccio 等,2011)[268,269]。为了保证研究结论的可靠性,本书借鉴池国华等(2019)[16]、褚剑和方军雄(2016)[17]的研究,首先,选取全样本进行 1∶1 最邻近匹配,在满足平行趋势检验的基础上进行回归分析,由表 6.8"基于 PSM 方法配对样本的检验结果"可知,国家审计目标实现深度(Lnzm)与国企资产保值增值(Aeva)的回归系数为 0.0008,在 5% 水平上显著正相关;社会审计质量(Ifsd)与国企资产保值增值(Aeva)的回归系数为 0.0039,在 10% 水平上显著正相关;交乘项(Lnzm×Ifsd)与国企资产保值增值(Aeva)的回归系数为 −0.0012,在 10% 水平上显著负相关。其次,本书选取国企样本进行 1∶1 最邻近匹配,在满足平行趋势检验的基础上进行回归分析,由表 6.8"基于 PSM 配对样本的检验结果"可知,在国企样本回归结果中,国家审计目标实现深度(Lnzm)与国企资产保值增值(Aeva)的回归系数为 0.0007,在 10% 水平上显著正相关;社会审计质量(Ifsd)与国企资产保值增值(Aeva)的回归系数为 0.0043,在 10% 水平上显著正相关。本书研究结论基本不变。

表 6.8　基于 PSM 方法配对样本的检验结果

变量名称	全样本配对			国企样本配对		
	模型(6.1)	社会审计	模型(6.2)	模型(6.1)	社会审计	模型(6.2)
Lnzm	0.0008**		0.0009**	0.0007*		0.0005
	(2.3005)		(2.4528)	(1.9101)		(1.2516)
Ifsd		0.0039*	0.0037		0.0043*	0.0046*
		(1.8446)	(1.4267)		(1.9316)	(1.7459)
Lnzm× Ifsd			−0.0012*			−0.0003
			(−1.7768)			(−0.4749)
Lev	0.0342***	0.0322***	0.0312***	0.0335***	0.0368***	0.0370***
	(5.7930)	(5.4479)	(5.6522)	(5.7446)	(6.0391)	(6.0573)
Lnasset	−0.0038***	−0.0038***	−0.0038***	−0.0049***	−0.0054***	−0.0054***
	(−4.2331)	(−3.9333)	(−4.1764)	(−5.1969)	(−5.4308)	(−5.4240)
Growth	0.0073***	0.0073***	0.0072***	0.0061***	0.0058***	0.0058***
	(5.2542)	(5.2796)	(5.8190)	(3.5032)	(3.3287)	(3.3345)
Roea	0.1401***	0.1370***	0.1496***	0.1560***	0.1600***	0.1600***
	(10.9682)	(10.8777)	(12.7975)	(10.6942)	(10.6416)	(10.6444)

变量名称	全样本配对			国企样本配对		
	模型(6.1)	社会审计	模型(6.2)	模型(6.1)	社会审计	模型(6.2)
$Ifjz$	0.0002	0.0001	−0.0023	−0.0006	−0.0006	−0.0008
	(0.0544)	(0.0350)	(−0.8294)	(−0.2373)	(−0.2436)	(−0.2898)
$Establish$	0.0000	0.0001	0.0001	0.0003*	0.0002	0.0002
	(0.0856)	(0.8348)	(0.4938)	(1.9135)	(1.3823)	(1.3525)
$Glccg$	0.0312	0.0332	0.0214	0.0281	0.0209	0.0223
	(1.0413)	(1.1680)	(0.7718)	(1.0062)	(0.8189)	(0.8920)
$Independ$	−0.0035	−0.0033	−0.0099	0.0280*	0.0241	0.0237
	(−0.2391)	(−0.2416)	(−0.7797)	(1.6557)	(1.4600)	(1.4247)
$Lnboard$	0.0071*	0.0070*	0.0039	0.0082*	0.0088**	0.0087**
	(1.7071)	(1.7479)	(1.1071)	(1.9399)	(1.9905)	(1.9661)
$Djgqsxc$	−0.0059***	−0.0066***	−0.0057***	−0.0078***	−0.0083***	−0.0083***
	(−4.4166)	(−5.0765)	(−4.5973)	(−5.0195)	(−5.2373)	(−5.2300)
$Loss$	−0.0217***	−0.0208***	−0.0190***	−0.0152***	−0.0153***	−0.0153***
	(−5.1800)	(−5.0166)	(−4.8253)	(−3.4458)	(−3.4363)	(−3.4328)
$Opinion$	−0.0190**	−0.0194**	−0.0190***	−0.0259***	−0.0249***	−0.0249***
	(−2.4686)	(−2.4878)	(−2.7577)	(−3.5665)	(−3.4941)	(−3.5057)
$Constant$	0.1738***	0.1905***	0.1772***	0.2364***	0.2456***	0.2463***
	(5.6182)	(5.4966)	(5.5637)	(7.0287)	(7.0669)	(7.0867)
$Year$	控制	控制	控制	控制	控制	控制
$Industry$	控制	控制	控制	控制	控制	控制
样本量	3 771	3 771	3 771	3 269	3 269	3 269
调整 R^2	0.2474	0.2418	0.2565	0.2757	0.2855	0.2854

资料来源：作者采用 STATA 软件处理数据所得。

6.4.5 基于双向固定效应模型的检验

与 4.4.6 小节相同，为了缓解由遗漏变量误差引起的内生性问题，本书采用双向固定效应模型进行内生性检验。由表 6.9"基于双向固定效应检验结果"可知，在全样本回归结果中，国家审计目标实现深度（Lnzm）与国企资产保值增值（Aeva）的回归系数为 0.0007，在 10% 水平上显著正相关；交乘项（Lnzm ×

$Ifsd$)与国企资产保值增值($Aeva$)的回归系数为-0.0022,在5%水平上显著负相关。在国企样本回归结果中,国家审计目标实现深度($Lnzm$)与国企资产保值增值($Aeva$)的回归系数为0.0007,T值为1.6265,接近于在10%水平上显著正相关;交乘项($Lnzm \times Ifsd$)与国企资产保值增值($Aeva$)的回归系数为-0.0018,在5%水平上显著负相关。本书研究结论基本不变。

表 6.9 基于双向固定效应检验结果

变量名称	模型(6.1)		模型(6.2)	
	全样本	国企样本	全样本	国企样本
$Lnzm$	0.0007*	0.0007	0.0005	0.0007
	(1.7048)	(1.6265)	(1.0301)	(1.4356)
$Ifsd$			0.0024	0.0003
			(0.7985)	(0.1081)
$Lnzm \times Ifsd$			-0.0022**	-0.0018**
			(-2.5728)	(-2.2200)
Lev	0.0258***	0.0303***	0.0447***	0.0469***
	(4.9073)	(3.2045)	(9.2614)	(5.8966)
$Lnasset$	0.0088***	0.0056***	0.0101***	0.0078***
	(10.2116)	(4.9256)	(12.2277)	(7.2441)
$Growth$	-0.0048***	-0.0034***	-0.0163***	-0.0165***
	(-3.3675)	(-2.8969)	(-11.9247)	(-7.7713)
$Roea$	0.2177***	0.1872***	0.2159***	0.1882***
	(23.7308)	(14.5108)	(25.9174)	(16.8338)
$Ifjz$	0.0021	-0.0004	0.0007	-0.0015
	(1.4190)	(-0.1588)	(0.4958)	(-0.7438)
$Establish$	-0.0017	-0.0004	-0.0020	-0.0009
	(-0.9574)	(-0.1479)	(-0.9036)	(-0.3336)
$Glccg$	-0.0161***	0.0170	-0.0180***	0.0208
	(-2.6071)	(0.2012)	(-3.0651)	(0.2582)
$Independ$	-0.0061	-0.0057	-0.0035	0.0009
	(-0.4417)	(-0.2747)	(-0.2612)	(0.0486)

变量名称	模型(6.1)		模型(6.2)	
	全样本	国企样本	全样本	国企样本
Lnboard	−0.0061	0.0109	0.0018	0.0178 ***
	(−1.3225)	(1.4640)	(0.4371)	(2.9641)
Djgqsxc	−0.0143 ***	−0.0128 ***	−0.0069 ***	−0.0083 ***
	(−10.1458)	(−5.4224)	(−5.7649)	(−4.4783)
Loss	−0.0270 ***	−0.0217 ***	−0.0267 ***	−0.0231 ***
	(−11.5370)	(−6.5828)	(−12.4572)	(−7.8693)
Opinion	−0.0082 ***	−0.0136 **	−0.0062 **	−0.0105 **
	(−2.8836)	(−2.5348)	(−2.5725)	(−2.3646)
Contant	0.2339 ***	0.1779 ***	0.4453 ***	0.4470 ***
	(7.4483)	(3.7009)	(12.8060)	(8.8308)
Year	控制	控制	控制	控制
公司个体效应	控制	控制	控制	控制
样本量	20 986	9 311	20 986	9 311
Within-R²	0.3417	0.3102	0.3530	0.3355
F 值	107.9805	42.1926	111.4558	49.9468

资料来源:作者采用 STATA 软件处理数据所得。

6.5　小结

本章基于后新公共管理理论和协同理论,阐释国家审计目标实现深度促进国企资产保值增值的作用机理,以及国家审计与社会审计促进国企资产保值增值的协同机制。在此基础上,从审计署公布的央企财务收支审计结果公告出发,选取 2007—2017 年中国沪深 A 股上市公司为研究样本,构建多元线性回归模型和调节效应模型,分别从全样本和国企样本两个方面出发实证检验国家审计目标实现深度与国企资产保值增值的线性关系,以及国家审计机关与社会审计的协同效应。研究发现,提高国家审计目标实现深度有利于促进国企资产保值增值,高质量的社会审计质量可以有效促进国企资产保值增值,且显著降低了国家审计对象覆盖广度与国企资产保值增值的正相关关系,国家审计与社会审计尚未形成协同效应。国家审计目标实现深度促进国企资产保值增值的功能,主要体现在非四大会计师事务所审计的企业之中,表明在国家审计资源有限的条件下,国家审计机关应该优先审计非四大会计师事务所审计的国企。为了保证研究结论的稳健性,本章进一步采用重新测度被解释变量和解释变量、PSM 方法和固定效应模型,缓解了由测量误差、选择偏差和遗漏变量导致的内生性问题,研究结论保持不变。

7 国家审计力度、协同媒体监督与国企资产保值增值

《宪法》总纲第二条明确规定："中华人民共和国的一切权力属于人民。"国有资产的所有权也属于全体人民。国家审计机关和媒体作为国企外部监督体系的重要组成部分,国家审计机关代表所有权对国企实施审计监督,媒体监督作为一种社会监督形式,具有开放性和广泛性的特点,依法对国企的经营情况进行全方位的追踪报道,特别是对国企违法违纪等行为进行揭露。因此,本章基于国家审计 BDS 三维测度指标体系,系统阐释国家审计权限行使力度对国企资产保值增值的影响机理,以及国家审计机关与媒体的协同效应发挥机制,并进行实证检验。这对于构建国家审计协同媒体监督的国企监督机制具有重要意义。

7.1 理论分析与假设提出

7.1.1 国家审计力度与国企资产保值增值

审计全覆盖是中国完善审计制度的重要任务,也是国家审计机关全面履行审计职能的必然要求。国家审计机关要实现审计全覆盖,依法做到对国企的"严肃问责",就必须努力加强国家审计权限行使力度。国家审计机关依法对国企进行审计监督,不仅要查出国企在财会核算情况、决策和管理情况、政策落实情况、工程项目投资情况、廉洁从业情况、发展潜力情况和领导人经济责任履行情况等方面存在的不利于国企资产保值增值的违规违纪问题,更重要的是要加强对国企违纪违法行为的处理处罚,并向纪检监察、司法部门移送国企涉嫌违法犯罪案件线索,才能有效发挥国家审计威慑作用,促进国企资产保值增值。

国家审计权限行使力度主要是由被审计国企的违规违纪和损失浪费等情况决定的,最优的国家审计处理处罚力度的确定需要以委托人及利益相关者对违规违纪行为的容忍程度及违规违纪行为发生的严重程度为标准,由于目前中国的国家

审计处理处罚力度较小,加大国家审计权限行使力度是提高国家审计威慑效应和警示效应,强化国家审计促进国企资产保值增值功能的重要途径。问责制是一个强大的激励机制(Hurtt 等,2013)[292],国家审计权限行使力度越大,意味着国家审计机关对国企承担的公共受托责任履行情况审查监督越彻底,查出国企存在的不利于国企资产保值增值的违规违纪问题数量越多,向纪检监察、司法部门移送涉嫌犯罪案件线索也越多。在中国,国企负责人的职业生涯存在"政治锁住"效应,具有强烈的政治晋升动机(王曾等,2014)[279],严格的国家审计处理处罚力度会严重影响其政治生涯,特别是发生移送纪检监察、司法部门涉嫌犯罪案件线索的时候。因此,提高国家审计机关对国企违规违纪问题的问责与处理处罚力度,特别是向纪检监察、司法部门移送涉嫌犯罪案件线索的力度,能够有效降低国企负责人的机会主义行为,挽回和减少国有资产流失,促进国企资产保值增值。此外,由于资源的有限性是影响国家审计质量的重要因素(Ahmad 等,2009;Massod 和 Lodhi,2015)[176,293],要优化国家审计处理处罚效果,就必须协调好审计处理处罚力度和审计覆盖率之间的关系。鲁桂华(2002)[160]研究发现国家审计处理处罚力度与审计覆盖率之间存在替代效应,在国家审计资源有限的情况下,可以通过加大审计处理处罚力度去替代更为昂贵的审计覆盖率。因此,加强国家审计权限行使力度有利于促进国企资产保值增值。基于上述分析,本书提出以下研究假设 7.1:

假设 7.1:在其他条件一定的前提下,加强国家审计权限行使力度有利于促进国企资产保值增值。

7.1.2 国家审计与媒体监督的协同效应

随着社会公众参与社会治理意识的提高,新闻媒体对国企治理情况以及国家审计监督情况的关注度也逐渐提高。《国企改革意见》和《加强国资监督意见》明确指出要"充分发挥媒体舆论监督作用,有效保障社会公众对企业国有资产运营的知情权和监督权",要"重视各类媒体的监督,及时回应社会舆论对企业国有资产运营的重大关切"。媒体报道作为吸引公众关注、影响公众舆论的重要工具(Luo 等,2019)[294],已经成为社会各方所依赖的信息获取和接受渠道(Jonathan 等,2016)[295],并为其决策提供重要参考(Guldiken 等,2017)[296]。依托于互联网技术的飞速发展,社会公众可以通过线上线下新闻媒体、国企及审计署官方网站等多种渠道获取相关信息。依据国家善治理论,媒体监督是现代民主监督的重要媒介和表现形式,可以有效缓解信息不对称,通过引起政府监管部门、国企高层、投资者和审计师等利益相关者的关注,发挥公司治理效应(陈克兢,2017)[297],国家审计是服务于国家民主法制建设的重要工具,既要借助媒体监督,及时了解实际情况,也要支持媒体监督,服务好民主监督,提高国家审计权限行使力度。国家审计权限行使力度是社会公众最关注也是最直观的信息,因为对国企的处理处罚程度,特别是向纪检监察、司法部门移送国企涉嫌违法犯罪案件线索,直接向社会公众传递出了当前国企的治理水平及审计的监督力度。

　　一方面,政府信息公开是实现公民知情权,保证民主政治正常运行的重要条件(Ruijer 等,2017)[298]。国家审计机关通过向社会公布审计结果公告和审计整改公告(王春飞和郭云南,2015)[299],为新闻媒体提供新闻素材和监督途径,将审计结果传递给公众及其他专业媒体,发挥媒体监督功能。审计结果公告中涉及的违规违纪问题越多,国家审计机关向纪检监察、司法部门移送涉嫌经济违规违纪线索的国企越容易引起媒体的关注。媒体关注会促使国企改善治理方式,提高治理效率,有利于强化国家审计权限行使力度对国企资产保值增值的促进作用。因此,国家审计机关向社会公布国企审计中发现的违规违纪问题,以及国家审计机关是否向有关部门移送涉嫌经济违规违纪线索能够引起媒体关注,进而更好地促进国企实现资产保值增值。另一方面,新闻媒体带有政治偏见,存在着明显的政治与经济的权衡(Qin 等,2018)[300],国家审计机关通过关注媒体报道适当调整监督国企的对象和重点,更能有效地发挥促进国企资产保值增值的作用。媒体一般通过声誉机制与监督机制发挥公司治理功能(Dyck 等,2008;Houston 等,2011)[229,301],监督机制是指通过对企业行为的报道对其实行监督,降低企业不当行为的发生率;声誉机制是指通过媒体报道影响国企声誉,进而影响国企投资回报率(翟胜宝等,2015)[302],特别是负面媒体报道严重威胁国企负责人的政治声誉和晋升(Bednar 等,2013;Langer 和 Sagarzazu,2017)[303,304],从而激励他们采取积极主动的行为(Harrison 等,2018)[305]。国家审计机关借助媒体的监督机制和声誉机制,会特别关注国企的负面媒体报道以及权威媒体对国企的报道,并将国企负面新闻报道的严重程度、权威媒体的报道情况作为以后年度是否审计该国企的重要依据,以此充分发挥媒体监督的作用,增强媒体监督的威慑力。因此,国家审计机关与媒体的协同,将有利于发挥民主监督的优势,形成对国企全方位的监督网,降低国企违规违纪行为,促进国企资产保值增值。基于上述分析,本书提出以下研究假设 7.2:

　　假设 7.2:在其他条件一定的前提下,国家审计机关与媒体监督的协同有利于促进国企资产保值增值,但这种功能主要体现在负面媒体报道和权威媒体报道两个方面。

7.2 研究设计

7.2.1 变量选取与测度

1) 国家审计权限行使力度

基于 3.3.2 小节的分析,国家审计全覆盖不仅要扩大广度和深度,更重要的是要提高力度,有效运用审计监督成果,特别是要运用好移送纪检监察、司法机关的权力(钱弘道和谢天予,2019)[235]。国家审计机关向纪检监察、司法部门移送国企涉嫌违法犯罪案件线索能够产生有效的威慑作用。因此,本书采用审计署是否向纪检监察、司法部门移送央企涉嫌犯罪案件线索测度国家审计权限行使力度,如果移送则取值为 1,否则取值为 0,用 $Ifys$ 表示。

2) 媒体监督

本书借鉴于忠泊等(2011)[306]关于媒体监督的测度方法。首先,在 CSMAR 数据库舆情研究专题库下载全部数据,按照上市公司的名字、简称进行全文搜索,同时,为了剔除上市公司公告等无关新闻,本书对如下关键词进行了过滤:公告、报告、说明书、摘要、电子邮件、上市公司最新消息、信息速递、信息快递、招股意向书、公司治理与股东权利、年报、年度报告、年中报、交易备忘、最新信息全公开、上市公司重组事项总览。经过上述处理,本书得到上市公司的媒体报道总数量,具体而言,媒体报道总数量=Ln(1+媒体报道总数量),用 $Lnmedia$ 表示。其次,本书在媒体报道总数量之中,按照如下负面报道的判别词进行筛选:亏损、舞弊、会计政策变更、资产减值、操纵、逮捕、误导性陈述、犯罪、非法、腐败、国有资产流失、行贿、贿赂、拘留、拘捕、滥用职权、漏税、内幕交易、挪用公款、挪用资金、判刑、欺诈、侵占、涉嫌、失误、受贿、双规、双开、贪污、偷税、推迟披露、违法、违规、虚假、虚列、虚增、隐瞒重大事项、造假、诈骗、占用上市公司资产、走私。经过上述处理,本书得到上市公司的负面媒体报道数量,具体而言,负面媒体报道数量=Ln(1+负面媒体报道数量),用 $Lnfmeida$ 表示。最后,本书在媒体报道总数量之中,按照如下期刊进行筛选确定权威媒体报道数量,权威媒体期刊包括:《中国证券报》《金融时报》《第一财经日报》《中国经营报》《上海证券报》《经济日报》《21 世纪经济报道》《中国贸易报》《证券时报》《中国经济时报》《中国企业报》《中华工商时报》《财经时报》《经济参考报》等财经媒体,以及《人民日报》《新民晚报》《北京晚报》《光明日报》《广州日报》《楚天都市报》《齐鲁晚报》《羊城晚报》《南方都市报》《北京青年报》等发行量靠前的综合媒体。经过上述处理,本书得到上市公司的权威媒体报

国家审计、协同监督与国企资产保值增值

道数量,具体而言,权威媒体报道数量＝Ln(1＋权威媒体报道数量),用 $Lnauthority$ 表示。

本章主要变量定义详见表 7.1,其他变量详见表 4.1。

表 7.1　主要变量定义表

	变量名称	变量符号	计算方法
主要变量	国企资产保值增值	$Aeva$	本期 EVA 增加额与总资产的比值
	国家审计权限行使力度	$Ifys$	审计署向纪检监察、司法部门移送央企涉嫌违法犯罪案件线索取值为 1,否则取值为 0
	媒体报道总数量	$Lnmedia$	媒体报道总数量加 1 的自然对数
	负面媒体报道数量	$Lnfmeida$	负面媒体报道数量加 1 的自然对数
	权威媒体报道数量	$Lnauthority$	权威媒体报道数量加 1 的自然对数

资料来源:作者整理所得。

7.2.2　实证模型设计

为了验证假设 7.1,构建如下多元线性回归模型实证检验国家审计权限行使力度与国企资产保值增值之间的关系:

$$Aeva_{i,t} = \gamma_0 + \gamma_1 Ifys_{i,t} + \gamma_2 Lev_{i,t} + \gamma_3 Lnasset_{i,t} + \gamma_4 Growth_{i,t} + \gamma_5 Roea_{i,t}$$
$$+ \gamma_6 Ifjz_{i,t} + \gamma_7 Establish_{i,t} + \gamma_8 Glccg_{i,t} + \gamma_9 Independ_{i,t}$$
$$+ \gamma_{10} Lnboard_{i,t} + \gamma_{11} Djgqsxc_{i,t} + \gamma_{12} Loss_{i,t} + \gamma_{13} Opinion_{i,t}$$
$$+ \sum Year + \sum Industry + \phi_{i,t} \tag{7.1}$$

为了验证假设 7.2,本书在论证国家审计权限行使力度与国企资产保值增值关系的基础上,增加媒体监督调节变量,构建如下调节效应模型实证检验国家审计机关与媒体的协同对国企资产保值增值的影响:

$$Aeva_{i,t} = \lambda_0 + \lambda_1 Ifys_{i,t} + \lambda_2 Media_{i,t-1} + \lambda_3 Ifys_{i,t} \times Media_{i,t-1} + \lambda_4 Lev_{i,t}$$
$$+ \lambda_5 Lnasset_{i,t} + \lambda_6 Growth_{i,t} + \lambda_7 Roea_{i,t} + \lambda_8 Ifjz_{i,t}$$
$$+ \lambda_9 Establish_{i,t} + \lambda_{10} Glccg_{i,t} + \lambda_{11} Independ_{i,t} + \lambda_{12} Lnboard_{i,t}$$
$$+ \lambda_{13} Djgqsxc_{i,t} + \lambda_{14} Loss_{i,t} + \lambda_{15} Opinion_{i,t} + \sum Year$$
$$+ \sum Industry + \varphi_{i,t} \tag{7.2}$$

其中,$Aeva$ 表示国企资产保值增值;$Ifys$ 表示国家审计权限行使力度;$Media$ 表示媒体监督,包括 $Lnmeida$、$Lnfmeida$ 和 $Lnauthority$,考虑到可能存在的内生性问题以及媒体监督发挥公司治理作用的滞后效应,本书采用媒体报道数量的滞后一期进行实证检验(于忠泊等,2011)[306];γ_0、λ_0 表示常数项;ϕ、φ 表示扰动项;其他变量如前文所述。本书主要考察系数 γ_1、λ_3,如果系数 γ_1 显著为正,则表明加强国家审计权限行使力度有利于促进国企资产保值增值;如果系数 λ_3 显著为正,则表明国家审计机关与媒体的协同有利于促进国企资产保值增值。

7.3 实证检验

7.3.1 描述性统计

由表 7.2"主要变量描述性统计结果"可知,国家审计权限行使力度($Ifys$)的均值为 0.0438,表明审计署向纪检监察、司法部门移送央企涉嫌违法犯罪案件线索的样本量占比为 4.38%,整体上移送比例较低。媒体报道总数量($L.Lnmedia$)均值为 4.0350,最大值为 6.7867;负面媒体报道数量($L.Lnfmedia$)均值为 0.1711,最大值为 4.0604;权威媒体报道数量($L.Lnauthority$)均值为 1.5122,最大值为 5.6870,表明样本中负面媒体报道数量最少,且媒体报道总数量、负面媒体报道数量和权威媒体报道数量的差异均较大。其他变量描述性统计结果详见表 4.2。

表 7.2 主要变量描述性统计结果

变量名称	样本量	均值	标准差	$p25$	$p50$	$p75$	最小值	最大值
$Aeva$	20 986	0.0010	0.0501	−0.0139	0.0004	0.0142	−0.2262	0.2763
$Ifys$	20 986	0.0438	0.2047	0.0000	0.0000	0.0000	0.0000	1.0000
$L.Lnmeida$	20 986	4.0350	0.7556	3.8712	4.2341	4.3820	0.0000	6.7867
$L.Lnfmeida$	20 986	0.1711	0.4158	0.0000	0.0000	0.0000	0.0000	4.0604
$L.Lnauthority$	20 986	1.5122	1.0741	0.6931	1.3863	2.3026	0.0000	5.6870

注:$L.$ 表示滞后算子。

资料来源:作者采用 STATA 软件处理数据所得。

7.3.2 相关性分析

由表 7.3"主要变量相关性分析结果"可知,国家审计权限行使力度($Ifys$)与国企资产保值增值($Aeva$)的相关系数为 0.0026,不存在显著相关性;媒体报道总数量($L.Lnmeida$)与国企资产保值增值($Aeva$)的相关系数为 -0.0248,在 1% 水平上显著负相关;负面媒体报道数量($L.Lnfmeida$)与国企资产保值增值($Aeva$)的相关系数为 0.0212,在 1% 水平上显著正相关,部分验证了假设 7.2;权威媒体报道数量($L.Lnauthority$)与国企资产保值增值($Aeva$)的相关系数为 0.0397,在 1% 水平上显著正相关,部分验证了假设 7.2。同时,方差膨胀因子(VIF)检验结果表明,各变量 VIF 的最大值为 2.01,平均 VIF 值为 1.41,各变量之间不存在多重共线性问题。

表 7.3 主要变量相关性分析结果

变量名称	$Aeva$	$Ifys$	$L.Lnmeida$	$L.Lnfmeida$	$L.Lnauthority$
$Aeva$	1.0000				
$Ifys$	0.0026	1.0000			
$L.Lnmeida$	-0.0248***	-0.0146**	1.0000		
$L.Lnfmeida$	0.0212***	0.0332***	0.1548***	1.0000	
$L.Lnauthority$	0.0397***	-0.0403***	0.4789***	0.3059***	1.0000

资料来源:作者采用 STATA 软件处理数据所得。

7.3.3 实证结果分析

与 5.3.3 小节相同,本书借鉴方红星和刘丹(2013)[277]、张嘉兴和傅绍正(2014)[278]的研究,实证检验媒体监督与国企资产保值增值的关系,以提高研究结果的可靠性。由表 7.4"基于全样本数据的国家审计与媒体监督协同机制回归结果"可知,国家审计权限行使力度($Ifys$)与国企资产保值增值($Aeva$)的回归系数为 0.0049,在 1% 水平上显著正相关,表明加强国家审计权限行使力度有利于促进国企资产保值增值,当国家审计权限行使力度取值为 1 时,国企资产保值增值增加 0.49%,远高于全样本国企资产保值增值($Aeva$)的均值 0.10%,具有显著的经济意义,初步验证了假设 7.1;媒体报道总数量($L.Lnmeida$)与国企资产保值增值

（$Aeva$）的回归系数为 0.0051，在 1％水平上显著正相关，但交乘项（$Ifys \times L.Lnmeida$）与国企资产保值增值（$Aeva$）的回归系数为 0.0005，不存在显著相关性，表明上市公司的媒体报道数量越多，越有利于促进国企资产保值增值，但调节效应不显著，假设 7.2 得到部分验证。负面媒体报道数量（$L.Lnfmeida$）与国企资产保值增值（$Aeva$）的回归系数为 0.0122，在 1％水平上显著正相关，交乘项（$Ifys \times L.Lnfmeida$）与国企资产保值增值（$Aeva$）的回归系数为 0.0043，在 10％水平上显著正相关，表明上市公司的负面媒体报道数量越多，越有利于促进国企资产保值增值；负面媒体报道能够显著增强国家审计权限行使力度与国企资产保值增值之间的正相关关系，发挥了协同效应，即国家审计与负面媒体报道的协同能够有效促进国企资产保值增值，假设 7.2 得到部分验证。权威媒体报道数量（$L.Lnauthority$）与国企资产保值增值（$Aeva$）的回归系数为 0.0018，在 1％水平上显著正相关，交乘项（$Ifys \times L.Lnauthority$）与国企资产保值增值（$Aeva$）的回归系数为 0.0010，在 5％水平上显著正相关，表明上市公司的权威媒体报道数量越多，越有利于促进企业资产保值增值；权威媒体报道能够显著增强国家审计权限行使力度与国企资产保值增值之间的正相关关系，发挥了协同效应，即国家审计与权威媒体报道的协同能够有效促进国企资产保值增值，假设 7.2 得到部分验证。

由表 7.5"基于国企样本数据的国家审计与媒体监督协同机制回归结果"可知，国家审计权限行使力度（$Ifys$）与国企资产保值增值（$Aeva$）的回归系数为 0.0031，在 5％水平上显著正相关，表明加强国家审计权限行使力度有利于促进国企资产保值增值，当国家审计权限行使力度取值为 1 时，国企资产保值增值增加 0.31％，远高于全样本国企资产保值增值（$Aeva$）的均值 0.10％，具有显著的经济意义。媒体报道总数量（$L.Lnmeida$）与国企资产保值增值（$Aeva$）的回归系数为 0.0033，在 5％水平上显著正相关，但交乘项（$Ifys \times L.Lnmeida$）与国企资产保值增值（$Aeva$）的回归系数为 0.0002，不存在显著相关性。负面媒体报道数量（$L.Lnfmeida$）与国企资产保值增值（$Aeva$）的回归系数为 0.0107，在 1％水平上显著正相关，交乘项（$Ifys \times L.Lnfmeida$）与国企资产保值增值（$Aeva$）的回归系数为 0.0036，在 10％水平上显著正相关。权威媒体报道数量（$L.Lnauthority$）与国企资产保值增值（$Aeva$）的回归系数为 0.0015，在 5％水平上显著正相关，交乘项（$Ifys \times L.Lnauthority$）与国企资产保值增值（$Aeva$）的回归系数为 0.0009，在 5％水平上显著正相关。假设 7.1 和假设 7.2 得到进一步验证，本书研究结论不变。

表7.4　基于全样本数据的国家审计与媒体监督协同机制回归结果

变量名称	模型(7.1)	媒体报道总数量	模型(7.2)	负面媒体报道数量	模型(7.2)	权威媒体报道数量	模型(7.2)
Ifys	0.0049*** (3.1232)		0.0029 (1.3677)		0.0028* (1.7369)		0.0032* (1.8008)
L.Lnmeida		0.0051*** (7.3623)	0.0020 (1.4339)				
Ifys×L.Lnmeida			0.0005 (1.3466)				
L.Lnfmeida				0.0122*** (10.5664)	0.0116*** (9.6046)		
Ifys×L.Lnfmeida					0.0043* (1.7582)		
L.Lnauthority						0.0018*** (3.8761)	0.0013*** (2.6571)
Ifys×L.Lnauthority							0.0010** (2.0192)
Lev	0.0309*** (12.4606)	0.0307*** (12.4723)	0.0318*** (11.9136)	0.0296*** (12.1619)	0.0305*** (11.6408)	0.0308*** (12.4959)	0.0317*** (11.9257)
Lnasset	−0.0047*** (−10.1711)	−0.0051*** (−10.8243)	−0.0054*** (−10.3100)	−0.0048*** (−10.5979)	−0.0054*** (−11.1204)	−0.0050*** (−10.0508)	−0.0056*** (−10.4216)

7　国家审计力度、协同媒体监督与国企资产保值增值

变量名称	模型(7.1)	媒体报道总数量	模型(7.2)	负面媒体报道数量	模型(7.2)	权威媒体报道数量	模型(7.2)
Growth	0.0008*** (3.0958)	0.0009*** (3.1131)	0.0009*** (3.3287)	0.0008*** (3.1068)	0.0009*** (3.2991)	0.0008*** (3.0958)	0.0009*** (3.2912)
Roea	0.1841*** (28.6000)	0.1832*** (28.3871)	0.1789*** (26.4762)	0.1837*** (28.4462)	0.1790*** (26.4649)	0.1833*** (28.4546)	0.1787*** (26.4727)
Ifjz	0.0004 (0.5496)	0.0005 (0.6587)	0.0003 (0.4032)	0.0006 (0.8053)	0.0004 (0.5633)	0.0006 (0.8762)	0.0004 (0.5141)
Establish	0.0000 (0.4429)	0.0000 (0.1088)	0.0000 (−0.4325)	0.0000 (0.1041)	0.0000 (−0.6852)	0.0000 (0.2859)	0.0000 (−0.4518)
Glccg	−0.0163*** (−10.8776)	−0.0152*** (−10.3369)	−0.0137*** (−8.2621)	−0.0156*** (−10.7287)	−0.0133*** (−8.1263)	−0.0165*** (−11.2602)	−0.0139*** (−8.4097)
Independ	0.0084 (1.2836)	0.0072 (1.1044)	0.0105 (1.5244)	0.0065 (1.0063)	0.0088 (1.2908)	0.0071 (1.0827)	0.0096 (1.3877)
Lnboard	0.0011 (0.5891)	0.0014 (0.7811)	0.0025 (1.2297)	0.0014 (0.7758)	0.0026 (1.2580)	0.0013 (0.7095)	0.0025 (1.1951)
Djgqsxc	−0.0056*** (−10.4490)	−0.0058*** (−10.8022)	−0.0059*** (−10.2458)	−0.0056*** (−10.4901)	−0.0059*** (−10.2012)	−0.0058*** (−10.7399)	−0.0060*** (−10.3087)
Loss	−0.0213*** (−11.3842)	−0.0217*** (−11.5200)	−0.0223*** (−11.5705)	−0.0221*** (−11.7931)	−0.0229*** (−11.9743)	−0.0216*** (−11.4600)	−0.0225*** (−11.6640)

Opinion	-0.0098***	-0.0095***	-0.0089***	-0.0082***	-0.0074***	-0.0092***	-0.0086***
	(-4.6360)	(-4.4896)	(-3.9625)	(-3.9034)	(-3.3255)	(-4.3544)	(-3.8124)
Constant	0.1816***	0.1749***	0.1720***	0.1768***	0.1742***	0.1850***	0.1828***
	(14.3273)	(13.9636)	(12.3625)	(14.2559)	(12.6766)	(14.1051)	(12.5209)
Year	控制	控制	控制	控制	控制	控制	控制
Industry	控制	控制	控制	控制	控制	控制	控制
样本量	20 986	20 986	20 986	20 986	20 986	20 986	20 986
调整 R^2	0.2780	0.2794	0.2724	0.2864	0.2809	0.2783	0.2728

资料来源:作者采用 STATA 软件处理数据所得。

表 7.5　基于国企样本数据的国家审计与媒体监督协同机制回归结果

变量名称	媒体报道总数量		负面媒体报道数量	权威媒体报道数量
	模型(7.1)	模型(7.2)	模型(7.2)	模型(7.2)
Ifys	0.0031**	0.0024	0.0014	0.0007
	(2.0722)	(1.1800)	(0.8555)	(0.3836)
L.Lnmeida	0.0033**	0.0009		
	(2.0304)	(0.3350)		
Ifys×L.Lnmeida		0.0002		
		(0.6049)		
L.Lnfmeida			0.0107***	0.0098***
			(7.9259)	(6.9089)

（续表）

变量名称	媒体报道总数量			负面媒体报道数量		权威媒体报道数量	
	模型(7.1)	模型(7.2)	模型(7.2)	模型(7.2)	模型(7.2)	模型(7.2)	模型(7.2)
Ifys× L.Lnfmeida					0.0036*		
					(1.7658)		
L.Lnauthority						0.0015**	0.0010
						(2.3079)	(1.4048)
Ifys× L.Lnauthority							0.0009**
							(1.9728)
Lev	0.0286***	0.0290***	0.0309***	0.0279***	0.0302***	0.0289***	0.0311***
	(8.3938)	(8.5247)	(8.5178)	(8.3078)	(8.4980)	(8.4884)	(8.6264)
Lnasset	−0.0039***	−0.0043***	−0.0043***	−0.0043***	−0.0046***	−0.0044***	−0.0046***
	(−7.4628)	(−7.5397)	(−6.7464)	(−8.3686)	(−8.4554)	(−7.3746)	(−7.2886)
Growth	0.0006*	0.0006**	0.0005	0.0007**	0.0005	0.0006*	0.0005
	(1.9480)	(2.0131)	(1.5970)	(2.0664)	(1.6239)	(1.9589)	(1.5660)
Roea	0.1572***	0.1565***	0.1529***	0.1567***	0.1528***	0.1566***	0.1529***
	(18.3003)	(18.1724)	(16.9509)	(18.1400)	(16.9386)	(18.2630)	(17.0082)
Ifjz	−0.0010	−0.0008	−0.0004	−0.0007	−0.0002	−0.0008	−0.0004
	(−0.6985)	(−0.5734)	(−0.2559)	(−0.4900)	(−0.1334)	(−0.5587)	(−0.2245)
Establish	0.0001	0.0001	0.0001	0.0001	0.0001	0.0001	0.0001
	(1.0208)	(0.7155)	(0.9077)	(0.5636)	(0.5490)	(0.7831)	(0.8655)

	(1)	(2)	(3)	(4)	(5)	(6)	(7)
Glccg	-0.0067	-0.0066	-0.0031	-0.0060	-0.0020	-0.0096	-0.0056
	(-0.2973)	(-0.2968)	(-0.1156)	(-0.2729)	(-0.0766)	(-0.4256)	(-0.2068)
Independ	0.0068	0.0055	0.0077	0.0049	0.0062	0.0050	0.0067
	(0.7603)	(0.6149)	(0.8468)	(0.5548)	(0.6902)	(0.5530)	(0.7327)
Lnboard	0.0026	0.0026	0.0035	0.0028	0.0035	0.0026	0.0034
	(1.1480)	(1.1563)	(1.4388)	(1.2901)	(1.4830)	(1.1705)	(1.4166)
Djgqsxc	-0.0064***	-0.0065***	-0.0071***	-0.0063***	-0.0070***	-0.0065***	-0.0072***
	(-8.3354)	(-8.4668)	(-8.4271)	(-8.4023)	(-8.5884)	(-8.4026)	(-8.5379)
Loss	-0.0183***	-0.0185***	-0.0189***	-0.0188***	-0.0194***	-0.0184***	-0.0190***
	(-7.4498)	(-7.4645)	(-7.5073)	(-7.6838)	(-7.7776)	(-7.4937)	(-7.5782)
Opinion	-0.0136***	-0.0134***	-0.0115***	-0.0118***	-0.0099**	-0.0132***	-0.0114***
	(-3.8961)	(-3.8261)	(-2.9324)	(-3.4135)	(-2.5464)	(-3.7992)	(-2.8945)
Constant	0.1840***	0.1803***	0.1722***	0.1834***	0.1767***	0.1897***	0.1814***
	(9.6855)	(9.5437)	(8.1827)	(9.7568)	(8.4750)	(9.5012)	(8.1471)
Year	控制	控制	控制	控制	控制	控制	控制
Industry	控制	控制	控制	控制	控制	控制	控制
样本量	9 311	9 311	9 311	9 311	9 311	9 311	9 311
调整 R^2	0.2656	0.2658	0.2598	0.2741	0.2672	0.2659	0.2593

资料来源：作者采用 STATA 软件处理数据所得。

7.4 稳健性检验

由 4.5 小节可知,内生性问题主要来自于测量误差、遗漏变量误差、双向或反向因果、选择偏差和动态面板偏差等方面(Bascle,2008;Hamilton 和 Nickerson,2003;王宇和李海洋,2017)[263,265,266]。本书不存在由双向或反向因果和动态面板偏差而导致的内生性问题。因此,本章主要采用重新测度被解释变量缓解由测量误差引起的内生性问题;采用 PSM 方法缓解由样本选择偏差引起的内生性问题;采用固定效应模型缓解由遗漏变量误差引起的内生性问题,以消除不随时间变化、无法观测因素的影响。

7.4.1 重新测度被解释变量

与 4.4.3 小节相同,本章借鉴杨瑞龙等(2013)[45]和祁怀锦等(2018)[46]的研究,选取国有资产保值增值率作为被解释变量进行稳健性检验,用 Bzl 表示。由表 7.6"全样本替换被解释变量检验结果"可知,国家审计权限行使力度($Ifys$)与国企资产保值增值($Aeva$)的回归系数为 0.0181,在 5% 水平上显著正相关;交乘项($Ifys \times L.Lnmeida$)与国企资产保值增值($Aeva$)的回归系数为 −0.0279,在 5% 水平上显著负相关;交乘项($Ifys \times L.Lnfmeida$)与国企资产保值增值($Aeva$)的回归系数为 0.0223,在 10% 水平上显著正相关。权威媒体报道数量($L.Lnauthority$)与国企资产保值增值($Aeva$)的回归系数为 0.0089,在 5% 水平上显著正相关;交乘项($Ifys \times L.Lnauthority$)与国企资产保值增值($Aeva$)的回归系数为 0.0109,在 10% 水平上显著正相关。由表 7.7"国企样本替换被解释变量检验结果"可知,国家审计权限行使力度($Ifys$)与国企资产保值增值($Aeva$)的回归系数为 0.0192,在 5% 水平上显著正相关;媒体报道总数量($L.Lnmeida$)与国企资产保值增值($Aeva$)的回归系数为 0.0238,在 5% 水平上显著正相关;但交乘项($Ifys \times L.Lnmeida$)与国企资产保值增值($Aeva$)的回归系数为 −0.0243,在 10% 水平上显著负相关;交乘项($Ifys \times L.Lnfmeida$)与国企资产保值增值($Aeva$)的回归系数为 0.0281,在 10% 水平上显著正相关。权威媒体报道数量($L.Lnauthority$)与国企资产保值增值($Aeva$)的回归系数为 0.0117,在 5% 水平上显著正相关;交乘项($Ifys \times L.Lnauthority$)与国企资产保值增值($Aeva$)的回归系数为 0.0061,在 10% 水平上显著正相关。本书研究结论不变。

表7.6 全样本替换被解释变量检验结果

变量名称	模型(7.1)	媒体报道总数量	模型(7.2)	负面媒体报道数量	模型(7.2)	权威媒体报道数量	模型(7.2)
Ifys	0.0181** (2.1994)		0.1387** (2.2844)		0.0018 (0.0747)		0.0224 (1.0340)
L.Lnmeida		0.0045 (0.6820)	0.0055 (0.3906)				
Ifys × L.Lnmeida			−0.0279** (−1.9753)				
L.Lnfmeida				−0.0029 (−0.3954)	−0.0044 (−0.8022)		
Ifys × L.Lnfmeida					0.0223* (1.8151)		
L.Lnauthority						0.0089** (2.0936)	−0.0134*** (−4.2110)
Ifys × L.Lnauthority							0.0109* (1.7715)
Lev	0.0579** (2.1005)	0.0573** (2.0742)	0.0430 (1.4499)	0.0579** (2.0987)	−0.0663* (−1.8904)	0.0566** (2.0497)	−0.0714** (−2.0309)
Lnasset	0.0076 (1.3975)	0.0077 (1.3874)	0.0076 (1.2494)	0.0082 (1.5217)	0.0567*** (6.0738)	0.0060 (1.0498)	0.0714*** (7.3148)

（续表）

变量名称	模型(7.1)	媒体报道总数量	模型(7.2)	负面媒体报道数量	模型(7.2)	权威媒体报道数量	模型(7.2)
Growth	0.0069**	0.0070**	0.0074**	0.0070**	0.0071**	0.0069**	0.0065**
	(2.4639)	(2.4824)	(2.4775)	(2.4888)	(2.4431)	(2.4512)	(2.2719)
Roea	1.5772***	1.5718***	1.5404***	1.5733***	1.8183***	1.5665***	1.8386***
	(17.8140)	(17.7478)	(16.3555)	(17.7706)	(19.2115)	(17.7063)	(19.1557)
Ifjz	-0.0042	-0.0034	-0.0052	-0.0034	-0.0137*	-0.0029	-0.0139*
	(-0.4711)	(-0.3867)	(-0.5416)	(-0.3805)	(-1.7179)	(-0.3283)	(-1.6942)
Establish	0.0026**	0.0026**	0.0026**	0.0026**	0.0235*	0.0026**	0.1865***
	(2.5773)	(2.5419)	(2.4016)	(2.5640)	(1.8129)	(2.5325)	(86.2937)
Glccg	-0.0524**	-0.0547**	-0.0530*	-0.0564**	0.0869***	-0.0550**	0.0280
	(-2.0520)	(-2.1275)	(-1.8652)	(-2.2105)	(2.6295)	(-2.1575)	(0.7944)
Independ	0.1590*	0.1578*	0.1601*	0.1593*	0.0788	0.1520*	0.0934
	(1.8909)	(1.8768)	(1.7847)	(1.8941)	(0.9982)	(1.8113)	(1.1597)
Lnboard	-0.0008	0.0004	0.0027	0.0003	-0.0252	0.0002	-0.0327
	(-0.0323)	(0.0166)	(0.0974)	(0.0106)	(-0.8425)	(0.0087)	(-1.0658)
Djgqsxc	-0.0301***	-0.0302***	-0.0333***	-0.0300***	0.0213**	-0.0309***	0.0192*
	(-3.8532)	(-3.8753)	(-3.9039)	(-3.8517)	(2.0603)	(-3.9817)	(1.8456)
Loss	-0.0955***	-0.0956***	-0.1001***	-0.0951***	-0.0469***	-0.0966***	-0.0452***
	(-7.7163)	(-7.7540)	(-7.7450)	(-7.7216)	(-4.9737)	(-7.8505)	(-4.6458)

变量名称						
Opinion	0.0422***	0.0428***	0.0441***	0.0422***	0.0217*	0.0451***	0.0175
	(2.9048)	(2.9499)	(2.8751)	(2.9288)	(1.9365)	(3.1354)	(1.5527)
Constant	2.2758***	2.2560***	2.4151***	2.2597***	0.5351**	2.2923***	−1.3812***
	(17.1846)	(17.1767)	(16.7782)	(17.1614)	(2.1194)	(17.1239)	(−6.1578)
Year	控制	控制	控制	控制	控制	控制	控制
Industry	控制	控制	控制	控制	控制	控制	控制
样本量	20 986	20 986	20 986	20 986	20 986	20 986	20 986
调整 R^2	0.7899	0.7898	0.7574	0.7898	0.8680	0.7899	0.8623

资料来源：作者采用 STATA 软件处理数据所得。

表 7.7　国企样本替换被解释变量检验结果

变量名称	媒体报道总量 模型(7.1)	媒体报道数量 模型(7.2)	负面媒体报道数量 模型(7.2)	权威媒体报道数量 模型(7.2)
Ifys	0.0192**	0.1218**	−0.0072	−0.0123
	(2.1839)	(2.2090)	(−0.5691)	(−0.7119)
L.Lnmeida	0.0238**	0.0491**		
	(2.0886)	(2.4880)		
Ifys× L.Lnmeida		−0.0243*		
		(−1.9469)		
L.Lnfmeida			0.0051	−0.0034
			(0.5847)	(−0.3451)

7　国家审计力度、协同媒体监督与国企资产保值增值

(续表)

变量名称	媒体报道总数量		负面媒体报道数量		权威媒体报道数量	
	模型(7.1)	模型(7.2)	模型(7.1)	模型(7.2)	模型(7.1)	模型(7.2)
Ifys × L.Lnfmeida				0.0281* (1.6627)		
L.Lnauthority					0.0117** (2.3399)	0.0110** (2.1660)
Ifys × L.Lnauthority						0.0061* (1.8778)
Lev	0.0811*** (2.8417)	0.0670** (2.1978)	0.0791*** (2.7789)	0.0797*** (3.6046)	0.0804*** (2.8079)	0.1181*** (4.1723)
Lnasset	-0.0153*** (-3.1190)	-0.0196*** (-3.2695)	-0.0150*** (-3.0270)	-0.0153*** (-4.0797)	-0.0186*** (-3.3392)	-0.0257*** (-5.1269)
Growth	0.0088** (2.1332)	0.0089** (2.0319)	0.0089** (2.1566)	0.0089*** (4.0263)	0.0087** (2.1176)	0.0092** (2.2344)
Roea	1.7510*** (14.9564)	1.6490*** (13.2882)	1.7462*** (14.9231)	1.7508*** (21.9110)	1.7370*** (14.8714)	1.6501*** (14.6007)
Ifjz	-0.0458*** (-4.1290)	-0.0526*** (-4.4288)	-0.0446*** (-4.0455)	-0.0447*** (-3.8672)	-0.0444*** (-4.0322)	-0.0418*** (-3.7037)
Establish	0.0007 (0.7308)	0.0000 (-0.0215)	0.0005 (0.5680)	0.0005 (0.5927)	0.0005 (0.4892)	0.0003 (0.3375)

	(1)	(2)	(3)	(4)	(5)	(6)	(7)
Glccg	-0.5832***	-0.5794***	-0.7154***	-0.5962***	-0.6026***	-0.6033***	-0.3832***
	(-4.1544)	(-4.0826)	(-4.2707)	(-4.2423)	(-3.7917)	(-4.3058)	(-2.8471)
Independ	0.3119***	0.3009***	0.3023***	0.3054***	0.3070***	0.2973***	0.2893***
	(4.2432)	(4.1012)	(4.0926)	(4.1568)	(4.2665)	(4.0627)	(4.0018)
Lnboard	0.0301	0.0302	0.0383*	0.0306	0.0301	0.0306	0.0136
	(1.5713)	(1.5818)	(1.8232)	(1.6008)	(1.5265)	(1.5999)	(0.7080)
Djgqsxc	-0.0272***	-0.0276***	-0.0331***	-0.0267***	-0.0267***	-0.0279***	-0.0171***
	(-3.9529)	(-4.0293)	(-4.3945)	(-3.8900)	(-4.3463)	(-4.0705)	(-2.5965)
Loss	-0.1050***	-0.1063***	-0.1157***	-0.1048***	-0.1046***	-0.1061***	-0.1240***
	(-6.8525)	(-6.9317)	(-7.1776)	(-6.8321)	(-7.6020)	(-6.9327)	(-8.0791)
Opinion	0.0663***	0.0684***	0.0748***	0.0678***	0.0666***	0.0696***	0.0748***
	(3.3980)	(3.5094)	(3.6217)	(3.4768)	(4.2667)	(3.5801)	(3.7775)
Constant	2.5695***	2.5445***	2.6311***	2.5551***	2.5652***	2.6174***	2.6736***
	(20.8832)	(20.8035)	(19.6101)	(20.7967)	(23.6944)	(20.1945)	(21.3447)
Year	控制	控制	控制	控制	控制	控制	控制
Industry	控制	控制	控制	控制	控制	控制	控制
样本量	9 311	9 311	9 311	9 311	9 311	9 311	9 311
调整 R^2	0.7868	0.7868	0.7539	0.7867	0.7867	0.7868	0.7807

资料来源：作者采用 STATA 软件处理数据所得。

7.4.2　基于 PSM 方法配对样本的检验

与 4.4.5 小节相同,本章采用 PSM 方法对被审计过的与未被审计的上市公司进行 1∶1 最邻近匹配,得到配对的样本组(Demsetz, 1967；Faccio 等,2011)[268,269]。为了保证研究结论的可靠性,本书借鉴池国华等(2019)[16]、褚剑和方军雄(2016)[17]的研究,首先,选取全样本进行 1∶1 最邻近匹配,在满足平行趋势检验的基础上进行回归分析,由表 7.8"基于全样本 PSM 配对的全样本检验结果"可知,国家审计权限行使力度($Ifys$)与国企资产保值增值($Aeva$)的回归系数为0.0047,在 1% 水平上显著正相关；媒体报道总数量($L.Lnmeida$)与国企资产保值增值($Aeva$)的回归系数为 0.0039,在 10% 水平上显著正相关；交乘项($Ifys \times L.Lnmeida$)与国企资产保值增值($Aeva$)的回归系数为 0.0005,不存在显著相关性；交乘项($Ifys \times L.Lnfmeida$)与国企资产保值增值($Aeva$)的回归系数为0.0050,在 5% 水平上显著正相关；交乘项($Ifys \times L.Lnauthority$)与国企资产保值增值($Aeva$)的回归系数为 0.0014,在 5% 水平上显著正相关。由表 7.9"基于全样本 PSM 配对的国企样本检验结果"可知,国家审计权限行使力度($Ifys$)与国企资产保值增值($Aeva$)的回归系数为 0.0027,T 值为 1.4909,接近于在 10% 水平上显著正相关；交乘项($Ifys \times L.Lnmeida$)与国企资产保值增值($Aeva$)的回归系数为0.0001,不存在显著相关性；交乘项($Ifys \times L.Lnfmeida$)与国企资产保值增值($Aeva$)的回归系数为 0.0052,在 5% 水平上显著正相关；交乘项($Ifys \times L.Lnauthority$)与国企资产保值增值($Aeva$)的回归系数为0.0012,在 10% 水平上显著正相关。其次,本书选取国企样本进行 1∶1 最邻近匹配,在满足平行趋势检验的基础上进行回归分析,由表 7.10"基于国企样本 PSM 配对的检验结果"可知,国家审计权限行使力度($Ifys$)与国企资产保值增值($Aeva$)的回归系数为 0.0034,在10% 水平上显著正相关；交乘项($Ifys \times L.Lnmeida$)与国企资产保值增值($Aeva$)的回归系数为 0.0003,不存在显著相关性；交乘项($Ifys \times L.Lnfmeida$)与国企资产保值增值($Aeva$)的回归系数为 0.0050,在 10% 水平上显著正相关；交乘项($Ifys \times L.Lnauthority$)与国企资产保值增值($Aeva$)的回归系数为 0.0011,在10% 水平上显著正相关。本书研究结论不变。

7.4.3　基于双向固定效应模型的检验

与 4.4.6 小节相同,为了缓解由遗漏变量误差引起的内生性问题,本章采用双向固定效应模型进行内生性检验。由表 7.11"基于全样本的双向固定效应模型检

表 7.8 基于全样本 PSM 配对的全样本检验结果

变量名称	模型(7.1)	媒体报道总数量	模型(7.2)	负面媒体报道数量	模型(7.2)	权威媒体报道数量	模型(7.2)
$Ifys$	0.0047***		0.0029		0.0026		0.0010
	(2.6248)		(1.2182)		(1.4073)		(0.4614)
$L.Lnmeida$		0.0039*	−0.0007				
		(1.7030)	(−0.1780)				
$Ifys \times$ $L.Lnmeida$			0.0005				
			(1.1141)				
$L.Lnfmeida$				0.0127***	0.0109***		
				(5.9696)	(4.7879)		
$Ifys \times$ $L.Lnfmeida$					0.0050**		
					(1.9937)		
$L.Lnauthority$						0.0009	−0.0001
						(0.9519)	(−0.0772)
$Ifys \times$ $L.Lnauthority$							0.0014**
							(2.1575)
Lev	0.0363***	0.0363***	0.0368***	0.0350***	0.0359***	0.0362***	0.0370***
	(6.3889)	(6.4157)	(6.0622)	(6.2066)	(5.9114)	(6.3899)	(6.1202)
$Lnasset$	−0.0035***	−0.0039***	−0.0038***	−0.0039***	−0.0044***	−0.0037***	−0.0040***
	(−4.1434)	(−4.3114)	(−3.8128)	(−4.6498)	(−4.8560)	(−3.8390)	(−3.9625)

7　国家审计力度、协同媒体监督与国企资产保值增值

变量名称	模型(7.1)	媒体报道总数量	模型(7.2)	负面媒体报道数量	模型(7.2)	权威媒体报道数量	模型(7.2)
Growth	0.0072***	0.0072***	0.0078***	0.0071***	0.0076***	0.0071***	0.0078***
	(6.3734)	(6.3026)	(6.1268)	(6.2272)	(5.9080)	(6.2496)	(6.0907)
Roea	0.3534***	0.3506***	0.3480***	0.3501***	0.3459***	0.3513***	0.3485***
	(13.4667)	(13.3683)	(12.1322)	(13.4503)	(12.1815)	(13.3983)	(12.0997)
Ifjz	−0.0009	−0.0008	−0.0011	−0.0006	−0.0011	−0.0008	−0.0010
	(−0.3217)	(−0.2835)	(−0.3675)	(−0.2292)	(−0.3554)	(−0.2647)	(−0.3330)
Establish	0.0001	0.0001	0.0001	0.0001	0.0000	0.0001	0.0001
	(0.7661)	(0.6331)	(0.3776)	(0.5058)	(0.0664)	(0.7673)	(0.3779)
Glccg	0.0064	0.0044	0.0123	0.0050	0.0125	0.0021	0.0097
	(0.2550)	(0.1784)	(0.4490)	(0.2133)	(0.4810)	(0.0868)	(0.3565)
Independ	−0.0073	−0.0099	−0.0030	−0.0119	−0.0081	−0.0098	−0.0038
	(−0.5632)	(−0.7687)	(−0.2157)	(−0.9219)	(−0.5854)	(−0.7610)	(−0.2786)
Lnboard	0.0026	0.0027	0.0054	0.0033	0.0053	0.0028	0.0054
	(0.7376)	(0.7748)	(1.4261)	(0.9383)	(1.4167)	(0.8061)	(1.4310)
Djgqsxc	−0.0064***	−0.0066***	−0.0070***	−0.0064***	−0.0071***	−0.0065***	−0.0071***
	(−5.1681)	(−5.4125)	(−5.2938)	(−5.4207)	(−5.5257)	(−5.3636)	(−5.4564)
Loss	−0.0246***	−0.0248***	−0.0242***	−0.0258***	−0.0254***	−0.0247***	−0.0242***
	(−7.7631)	(−7.8010)	(−7.4947)	(−8.1826)	(−7.9430)	(−7.7776)	(−7.4933)

Opinion	−0.0141**	−0.0137**	−0.0116*	−0.0122*	−0.0100	−0.0137**	−0.0115
	(−2.0315)	(−1.9732)	(−1.6614)	(−1.7744)	(−1.4411)	(−1.9735)	(−1.6439)
Constant	0.1627***	0.1599***	0.1503***	0.1648***	0.1574***	0.1651***	0.1521***
	(5.2759)	(5.2116)	(4.6002)	(5.4103)	(4.8544)	(5.2058)	(4.5247)
Year	控制	控制	控制	控制	控制	控制	控制
Industry	控制	控制	控制	控制	控制	控制	控制
样本量	4 450	4 450	4 450	4 450	4 450	4 450	4 450
调整 R^2	0.2751	0.2747	0.2657	0.2863	0.2762	0.2742	0.2656

资料来源：作者采用STATA软件处理数据所得。

表 7.9 基于全样本 PSM 配对的国企样本检验结果

变量名称	模型(7.1)	媒体报道总数量	模型(7.2)	负面媒体报道数量	模型(7.2)	权威媒体报道数量	模型(7.2)
Ifys	0.0027		0.0024		0.0009		−0.0008
	(1.4909)		(0.9670)		(0.4734)		(−0.3874)
L.Lnmeida		0.0039	0.0010				
		(1.3961)	(0.1933)				
Ifys× L.Lnmeida			0.0001				
			(0.3131)				
L.Lnfmeida				0.0111***	0.0090***		
				(5.2166)	(4.1132)		
Ifys× L.Lnfmeida					0.0052**		
					(2.1147)		

（续表）

变量名称	模型(7.1)	媒体报道总数量	模型(7.2)	负面媒体报道数量	模型(7.2)	权威媒体报道数量	模型(7.2)
$L.Lnauthority$						0.0013	0.0006
						(1.2873)	(0.4837)
$Ifys \times$ $L.Lnauthority$							0.0012*
							(1.7616)
Lev	0.0428***	0.0430***	0.0443***	0.0417***	0.0433***	0.0430***	0.0446***
	(6.9143)	(6.9742)	(6.7917)	(6.8194)	(6.7302)	(6.9304)	(6.8825)
$Lnasset$	-0.0043***	-0.0048***	-0.0047***	-0.0048***	-0.0052***	-0.0048***	-0.0050***
	(-4.8566)	(-5.0257)	(-4.2663)	(-5.6547)	(-5.7029)	(-4.6735)	(-4.6832)
$Growth$	0.0063***	0.0063***	0.0070***	0.0064***	0.0070***	0.0062***	0.0070***
	(4.6187)	(4.6319)	(4.6601)	(4.6935)	(4.6158)	(4.5319)	(4.6075)
$Roea$	0.3850***	0.3830***	0.3843***	0.3829***	0.3843***	0.3833***	0.3854***
	(12.6349)	(12.6029)	(11.5403)	(12.6652)	(11.6446)	(12.6261)	(11.5600)
$Ifjz$	-0.0023	-0.0022	-0.0021	-0.0019	-0.0019	-0.0023	-0.0019
	(-0.8195)	(-0.8122)	(-0.7331)	(-0.7543)	(-0.7068)	(-0.8228)	(-0.6668)
$Establish$	0.0001	0.0001	0.0001	0.0001	0.0001	0.0001	0.0001
	(0.7424)	(0.5938)	(0.5767)	(0.5045)	(0.3215)	(0.6857)	(0.5596)

Glccg	−0.0361	−0.0311	−0.0382	−0.0308	−0.0340	−0.0365	−0.0448
	(−1.3071)	(−1.1622)	(−1.2070)	(−1.1925)	(−1.1392)	(−1.3514)	(−1.4262)
Independ	−0.0084	−0.0109	−0.0043	−0.0116	−0.0077	−0.0110	−0.0049
	(−0.5642)	(−0.7314)	(−0.2680)	(−0.7861)	(−0.4819)	(−0.7404)	(−0.3084)
Lnboard	0.0034	0.0033	0.0057	0.0039	0.0058	0.0035	0.0059
	(0.8472)	(0.8264)	(1.3206)	(0.9914)	(1.3724)	(0.8665)	(1.3776)
Djgqsxc	−0.0070***	−0.0071***	−0.0079***	−0.0070***	−0.0079***	−0.0071***	−0.0079***
	(−5.0178)	(−5.2633)	(−5.2613)	(−5.2158)	(−5.3553)	(−5.2566)	(−5.4015)
Loss	−0.0226***	−0.0228***	−0.0220***	−0.0233***	−0.0227***	−0.0228***	−0.0219***
	(−6.4014)	(−6.4506)	(−6.1600)	(−6.6277)	(−6.3849)	(−6.4236)	(−6.1190)
Opinion	−0.0216***	−0.0213**	−0.0203**	−0.0198**	−0.0188***	−0.0212**	−0.0201**
	(−2.5968)	(−2.5793)	(−2.3760)	(−2.4240)	(−2.2234)	(−2.5562)	(−2.3610)
Constant	0.2061***	0.2061***	0.1967***	0.2104***	0.2064***	0.2142***	0.2043***
	(5.6727)	(5.7237)	(5.0880)	(5.8986)	(5.4282)	(5.8113)	(5.2182)
Year	控制	控制	控制	控制	控制	控制	控制
Industry	控制	控制	控制	控制	控制	控制	控制
样本量	3 507	3 507	3 507	3 507	3 507	3 507	3 507
调整 R^2	0.2985	0.2987	0.2930	0.3077	0.3016	0.2984	0.2934

资料来源：作者采用 STATA 软件处理数据所得。

表7.10　基于国企样本PSM配对的检验结果

变量名称	模型(7.1)	媒体报道总数量	模型(7.2)	负面媒体报道数量	模型(7.2)	权威媒体报道数量	模型(7.2)
Ifys	0.0034* (1.8859)		0.0024 (0.9481)		0.0018 (0.9246)		0.0021 (0.9616)
L.Lnmeida		0.0045** (2.4737)	0.0032 (0.9781)				
Ifys× L.Lnmeida			0.0003 (0.7320)				
L.Lnfmeida				0.0095*** (5.3563)	0.0081*** (4.1517)		
Ifys× L.Lnfmeida					0.0050* (1.8074)		
L.Lnauthority						0.0012 (1.2787)	0.0006 (0.5689)
Ifys× L.Lnauthority							0.0011* (1.6535)
Lev	0.0427*** (7.7090)	0.0430*** (7.7629)	0.0454*** (7.7900)	0.0413*** (7.5660)	0.0440*** (7.6992)	0.0429*** (7.7374)	0.0455*** (7.8330)

Lnasset	-0.0048***	-0.0054***	-0.0057***	-0.0051***	-0.0058***	-0.0052***	-0.0057***
	(-5.7405)	(-5.8517)	(-5.5168)	(-6.2065)	(-6.4406)	(-5.4186)	(-5.5389)
Growth	0.0068***	0.0067***	0.0070***	0.0066***	0.0069***	0.0067***	0.0070***
	(4.5844)	(4.5201)	(4.3258)	(4.3552)	(4.1282)	(4.4727)	(4.2939)
Roea	0.4318***	0.4280***	0.4304***	0.4296***	0.4315***	0.4296***	0.4324***
	(16.0168)	(15.8950)	(14.7493)	(16.0907)	(14.9919)	(15.9877)	(14.8463)
Ifjz	-0.0009	-0.0007	-0.0007	-0.0008	-0.0008	-0.0008	-0.0007
	(-0.3953)	(-0.3178)	(-0.2619)	(-0.3708)	(-0.3221)	(-0.3327)	(-0.2783)
Establish	0.0003**	0.0003*	0.0003*	0.0003*	0.0003	0.0003**	0.0003*
	(2.0364)	(1.7929)	(1.7881)	(1.7507)	(1.5655)	(1.9632)	(1.8359)
Glccg	-0.0270	-0.0230	-0.0268	-0.0257	-0.0248	-0.0299	-0.0298
	(-1.2794)	(-1.1113)	(-1.1225)	(-1.2427)	(-1.0475)	(-1.3933)	(-1.2262)
Independ	0.0146	0.0126	0.0168	0.0116	0.0153	0.0130	0.0168
	(0.9120)	(0.7875)	(0.9714)	(0.7372)	(0.9032)	(0.8183)	(0.9816)
Lnboard	0.0054	0.0054	0.0079*	0.0056	0.0078*	0.0055	0.0079*
	(1.4250)	(1.3986)	(1.9526)	(1.4625)	(1.9342)	(1.4400)	(1.9557)

（续表）

变量名称	模型(7.1)	媒体报道总数量	模型(7.2)	负面媒体报道数量	模型(7.2)	权威媒体报道数量	模型(7.2)
Djgsxc	-0.0077***	-0.0079***	-0.0084***	-0.0076***	-0.0081***	-0.0078***	-0.0083***
	(-6.1129)	(-6.3100)	(-6.0488)	(-6.1293)	(-5.9245)	(-6.3028)	(-6.0440)
Loss	-0.0216***	-0.0220***	-0.0211***	-0.0223***	-0.0216***	-0.0218***	-0.0210***
	(-6.5282)	(-6.6497)	(-6.3163)	(-6.7432)	(-6.4783)	(-6.6045)	(-6.2755)
Opinion	-0.0240***	-0.0236***	-0.0210***	-0.0223***	-0.0197***	-0.0236***	-0.0210***
	(-3.6202)	(-3.5892)	(-3.0590)	(-3.4525)	(-2.9096)	(-3.5668)	(-3.0479)
Constant	0.2114***	0.2085***	0.1941***	0.2087***	0.2022***	0.2161***	0.2064***
	(6.7024)	(6.6811)	(5.6827)	(6.7370)	(5.9400)	(6.8072)	(5.9728)
Year	控制	控制	控制	控制	控制	控制	控制
Industry	控制	控制	控制	控制	控制	控制	控制
样本量	3 932	3 932	3 932	3 932	3 932	3 932	3 932
调整 R^2	0.3405	0.3408	0.3345	0.3470	0.3412	0.3402	0.3348

资料来源：作者采用 STATA 软件处理数据所得。

表7.11 基于全样本的双向固定效应模型检验结果

变量名称	模型(7.1)	媒体报道总数量	模型(7.2)	负面媒体报道数量	模型(7.2)	权威媒体报道数量	模型(7.2)
$Ifys$	0.0131**		−0.0001		−0.0019		0.0020
	(2.4106)		(−0.0196)		(−0.7619)		(0.7424)
$L.Lnmeida$		0.0040***	−0.0003				
		(4.3541)	(−0.1483)				
$Ifys \times$ $L.Lnmeida$			0.0001				
			(0.0602)				
$L.Lnfmeida$				0.0094***	0.0092***		
				(7.4669)	(7.6304)		
$Ifys \times$ $L.Lnfmeida$					0.0084***		
					(3.3108)		
$L.Lnauthority$						0.0000	−0.0010*
						(0.0660)	(−1.7649)
$Ifys \times$ $L.Lnauthority$							0.0020*
							(1.7416)
Lev	0.0484***	0.0473***	0.0479***	0.0470***	0.0466***	0.0483***	0.0578***
	(9.9732)	(9.7304)	(9.0177)	(9.7308)	(9.6516)	(9.9560)	(12.2737)
$Lnasset$	−0.0141***	−0.0143***	−0.0147***	−0.0137***	−0.0139***	−0.0141***	−0.0155***
	(−10.2876)	(−10.5245)	(−10.1314)	(−10.1414)	(−10.2728)	(−10.1925)	(−10.7853)

（续表）

变量名称	模型（7.1）	媒体报道总数量	模型（7.2）	负面媒体报道数量	模型（7.2）	权威媒体报道数量	模型（7.2）
Growth	0.0009***	0.0009***	0.0010***	0.0009***	0.0009**	0.0009***	0.0002
	(2.6132)	(2.6131)	(3.0302)	(2.6249)	(2.5578)	(2.6067)	(0.5196)
Roea	0.2266***	0.2261***	0.2232***	0.2257***	0.2278***	0.2266***	0.5699***
	(27.2204)	(27.1508)	(24.8236)	(27.1922)	(27.2291)	(27.1977)	(39.6438)
Ifjz	0.0008	0.0007	0.0010	0.0006	0.0007	0.0008	0.0020
	(0.5947)	(0.5219)	(0.6748)	(0.4292)	(0.5150)	(0.6166)	(1.5115)
Establish	−0.0021	−0.0021	−0.0017	−0.0020	−0.0018	−0.0021	−0.0029
	(−0.9436)	(−0.9488)	(−0.7994)	(−0.9094)	(−0.8254)	(−0.9512)	(−1.0455)
Glccg	−0.0161***	−0.0125**	−0.0086	−0.0132**	−0.0149**	−0.0162***	−0.0268***
	(−2.6654)	(−2.0537)	(−1.2358)	(−2.2167)	(−2.5026)	(−2.6932)	(−4.5045)
Independ	−0.0039	−0.0041	−0.0004	−0.0038	−0.0071	−0.0040	−0.0061
	(−0.2898)	(−0.3050)	(−0.0290)	(−0.2842)	(−0.5206)	(−0.2958)	(−0.4530)
Lnboard	0.0013	0.0015	0.0034	0.0019	0.0012	0.0013	−0.0010
	(0.3111)	(0.3672)	(0.7119)	(0.4590)	(0.2903)	(0.3062)	(−0.2298)
Djgqsxc	−0.0076***	−0.0078***	−0.0080***	−0.0075***	−0.0074***	−0.0076***	−0.0093***
	(−6.3000)	(−6.4393)	(−5.8908)	(−6.1911)	(−6.0934)	(−6.2897)	(−7.4475)
Loss	−0.0272***	−0.0273***	−0.0287***	−0.0271***	−0.0276***	−0.0271***	−0.0293***
	(−12.4992)	(−12.5608)	(−12.5504)	(−12.5040)	(−12.7112)	(−12.4794)	(−16.0121)

变量名称							
Opinion	−0.0061**	−0.0060**	−0.0053**	−0.0056**	−0.0051**	−0.0061**	−0.0030
	(−2.5310)	(−2.4803)	(−1.9947)	(−2.3347)	(−2.1174)	(−2.5312)	(−1.3231)
Constant	0.4077***	0.4031***	0.4088***	0.3968***	0.3974***	0.4088***	0.4368***
	(11.8186)	(11.6710)	(10.1695)	(11.5910)	(11.5927)	(11.7971)	(11.8594)
Year	控制	控制	控制	控制	控制	控制	控制
公司个体效应	控制	控制	控制	控制	控制	控制	控制
样本量	20 986	20 986	20 986	20 986	20 986	20 986	20 986
Within-R^2	0.3413	0.3420	0.3409	0.3455	0.3463	0.3412	0.4042

资料来源：作者采用 STATA 软件处理数据所得。

表 7.12 基于国企样本的双向固定效应模型检验结果

变量名称	模型(7.1)	媒体报道总数量 模型(7.2)	负面媒体报道数量 模型(7.2)	权威媒体报道数量 模型(7.2)
Ifys	0.0128***	0.0010	−0.0010	0.0034
	(2.8646)	(0.3812)	(−0.4242)	(1.3411)
L.Lnmeida		0.0014		
		(0.7533)		
Ifys× L.Lnmeida		0.0003		
		(0.1761)		
L.Lnfmeida			0.0078***	0.0080***
			(5.3416)	(4.5516)
Ifys× L.Lnfmeida			0.0089***	−0.0018
			(3.6353)	(−0.4725)

国家国有资产保值增值审计、协同监督与企业国有资产保值增值

变量名称	模型(7.1)	媒体报道总数量	模型(7.2)	负面媒体报道数量	模型(7.2)	权威媒体报道数量	模型(7.2)
L.Lnauthority						−0.0005	−0.0017**
						(−0.6197)	(−2.1096)
Ifys×L.Lnauthority							0.0020*
							(1.7219)
Lev	0.0496***	0.0494***	0.0519***	0.0485***	0.0474***	0.0492***	0.0644***
	(6.2233)	(6.2223)	(6.0633)	(6.0778)	(5.9046)	(6.1981)	(8.5157)
Lnasset	−0.0149***	−0.0150***	−0.0155***	−0.0147***	−0.0147***	−0.0148***	−0.0139***
	(−6.9807)	(−7.0225)	(−6.9001)	(−6.9262)	(−6.9223)	(−6.8781)	(−6.5312)
Growth	0.0008**	0.0008**	0.0008**	0.0008**	0.0007*	0.0008**	−0.0002
	(1.9787)	(1.9677)	(2.0272)	(2.0208)	(1.8737)	(1.9725)	(−0.4741)
Roea	0.1951***	0.1949***	0.1926***	0.1940***	0.1955***	0.1952***	0.5706***
	(17.6304)	(17.6056)	(16.1544)	(17.5544)	(17.6381)	(17.6207)	(27.5262)
Ifjz	−0.0015	−0.0014	−0.0012	−0.0015	−0.0015	−0.0014	0.0001
	(−0.7435)	(−0.6969)	(−0.5326)	(−0.7577)	(−0.7310)	(−0.6928)	(0.0446)
Establish	−0.0008	−0.0008	−0.0004	−0.0006	−0.0004	−0.0008	0.0004
	(−0.2884)	(−0.3041)	(−0.1632)	(−0.2432)	(−0.1481)	(−0.3149)	(0.1271)
Glccg	0.0373	0.0397	0.0591	0.0449	0.0384	0.0366	0.0394
	(0.4595)	(0.4886)	(0.6838)	(0.5560)	(0.4827)	(0.4508)	(0.6238)

	(1)	(2)	(3)	(4)	(5)	(6)	(7)
Independ	0.0000	−0.0001	0.0043	0.0003	−0.0018	−0.0002	−0.0041
	(0.0009)	(−0.0030)	(0.2137)	(0.0137)	(−0.0945)	(−0.0099)	(−0.2128)
Lnboard	0.0166***	0.0166***	0.0179**	0.0176***	0.0170***	0.0164***	0.0144**
	(2.7809)	(2.7769)	(2.5758)	(2.9483)	(2.8564)	(2.7551)	(2.4521)
Djgqsxc	−0.0092***	−0.0093***	−0.0099***	−0.0091***	−0.0090***	−0.0092***	−0.0118***
	(−4.9758)	(−5.0124)	(−4.6971)	(−4.9390)	(−4.8724)	(−4.9440)	(−6.4621)
Loss	−0.0233***	−0.0233***	−0.0243***	−0.0232***	−0.0237***	−0.0232***	−0.0247***
	(−7.8493)	(−7.8309)	(−7.7824)	(−7.7950)	(−7.9565)	(−7.8818)	(−10.5553)
Opinion	−0.0103**	−0.0103**	−0.0068	−0.0099**	−0.0097**	−0.0104**	−0.0143***
	(−2.3253)	(−2.3182)	(−1.4005)	(−2.2362)	(−2.1692)	(−2.3427)	(−2.8620)
Constant	0.4224***	0.4225***	0.4241***	0.4137***	0.4093***	0.4241***	0.3814***
	(8.4329)	(8.4055)	(7.0293)	(8.3360)	(8.2378)	(8.4151)	(8.2831)
Year	控制	控制	控制	控制	控制	控制	控制
公司个体效应	控制	控制	控制	控制	控制	控制	控制
样本量	9 311	9 311	9 311	9 311	9 311	9 311	9 311
Within-R²	0.3399	0.3298	0.3283	0.3333	0.3352	0.3298	0.4036

资料来源:作者采用 STATA 软件处理数据所得。

验结果"可知,国家审计权限行使力度($Ifys$)与国企资产保值增值($Aeva$)的回归系数为 0.0131,在 5%水平上显著正相关;交乘项($Ifys \times L.Lnmeida$)与国企资产保值增值($Aeva$)的回归系数为 0.0001,不存在显著相关性;交乘项($Ifys \times L.Lnfmeida$)与国企资产保值增值($Aeva$)的回归系数为 0.0084,在 1%水平上显著正相关;交乘项($Ifys \times L.Lnauthority$)与国企资产保值增值($Aeva$)的回归系数为 0.0020,在 10%水平上显著正相关。由表 7.12"基于国企样本的双向固定效应模型检验结果"可知,国家审计权限行使力度($Ifys$)与国企资产保值增值($Aeva$)的回归系数为 0.0128,在 1%水平上显著正相关;交乘项($Ifys \times L.Lnmeida$)与国企资产保值增值($Aeva$)的回归系数为 0.0003,不存在显著相关性;交乘项($Ifys \times L.Lnfmeida$)与国企资产保值增值($Aeva$)的回归系数为 0.0089,在 1%水平上显著正相关;交乘项($Ifys \times L.Lnauthority$)与国企资产保值增值($Aeva$)的回归系数为 0.0020,在 10%水平上显著正相关。本书研究结论不变。

7.5 小结

本章基于国家善治理论和协同理论,阐释国家审计权限行使力度促进国企资产保值增值的作用机理,以及国家审计与媒体监督促进国企资产保值增值的协同机制。在此基础上,从审计署公布的央企财务收支审计结果公告出发,选取 2007—2017 年中国沪深 A 股上市公司为研究样本,构建多元线性回归模型和调节效应模型,分别从全样本和国企样本两个方面出发实证检验国家审计权限行使力度与国企资产保值增值的线性关系,以及国家审计与媒体监督的协同效应。研究发现,加强国家审计权限行使力度有利于促进国企资产保值增值;上市公司的媒体报道总数量越多,越有利于促进国企资产保值增值,但调节效应不显著;上市公司的负面媒体报道数量越多,越有利于促进国企资产保值增值,国家审计权限行使力度能够发挥其与负面媒体报道的协同效应促进国企资产保值增值;上市公司的权威媒体报道数量越多,越有利于促进国企资产保值增值,国家审计权限行使力度能够发挥其与权威媒体报道的协同效应促进国企资产保值增值,表明国家审计机关要加大对国企的权限行使力度,特别是国家审计机关在选择要审计的国企时,要重点关注该上市公司的负面媒体报道和权威媒体报道,以充分发挥国家审计机关与媒体的协同效应。为了保证研究结论的稳健性,本章进一步采用重新测度被解释变量、PSM 方法和固定效应模型缓解由测量误差、选择偏差和遗漏变量导致的内生性问题,研究结论保持不变。

8 研究结论、政策建议与研究展望

8.1 研究结论

党的十八大以来，审计管理体制改革和完善国有资产监督体系一直是新时代中国全面深化改革的两项重要举措。本书以国企资产保值增值为视角，在公共受托责任理论、产权理论、监督俘获理论、后新公共管理理论、国家善治理论和协同理论的指导下，基于审计署 2010—2018 年公布的央企财务收支审计结果公告，选取 2007—2017 年沪深 A 股上市公司为研究样本，理论分析并实证检验国家审计及其协同国资委监管、社会审计、媒体监督对国企资产保值增值的影响及作用机理。系统研究以下四个问题：一是国家审计监督能否促进国企资产保值增值以及国有控股程度对两者关系的调节效应；二是国家审计对象覆盖广度的扩大以及国家审计机关与国资委的协同能否促进国企资产保值增值；三是国家审计目标实现深度的提高以及国家审计与社会审计的协同能否促进国企资产保值增值；四是国家审计权限行使力度的加强以及国家审计机关与媒体的协同能否促进国企资产保值增值。研究结果表明：

（1）国家审计监督有利于促进国企资产保值增值，且这种效果具有持续性，主要体现在被审计当年及之后的两个年度；国有控股程度越高，国家审计监督促进国企资产保值增值的效果越明显。该结论在经过平行趋势检验和安慰剂检验，替换国企资产保值增值测度指标，改变国家审计政策实施时点基准，分别采用全样本、国企样本以及非国企样本进行 PSM 配对，使用固定效应模型等稳健性检验之后依然成立。

（2）扩大国家审计对象覆盖广度有利于促进国企资产保值增值；国资委以"管资本"为主的监管职权调整有利于促进国企资产保值增值；国家审计机关与国资委的协同能够有效促进国企资产保值增值。该结论在替换国企资产保值增值测度指标，按照国资委监管职权调整分组检验，分别采用全样本和国企样本进行 PSM 配对，使用固定效应模型等稳健性检验之后依然成立。

（3）提高国家审计目标实现深度有利于促进国企资产保值增值；高质量的社会审计有利于促进国企资产保值增值，但显著降低了国家审计目标实现深度与国企资产保值增值的正相关关系，国家审计与社会审计产生了替代效应。该结论在替换国企资产保值增值的测度指标，采用是否被国内前十家会计师事务所审计、可操纵性应计利润的绝对值以及社会审计收费作为社会审计的测度指标，按照是否四大会计师事务所分组检验，分别采用全样本和国企样本进行 PSM 配对，使用固定效应模型等稳健性检验之后依然成立。

（4）加强国家审计权限行使力度有利于促进国企资产保值增值；新闻媒体对上市公司的总报道数量越多，越有利于促进国企资产保值增值，但调节效应不显著；新闻媒体对上市公司的负面报道数量越多，越有利于促进国企资产保值增值，国家审计与负面媒体报道的协同能够有效促进国企资产保值增值；权威新闻媒体对上市公司的报道数量越多，越有利于促进国企资产保值增值，国家审计与权威媒体报道的协同能够有效促进国企资产保值增值。该结论在替换国企资产保值增值测度指标，分别采用全样本和国企样本进行 PSM 配对，使用固定效应模型等稳健性检验之后依然成立。

（5）在全样本回归结果中，国家审计对象覆盖广度每增加 1 个单位，国企资产保值增值增加 4.55%；国家审计目标实现深度每增加 1 个单位，国企资产保值增值增加 0.10%；国家审计权限行使力度取值为 1 时，国企资产保值增值增加 0.49%。在国企样本回归结果中，国家审计对象覆盖广度每增加 1 个单位，国企资产保值增值增加 5.28%；国家审计目标实现深度每增加 1 个单位，国企资产保值增值增加 0.06%；国家审计权限行使力度取值为 1 时，国企资产保值增值增加 0.31%。国企资产保值增值的增幅基本均高于全样本国企资产保值增值的均值 0.10%，具有显著的经济意义。因此，为了充分利用国家审计资源，实现国企资产保值增值，国家审计机关在实施国企审计全覆盖的策略安排上，应该优先扩大国家审计对象覆盖广度，其次加强国家审计权限行使力度，最后考虑提高国家审计目标实现深度。

8.2 政策建议

国企作为国民经济的重要支柱，能否持续提高经济效益，实现国有资产保值增值，直接关系到中国经济是否能够实现高质量发展。党的十八大以来，特别是党的十九大之后，中国组建了中央审计委员会，审计在党和国家监督体系中的地位得到空前提高，构建集中统一、全面覆盖、权威高效的审计监督体系也成为新时代发挥审计监督作用的重要举措,尤其是加强对国企的审计监督也是题中之义。根据上述研究结论,针对中国实现国企审计全覆盖以及完善国有资产监督体系的要求,提出如下政策建议。

8.2.1　推进国企审计监督全覆盖

国家审计机关要坚决贯彻落实《决定》《框架意见及相关配套文件》和中央审计委员会第一次会议中提出的国企审计全覆盖具体要求,通过扩大国家审计对象覆盖广度,提高国家审计目标实现深度,加强国家审计权限行使力度,努力实现对国企的"应审尽审、凡审必严、严肃问责",促进国企资产保值增值。在实施国企审计全覆盖的过程中,为了充分利用国家审计资源,实现国企资产保值增值,国家审计机关在策略安排上,应该优先扩大国家审计对象覆盖广度,其次加强国家审计权限行使力度,最后考虑提高国家审计目标实现深度,尽量在 3 年内实现对所有国企的审计全覆盖。在新时代中国大力推进国企混合所有制改革的背景下,上市公司已经成为国企运营的主体[①],国家审计监督对象也要实现从目前以国有独资企业为主转向以国有控股企业为主,优先审计国有控股程度较高的企业,助力混合所有制国企资产保值增值,在修订《审计法》时应该明确国家审计机关监督国有控股以及国有资本占主导地位企业的职权,为实现国企审计全覆盖提供法律制度保障。

8.2.2　加强国家审计机关与国资委的协作

如何清晰界定国家审计机关与国资委对国企的监督职权是理论界和实务界争论的焦点。国家审计机关要积极推进审计管理体制改革。国资委要努力贯彻落实以"管资本"为主的国有资产监管体制改革,明确各自国企监督职责范围,构建有效的沟通机制,促进国企资产保值增值。国家审计机关要代表国有资产所有权,全面履行审计监督职责,有效整合从国资委划转的国企领导干部经济责任审计和国有重点大型企业监事会的职责,实现国企审计全覆盖,积极扩大对国有控股以及国有资本占主导地位企业的审计监督覆盖面,促进国企资产保值增值。国资委要全面履行出资人职责,贯彻落实以"管资本"为主的国有资产监管体制改革,实现从"管人管事管资产"到"管资本"的职能转变,促进国有资产保值增值。从而有效整合国家审计机关与国资委的监督资源,充分发挥两者监督国企的协同效应,完善国企外部监督体系,推动国企深化改革,实现国企资产保值增值。

---

① 据国资委统计,截至 2018 年年底,央企及各级子企业中混合所有制户数占比已高达 70%,特别是 2018 年,央企新增 1 003 户混合所有制企业,且央企总资产的 65%、营业收入的 61%、利润的 88%来自其控股上市公司,上市公司已经成为央企运营的主体。

8.2.3　整合国家审计与社会审计监督资源

　　如何有效整合审计系统内部资源,特别是国家审计与社会审计资源,对于实现国企审计全覆盖,促进国企资产保值增值具有重要意义。对于国家审计而言,一方面,在监督国企的过程中要充分发挥主导作用,不仅要根据审计工作量的大小,依法购买高质量的社会审计服务,以弥补国家审计资源有限、审计时间紧张以及专业知识有限等不足,尽可能查出国企存在的违规违纪金额,提高国家审计质量,促进国企资产保值增值;而且要充分利用社会审计成果,特别是高质量的社会审计报告,以减少国家审计的工作负担,提高国家审计效率,促进国企资产保值增值。另一方面,在监督国企过程中要充分发挥威慑功能,如果发现国企存在的违规违纪问题与社会审计有关,就要加大对会计师事务所以及注册会计师的处理处罚力度,防止国企与注册会计师之间的合谋,降低注册会计师的机会主义行为,促进国企资产保值增值。此外,国家审计资源有限,现有审计力量难以实现对所有国企的审计全覆盖,而高质量的社会审计可以促进国企资产保值增值,在一定程度上可以缓解国家审计监督压力。因此,国家审计机关可以优先监督检查社会审计质量较低的国企,以缓解国家审计资源不足的现状。对于社会审计而言,一方面,在国家审计购买社会审计服务的过程中,社会审计要严格按照相关法律法规积极配合国家审计监督检查国企的工作,遵守保密原则,尽可能提供高质量的审计服务,促进国企资产保值增值。另一方面,注册会计师在依法审查国企会计报表出具审计报告,验证国企资本出具验资报告,办理国企合并、分立、清算事宜中的审计业务出具有关的报告时,要保证自身的独立性,审慎出具相关审计报告,促进国企资产保值增值。从而有效整合国家审计与社会审计资源,构建有效的沟通机制,充分发挥两者监督国企的协同效应,完善审计监督体系,实现国有资产保值增值。

8.2.4　发挥国家审计与媒体监督协同作用

　　社会主义制度下国有资产的所有权属于全体人民,新闻媒体作为民主监督的重要形式,有必要也有能力全方位监督国企。应当建立健全国家审计机关和媒体的协同机制,促进国企资产保值增值。国家审计机关不仅要在保密性原则的基础上,及时公布国企财务收支审计结果公告,内容也要尽可能全面详细,为媒体监督提供足够多的素材,扩大国家审计结果公告的社会影响力,提高全体人民对于国企经营状况的知情度,促进国企资产保值增值;而且要关注国企的相关媒体报道,特别是负面媒体报道和权威杂志媒体报道,以提前发现可能存在违规违纪问题的国企,有针对性地确定对国企的审计计划、重点检查内容,加强审计工作的针对性,提高国家审计监督效率,促进国企资产保值增值。新闻媒体不仅要加强权威新闻媒体对国企相关新闻的追踪报道(特别是负面新闻),提高对国企财务收支审计结果公告的报道力度,以充分发挥社会舆论作用,促进国企资产保值增值;而且要积极向国家审计机关提供国企的违规违纪问题线索,构建两者之间的协调沟通渠道,为国家审计机关选择监督对象提供参考依据,促进国企资产保值增值。从而有效发挥国家审计机关与新闻媒体的协同作用,完善国企外部监督体系,保障全体人民对于国企经营情况的知情权,促进国企资产保值增值。

8.3 研究展望

本书通过回顾国家审计机关监督国企的制度变迁与实践现状、国企监管体制改革及其内外部监督主体,详细阐释国家审计机关监督国企的制度变迁、目标演变及其成效,分析国企监管体制改革诱因及其历程、国企内外部主要监督主体及其职责。在此基础上,依据公共受托责任理论、产权理论和协同理论,结合审计全覆盖具体要求、中央审计委员会第一次会议具体部署和空间三维度概念,构建由国家审计对象覆盖广度、目标实现深度和权限行使力度三维度组成的国家审计 BDS 测度指标体系,形成国家审计—协同监督—国企资产保值增值的理论分析框架。在理论分析框架指导下,本书对国家审计监督与国企资产保值增值,以及国家审计协同其他监督与国企资产保值增值的关系进行理论分析和实证检验,得出了诸多有益结论。然而,限于笔者研究能力、现有理论框架以及国家审计结果公告数据公开力度等原因的影响,本书仍有以下几个方面有待在今后的研究中继续完善。

8.3.1 国家审计三维测度指标体系

本书在审计全覆盖具体要求与已有研究的基础上,结合中央审计委员会第一次会议具体部署和空间三维度概念,从"应审尽审、凡审必严、严肃问责"三个方面出发,构建由国家审计对象覆盖广度、目标实现深度与权限行使力度三维度组成的 BDS 测度指标体系,并明确界定广度、深度和力度的具体概念,依据审计署公布的央企财务收支审计结果公告中相关数据对其进行合理测度。尽管本书的研究丰富了国家审计机关监督国企的分析框架和多维度测度,相比较仅仅通过 PSM 方法和 DID 方法构建虚拟变量或者采用省级审计机关的数据研究国家审计监督国企的后果效应,具有一定的进步性。但现有研究大多从宏观层面构建国家审计监督后果效应的理论分析框架,鲜有文献结合理论框架构建和实证检验微观层面国家审计监督对国企的治理功能,所以本书构建微观层面国家审计 BDS 三维测度指标体系的相关支撑文献较少。同时,审计署公开的央企财务收支审计结果公告的数据有限,仅包括每年审计央企的数量、违规违纪金额以及是否向纪检监察、司法部门移送央企涉嫌违法犯罪案件线索等数据,且被审计央企公布的审计整改公告基本都是全盘接受式的整改,又难以全面获得央企整改公告,所以国家审计 BDS 三维测度指标所能获取的档案数据非常有限。在今后的研究中,笔者会持续关注国家审计机关监督国企的相关研究、实践活动以及审计结果公告,并考虑采用文本分析方法抓取国家审计相关数据,利用主成分分析法、熵权法构建国家审计综合测度指标,随着更多的学者关注国家审计对国企的治理效应研究,特别是国家审计机关公布更多的国企审计相关数据,文本分析方法、主成分分析法和熵权法的广泛应用,笔者将进一步完善和扩展国家审计 BDS 三维测度指标体系。

8.3.2 国家审计协同其他监督主体

本书基于国家审计 BDS 三维测度指标体系,依据协同理论,结合系统协同三要素——协同意愿、共同目标和信息沟通,从国家审计对象覆盖广度视角研究国家审计机关与国资委的协同;从国家审计目标实现深度视角研究国家审计与社会审计的协同;从国家审计权限行使力度视角研究国家审计机关与媒体的协同。但是,由 3.2.2 小节可知,国企的内外部监督主体众多,内部监督有党委会、股东会、职代会、董事会、监事会、内部审计和工会等,外部监督有审计监督、国资委监督、社会监督、巡视监督和纪检监察监督等。在协同理论框架下,这些监督主体之间均可能存在有利于促进国企资产保值增值的协同机制。但由于协同理论以及相关实证研究方法的限制,本书主要研究国家审计与国资委监管、社会审计和媒体监督的协同机制,难以将更多或者全部的监督主体都纳入一个分析框架进行理论分析与实证检验,也无法全方位考察国家审计对象覆盖广度、国家审计目标实现深度与国家审计权限行使力度的协同效应。在今后的研究中,笔者将继续深化国家审计机关协同其他监督主体对国企资产保值增值的影响研究,致力于构建一个全方位、多主体的国企监督理论分析框架,全面解析和探索国家审计机关监督国企的协同机制,促进国企资产保值增值。

8.3.3 研究样本选择范围与代表性

国企不仅具有经济属性,而且具有政治属性和社会属性,本书采用沪深 A 股上市公司的数据为研究样本,以国企资产保值增值为视角,考察国家审计及其协同其他监督对国企资产保值增值的影响及作用机理,主要是考虑到政府部门对于国有控股上市公司的改革力度和放权意愿相对较大,且国有控股上市公司作为公众企业,主要是商业类国企,其主要经营目标就是追求盈利性,实现企业价值最大化(魏明海等,2017)[307]。国企可以分为央企和地方国企,本书研究所获取的国家审计相关数据均来自审计署公布的央企财务收支审计结果公告,主要考察国家审计对央企的治理效应。主要原因在于:一是中国现行国家审计结果公告制度并没有强制要求公布国企审计结果公告,地方国企审计的详细数据难以获得。审计署从2010年起每年公布央企财务收支审计结果公告,已经实现了每一个企业对应一份审计结果公告。但地方审计机关并没有公布详细的国企审计数据,仅在编制的《中国审计年鉴》中有部分总体数据,但无法对应到每一个具体的国企。二是审计署、审计署特派办、地方审计机关的审计质量和审计效率存在差异,审计署特派办的审计质量高于省级审计机关(吴联生,2002)[308],省级审计机关的审计质量和审计效率均高于地市级审计机关(吴秋生和郭檬楠,2017)[309],所以将央企和地方国企放在一起研究也会混淆审计署与地方审计机关之间的治理效应。在今后的研究中,笔者会全面考虑国企的经济属性、政治属性和社会属性,分类考察国家审计对国企的治理效应;随着审计结果公告制度的进一步完善,地方审计机关也会公布更加详细的国企审计结果公告,笔者将会深入考察国家审计对地方国企的治理效应。

附　　录

2010—2018 年审计署公布的央企财务收支审计结果公告

发布时间	公告名
2010.06.13	2010 年第 13 号公告:中国航空集团公司 2008 年度财务收支审计结果
	2010 年第 14 号公告:中国南方航空集团公司 2008 年度财务收支审计结果
	2010 年第 15 号公告:中国东方航空集团公司 2008 年度财务收支审计结果
	2010 年第 16 号公告:中国华电集团公司 2008 年度财务收支审计结果
	2010 年第 17 号公告:神华集团有限责任公司 2008 年度财务收支审计结果
	2010 年第 18 号公告:华润(集团)有限公司 2008 年度财务收支审计结果
2011.05.20	2011 年第 12 号公告:中国长江三峡集团公司 2009 年度财务收支审计结果
	2011 年第 13 号公告:中国大唐集团公司 2009 年度财务收支审计结果
	2011 年第 14 号公告:中国建筑工程总公司 2009 年度财务收支审计结果
	2011 年第 15 号公告:中国铝业公司 2008 年度财务收支审计结果
	2011 年第 16 号公告:中国海洋石油总公司 2009 年度财务收支审计结果
	2011 年第 17 号公告:中国中化集团公司 2009 年度财务收支审计结果
	2011 年第 18 号公告:中国远洋运输(集团)总公司 2009 年度财务收支审计结果
	2011 年第 19 号公告:中国南方电网有限责任公司 2009 年度财务收支审计结果
	2011 年第 20 号公告:中国联合网络通信集团有限公司 2009 年度财务收支审计结果
	2011 年第 21 号公告:中国船舶重工集团公司 2009 年度财务收支审计结果
	2011 年第 22 号公告:中国兵器装备集团公司 2009 年度财务收支审计结果
	2011 年第 23 号公告:中国核工业集团公司 2009 年度财务收支审计结果
	2011 年第 24 号公告:中国交通建设集团有限公司 2009 年度财务收支审计结果
	2011 年第 25 号公告:电信科学技术研究院 2009 年度财务收支审计结果

发布时间	公告名
2011.05.20	2011 年第 26 号公告:中粮集团有限公司部分所属单位 2007 年至 2009 年财务收支审计结果
	2011 年第 27 号公告:中国中钢集团公司下属中钢国际控股有限公司和东悦投资有限公司 2007 年至 2009 年度财务收支审计结果
	2011 年第 28 号公告:招商局地产控股股份有限公司 2007 至 2009 年度财务收支审计结果
2012.06.01	2012 年第 9 号公告:中国电子科技集团公司 2010 年度财务收支审计结果
	2012 年第 10 号公告:中国石油天然气集团公司 2010 年度财务收支审计结果
	2012 年第 11 号公告:中国石油化工集团公司 2010 年度财务收支审计结果
	2012 年第 12 号公告:中国电信集团公司 2010 年度财务收支审计结果
	2012 年第 13 号公告:中国电子信息产业集团有限公司 2010 年度财务收支审计结果
	2012 年第 14 号公告:中国第一汽车集团公司 2010 年度财务收支审计结果
	2012 年第 15 号公告:中国第二重型机械集团公司 2010 年度财务收支审计结果
	2012 年第 16 号公告:中国东方电气集团有限公司 2010 年度财务收支审计结果
	2012 年第 17 号公告:鞍钢集团公司 2010 年度财务收支审计结果
	2012 年第 18 号公告:宝钢集团有限公司 2010 年度财务收支审计结果
	2012 年第 19 号公告:武汉钢铁(集团)公司 2010 年度财务收支审计结果
	2012 年第 20 号公告:招商局集团有限公司 2010 年度财务收支审计结果
	2012 年第 21 号公告:中国中煤能源集团有限公司 2010 年度财务收支审计结果
	2012 年第 22 号公告:中国农业发展集团总公司 2010 年度财务收支审计结果
2013.05.10	2013 年第 3 号公告:中国华能集团公司 2011 年度财务收支审计结果
	2013 年第 4 号公告:中国国电集团公司 2011 年度财务收支审计结果
	2013 年第 5 号公告:中国五矿集团公司 2011 年度财务收支审计结果
	2013 年第 6 号公告:中国移动通信集团公司 2011 年度财务收支审计结果
	2013 年第 7 号公告:中国航空集团公司 2011 年度财务收支审计结果
	2013 年第 8 号公告:中国储备粮管理总公司 2011 年度财务收支审计结果
	2013 年第 9 号公告:中国商用飞机有限责任公司 2011 年度财务收支审计结果

附

录

发布时间	公告名
2013.05.10	2013 年第 10 号公告:中国出版集团公司 2011 年度财务收支审计结果
	2013 年第 11 号公告:国家开发投资公司 2011 年度财务收支审计结果
	2013 年第 12 号公告:国家核电技术有限公司 2011 年度财务收支审计结果
2014.06.20	2014 年第 9 号公告:中国烟草总公司 2012 年度财务收支审计结果
	2014 年第 10 号公告:中国核工业建设集团公司 2012 年度财务收支审计结果
	2014 年第 11 号公告:中国航天科技集团公司 2012 年度财务收支审计结果
	2014 年第 12 号公告:中国航天科工集团公司 2012 年度财务收支审计结果
	2014 年第 13 号公告:中国船舶工业集团公司 2012 年度财务收支审计结果
	2014 年第 14 号公告:中国兵器装备集团公司 2012 年度财务收支审计结果
	2014 年第 15 号公告:中国石油天然气集团公司 2012 年度财务收支审计结果
	2014 年第 16 号公告:中国大唐集团公司 2012 年度财务收支审计结果
	2014 年第 17 号公告:中国海运(集团)总公司 2012 年度财务收支审计结果
	2014 年第 18 号公告:华润(集团)有限公司 2012 年度财务收支审计结果
	2014 年第 19 号公告:中国冶金科工集团有限公司 2012 年度财务收支审计结果
2015.06.28	2015 年第 5 号公告:中国核工业集团公司 2013 年度财务收支审计结果
	2015 年第 6 号公告:中国兵器工业集团公司 2013 年度财务收支审计结果
	2015 年第 7 号公告:国家电网公司 2013 年度财务收支审计结果
	2015 年第 8 号公告:中国南方电网有限责任公司 2013 年度财务收支审计结果
	2015 年第 9 号公告:中国华电集团公司 2013 年度财务收支审计结果
	2015 年第 10 号公告:中国国电集团公司 2013 年度财务收支审计结果
	2015 年第 11 号公告:中国电力投资集团公司 2013 年度财务收支审计结果
	2015 年第 12 号公告:中国长江三峡集团公司 2013 年度财务收支审计结果
	2015 年第 13 号公告:神华集团有限责任公司 2013 年度财务收支审计结果
	2015 年第 14 号公告:中国第二重型机械集团公司 2013 年度财务收支审计结果
	2015 年第 15 号公告:中国远洋运输(集团)总公司 2013 年度财务收支审计结果
	2015 年第 16 号公告:中国航空集团公司 2013 年度财务收支审计结果
	2015 年第 17 号公告:中粮集团有限公司 2013 年度财务收支审计结果
	2015 年第 18 号公告:中国储备粮管理总公司 2013 年度财务收支审计结果

发布时间	公告名
2016.06.29	2016 年第 12 号公告:中国航空工业集团公司 2014 年度财务收支审计结果
	2016 年第 13 号公告:中国电子科技集团公司 2014 年度财务收支审计结果
	2016 年第 14 号公告:中国石油化工集团公司 2014 年度财务收支审计结果
	2016 年第 15 号公告:中国海洋石油总公司 2014 年度财务收支审计结果
	2016 年第 16 号公告:中国电子信息产业集团有限公司 2014 年度财务收支审计结果
	2016 年第 17 号公告:中国铝业公司 2014 年度财务收支审计结果
	2016 年第 18 号公告:中国东方航空集团公司 2014 年度财务收支审计结果
	2016 年第 19 号公告:中国南方航空集团公司 2014 年度财务收支审计结果
	2016 年第 20 号公告:招商局集团有限公司 2014 年度财务收支审计结果
	2016 年第 21 号公告:香港中旅(集团)有限公司 2014 年度财务收支审计结果
2017.06.23	2017 年第 10 号公告:中国船舶工业集团公司 2015 年度财务收支审计结果
	2017 年第 11 号公告:中国船舶重工集团公司 2015 年度财务收支审计结果
	2017 年第 12 号公告:中国石油天然气集团公司 2015 年度财务收支审计结果
	2017 年第 13 号公告:中国华能集团公司 2015 年度财务收支审计结果
	2017 年第 14 号公告:东风汽车公司 2015 年度财务收支审计结果
	2017 年第 15 号公告:哈尔滨电气集团公司 2015 年度财务收支审计结果
	2017 年第 16 号公告:鞍钢集团公司 2015 年度财务收支审计结果
	2017 年第 17 号公告:宝钢集团有限公司 2015 年度财务收支审计结果
	2017 年第 18 号公告:中国中化集团公司 2015 年度财务收支审计结果
	2017 年第 19 号公告:中国五矿集团公司 2015 年度财务收支审计结果
	2017 年第 20 号公告:中国通用技术(集团)控股有限责任公司 2015 年度财务收支审计结果
	2017 年第 21 号公告:中国建筑工程总公司 2015 年度财务收支审计结果
	2017 年第 22 号公告:中国中钢集团公司 2015 年度财务收支审计结果
	2017 年第 23 号公告:中国化工集团公司 2015 年度财务收支审计结果
	2017 年第 24 号公告:中国建筑材料集团有限公司 2015 年度财务收支审计结果
	2017 年第 25 号公告:中国有色矿业集团有限公司 2015 年度财务收支审计结果

附

录

发布时间	公告名
2017.06.23	2017 年第 26 号公告:中国铁路工程总公司 2015 年度财务收支审计结果
	2017 年第 27 号公告:中国铁道建筑总公司 2015 年度财务收支审计结果
	2017 年第 28 号公告:中国电力建设集团有限公司 2015 年度财务收支审计结果
	2017 年第 29 号公告:中国铁路物资(集团)总公司 2015 年度财务收支审计结果
2018.06.20	2018 年第 4 号公告:中国华电集团有限公司 2016 年度财务收支等情况审计结果
	2018 年第 5 号公告:原神华集团有限责任公司 2016 年度财务收支等情况审计结果
	2018 年第 6 号公告:中国电信集团有限公司 2016 年度财务收支等情况审计结果
	2018 年第 7 号公告:中国移动通信集团有限公司 2016 年度财务收支等情况审计结果
	2018 年第 8 号公告:中国机械工业集团有限公司 2016 年度财务收支等情况审计结果
	2018 年第 9 号公告:中国东方电气集团有限公司 2016 年度财务收支等情况审计结果
	2018 年第 10 号公告:原武汉钢铁(集团)公司 2016 年度财务收支等情况审计结果
	2018 年第 11 号公告:中国远洋海运集团有限公司 2016 年度财务收支等情况审计结果
	2018 年第 12 号公告:中国储备粮管理集团有限公司 2016 年度财务收支等情况审计结果
	2018 年第 13 号公告:国家开发投资集团有限公司 2016 年度财务收支等情况审计结果
	2018 年第 14 号公告:中国商用飞机有限责任公司 2016 年度财务收支等情况审计结果
	2018 年第 15 号公告:中国节能环保集团有限公司 2016 年度财务收支等情况审计结果

发布时间	公告名
2018.06.20	2018 年第 16 号公告：中国煤炭科工集团有限公司 2016 年度财务收支等情况审计结果
	2018 年第 17 号公告：中国化学工程集团有限公司 2016 年度财务收支等情况审计结果
	2018 年第 18 号公告：中国盐业总公司 2016 年度财务收支等情况审计结果
	2018 年第 19 号公告：原中国中材集团有限公司 2016 年度财务收支等情况审计结果
	2018 年第 20 号公告：北京矿冶科技集团有限公司 2016 年度财务收支等情况审计结果
	2018 年第 21 号公告：中国中车集团有限公司 2016 年度财务收支等情况审计结果
	2018 年第 22 号公告：中国铁路通信信号集团有限公司 2016 年度财务收支等情况审计结果
	2018 年第 23 号公告：中国交通建设集团有限公司 2016 年度财务收支等情况审计结果
	2018 年第 24 号公告：中国中丝集团有限公司 2016 年度财务收支等情况审计结果
	2018 年第 25 号公告：中国林业集团有限公司 2016 年度财务收支等情况审计结果
	2018 年第 26 号公告：中国医药集团有限公司 2016 年度财务收支等情况审计结果
	2018 年第 27 号公告：中国保利集团有限公司 2016 年度财务收支等情况审计结果
	2018 年第 28 号公告：中国轻工集团有限公司 2016 年度财务收支等情况审计结果
	2018 年第 29 号公告：中国煤炭地质总局 2016 年度财务收支等情况审计结果
	2018 年第 30 号公告：中国民航信息集团有限公司 2016 年度财务收支等情况审计结果

发布时间	公告名
2018.06.20	2018 年第 31 号公告:中国航空油料集团有限公司 2016 年度财务收支等情况审计结果
	2018 年第 32 号公告:中国能源建设集团有限公司 2016 年度财务收支等情况审计结果
	2018 年第 33 号公告:中国黄金集团有限公司 2016 年度财务收支等情况审计结果
	2018 年第 34 号公告:中国广核集团有限公司 2016 年度财务收支等情况审计结果
	2018 年第 35 号公告:华侨城集团有限公司 2016 年度财务收支等情况审计结果
	2018 年第 36 号公告:南光(集团)有限公司 2016 年度财务收支等情况审计结果
	2018 年第 37 号公告:中国西电集团有限公司 2016 年度财务收支等情况审计结果
	2018 年第 38 号公告:中国国新控股有限责任公司 2016 年度财务收支等情况审计结果

参 考 文 献

［1］ LI J，JIANG X Y，CHEN J C. Considerations on Strengthening State Owned Asset Supervision and Administration[J]. Conference on Electronic Commerce，2012(148)：73-78.

［2］ YU H. Reform of State-owned Enterprises in China：The Chinese Communist Party Strikes Back[J]. Asian Studies Review，2019，43(1)：1-20.

［3］ 黄速建，余菁. 国有企业的性质、目标与社会责任[J]. 中国工业经济，2006 (2)：68-76.

［4］ 褚剑，方军雄. 政府审计的外部治理效应：基于股价崩盘风险的研究[J]. 财经研究，2017，43(4)：133-145.

［5］ 张维迎. 所有制、治理结构及委托—代理关系——兼评崔之元和周其仁的一些观点[J]. 经济研究，1996(9)：3-15，53.

［6］ QIANG Q. Corporate Governance and State-owned Shares in China Listed Companies[J]. Journal of Asian Economics，2003，14(5)：771-783.

［7］ HASSARD J，MORRIS J，SHEEHAN J，et al. China's State-owned Enterprises：Economic Reform and Organizational Restructuring [J]. Journal of Organizational Change Management，2010，23(5)：500-516.

［8］ 张治栋，樊继达. 国有资产管理体制改革的深层思考[J]. 中国工业经济，2005(1)：47-55.

［9］ 刘家义. 论国家治理与国家审计[J]. 中国社会科学，2012(6)：60-72.

［10］ 刘家义. 国家治理现代化进程中的国家审计：制度保障与实践逻辑[J]. 中国社会科学，2015(9)：64-83.

［11］ 秦荣生. 国家审计职责的界定：责任关系的分析[J]. 审计与经济研究，2011，26(2)：3-8.

［12］ 刘力云. 论强化审计机关的国有企业审计职责[J]. 审计研究，2005(4)：55-58.

［13］ 蔡利，马可哪呐. 政府审计与国企治理效率——基于央企控股上市公司的经

验证据[J]. 审计研究,2014(6):48-56.

[14] 程军,刘玉玉. 国家审计与地方国有企业创新——基于经济责任审计的视角
[J]. 研究与发展管理,2018,30(2):82-92.

[15] 池国华,郭芮佳,王会金. 政府审计能促进内部控制制度的完善吗——基于中
央企业控股上市公司的实证分析[J]. 南开管理评论,2019(1):31-41.

[16] 褚剑,方军雄. 政府审计能够抑制国有企业高管超额在职消费吗？[J]. 会计
研究,2016(9):82-89.

[17] 王兵,鲍圣婴,阚京华. 国家审计能抑制国有企业过度投资吗？[J]. 会计研
究,2017(9):83-89.

[18] 杨华领,宋常. 国家审计与央企控股上市公司虚增收入[J]. 审计与经济研究,
2019,34(6):1-9.

[19] 戚振东,尹平. 国家治理视角下的审计全覆盖:一个理论框架[J]. 学海,
2015(6):107-112.

[20] 范如国. 复杂网络结构范型下的社会治理协同创新[J]. 中国社会科学,
2014(4):98-120,206.

[21] 陕西省审计学会课题组. 国有资产管理体制调整与政府审计监督互动[J]. 审
计研究,2004(6):44-49.

[22] 吴秋生. 论新国有资产管理体制下国企审计职责的重组[J]. 审计与经济研
究,2007(4):27-31.

[23] 王世成,李袁婕. 基于审计结果的我国地方政府性债务问题原因分析和对策
建议[J]. 审计研究,2013(5):40-45.

[24] ROSA C P, MOROTE R P. The Audit Report as an Instrument for
Accountability in Local Governments: A Proposal for Spanish Municipalities[J].
International Review of Administrative Sciences, 2016,82(3).

[25] 王宝庆,张爱兰,王萍,等. 国有资产管理体制改革对国家审计的影响及其对
策[J]. 审计研究,2006(4):24-26.

[26] 吴秋生,杨瑞平. 论政府审计与独立审计关系的厘定[J]. 当代财经,2007
(10):108-112.

[27] 王会金. 反腐败视角下政府审计与纪检监察协同治理研究[J]. 审计与经济研
究,2015,30(6):3-10.

[28] 周泽将,修宗峰. 国家审计与腐败治理体系协同研究[J]. 中国行政管理,
2017(7):24-27.

[29] 蒲丹琳,王善平. 政府审计、媒体监督与财政安全[J]. 当代财经,2011(3):

47-53.

[30] 付忠伟,黄翠竹,张百平,等. 审计"全覆盖"的工作机制探析[J]. 审计研究,2015(3):15-19.

[31] 李金华. 论企业审计的改革[J]. 经济与管理研究,1993(3):1-5.

[32] 余玉苗. 论我国国有企业审计主体模式的选择[J]. 审计研究,1999(5):10-14.

[33] 郑石桥,李曼,郑卓如,等. 国有企业监督制度"稻草人"现象——一个制度协调理论架构[J]. 北京师范大学学报(社会科学版),2013(5):98-106.

[34] 王晓梅,邢楠. 国有企业改制后政府审计面临的问题与对策研究[J]. 北京工商大学学报(社会科学版),2009,24(5):58-63,68.

[35] 陈余有. 国有资产保值增值会计计量问题的探讨[J]. 会计研究,1995(10):7-9.

[36] 周大仁. 国有资产管理体制概论[M]. 湖北:人民出版社,1994.

[37] 阎达五,杜胜利. 资本管理论:控股公司资本控制研究[M]. 北京:中国人民大学出版社,1999.

[38] 蒋一苇. 试论社会主义的企业模式[J]. 经济管理,1987(1):3-10.

[39] 唐雪松,罗莎,王海燕. 市场化进程与政府审计作用的发挥[J]. 审计研究,2012(3):25-31.

[40] 李小波,吴溪. 国家审计公告的市场反应:基于中央企业审计结果的初步分析[J]. 审计研究,2013(4):85-92.

[41] 陈宋生,董旌瑞,潘爽. 审计监管抑制盈余管理了吗?[J]. 审计与经济研究,2013(3):10-20.

[42] 李江涛,曾昌礼,徐慧. 国家审计与国有企业绩效——基于中国工业企业数据的经验证据[J]. 审计研究,2015(4):47-54.

[43] 褚剑,方军雄,秦璇. 政府审计能促进国有企业创新吗?[J]. 审计与经济研究,2018,33(6):10-21.

[44] 杨瑞龙,王元,聂辉华. "准官员"的晋升机制:来自中国央企的证据[J]. 管理世界,2013(3):23-33.

[45] 祁怀锦,刘艳霞,王文涛. 国有企业混合所有制改革效应评估及其实现路径[J]. 改革,2018(9):66-80.

[46] 李青原,马彬彬. 国家审计与社会审计定价:顺风车还是警示灯?——基于我国央企控股上市公司的经验证据[J]. 经济管理,2017,39(7):149-162.

[47] 吴秋生,王婉婷. 国家审计影响社会审计收费的机理是寻租吗——来自央企

及其控股上市公司的经验证据[J]. 山西财经大学学报,2019,41(1):98-110.

[48] 张立民,邢春玉,温菊英. 国有企业政治关联、政府审计质量和企业绩效——基于我国 A 股市场的实证研究[J]. 审计与经济研究,2015(5):3-14.

[49] SCHNEIDER A. The Nature,Impact and Facilitation of External Auditor Reliance on Internal Auditing[J]. Academy of Accounting and Financial Studies Journal, 2009, 13(4):41-56.

[50] MUNRO L, STEWART J. External Auditors' Reliance on Internal Audit: the Impact of Sourcing Arrangements and Consulting Activities [J]. Accounting and Finance, 2010, 50(2):371-387.

[51] 李冬. 基于协同治理理论的政府投资项目审计模式研究[J]. 会计研究,2012(9):89-95,97.

[52] 樊冀,熊仲超,熊之洲,等. 审计如何控制和监督商业贿赂——国外审计模式与中国实践经验的比较和启示[J]. 经济问题探索,2010(11):181-186.

[53] BRINGSELIUS LOUISE. The Dissemination of Results from Supreme Audit Institutions: Independent Partners with the Media? [J]. Financial Accountability and Management, 2014, 30(1):75-94.

[54] 杨肃昌. 改革国家审计体制强化国有资产监督[J]. 审计与经济研究,2002,17(4):8-10.

[55] STERN J M, Stewart G B, Chew D H. The EVA Financial Management System[J]. Journal of Applied Corporate Finance, 1995,8(2):32-46.

[56] 陆桂贤. 我国上市公司并购绩效的实证研究——基于 EVA 模型[J]. 审计与经济研究,2012,27(2):104-109.

[57] O' BYRNE S F. EVA:and Market Value[J]. Journal of Applied Corporate Finance, 2010,9(1):116-126.

[58] 余明桂,钟慧洁,范蕊. 业绩考核制度可以促进央企创新吗? [J]. 经济研究,2016(12):106-119.

[59] O' BYRNE S F. EVA and Its Critics[J]. Journal of Applied Corporate Finance, 1999,12(2):92-96.

[60] ORBAY H, YURTOGLU B. The Impact of Corporate Governance Structures on the Corporate Investment Performance in Turkey[J]. Corporate Governance: An International Review, 2006,14(4):349-363.

[61] RAJAN M V. Discussion of EVA Versus Earnings: Does It Matter Which is More Highly Correlated with Stock Returns? [J]. Journal of Accounting

Research，2000,38(5)：247-254.

[62] 池国华,杨金,郭菁晶. 内部控制、EVA 考核对非效率投资的综合治理效应研究——来自国有控股上市公司的经验证据[J]. 会计研究,2016(10)：63-69.

[63] 李笑南. 基于 EVA 的企业价值管理体系研究[J]. 管理世界,2016(8)：182,183.

[64] 刘俊海. 全民股东权利与国企治理现代化[J]. 社会科学,2015(9)：81-94

[65] CHENG W. State Assets Management Bureau：A Right Strategy? [J]. Journal of Comparative Asian Development，2008,7(1)：47-79.

[66] 蒋恩尧,鲍芳芳. 国有企业监控系统的国际比较及启示[J]. 中国软科学,2000(3)：76-78.

[67] 黄群慧,余菁. 新时期的新思路：国有企业分类改革与治理[J]. 中国工业经济,2013(11)：5-17.

[68] 卢昌崇. 公司治理机构及新、老三会关系论[J]. 经济研究,1994(11)：10-17.

[69] 薛有志,马程程. 国企监督制度的"困境"摆脱与创新[J]. 改革,2018(3)：103-110.

[70] 郝云宏,马帅. 分类改革背景下国有企业党组织治理效果研究——兼论国有企业党组织嵌入公司治理模式选择[J]. 当代财经,2018(6)：74-82.

[71] 刘建成. 国企高级管理者的监督约束：基于东方锅炉股票贪污案的分析[J]. 管理世界,2003(10)：130-138.

[72] GROVES T，HONG H，JOHN M，et al. Autonomy and Incentives in Chinese State Enterprises [J]. Quarterly Journal of Economics，1994，109(1)：183-209.

[73] SUN Q，TONG H. China Share Issue Privatization：The Extent of Its Success[J]. Journal of Financial Economics，2003,70(2)：183-222.

[74] 毛立言. 关于现代企业制度的新思考[J]. 经济纵横,2012(11)：12-19.

[75] 伍中信,肖美英. 信息、产权与博弈：会计监督的经济学[J]. 会计研究,1997(12)：14-17.

[76] 刘世林. 论经济责任审计的近期效果目标[J]. 审计与经济研究,2003(6)：20-23.

[77] 杨茁. 政府审计在国有企业改革中的职能弱化及其修正和创新[J]. 审计研究,2007(2)：21-23.

[78] 徐晓松. 论垄断国有企业监管法律制度框架的重构[J]. 政治与法律,2012

(1):101-107.

[79] 中国社会科学院工业经济研究所课题组,黄群慧,黄速建. 论新时期全面深化国有经济改革重大任务[J]. 中国工业经济,2014(9):5-24.

[80] 项安波. 重启新一轮实质性、有力度的国企改革——纪念国企改革 40 年[J]. 管理世界,2018,34(10):95-104.

[81] KIBET P K. A Survey on the Role of Internal Audit in Promoting Good Corporate Governance in State Owned Enterprises[J]. Masters of Business Administration, 2008.

[82] RADASI P, BARAC K. Internal Audit in State-owned Enterprises: Perceptions, Expectations and Challenges[J]. Southern African Journal of Accountability and Auditing Research, 2015, 17(2):95-106.

[83] PRAWITT D F, SMITH J L, WOOD D A. Internal Audit Quality and Earnings Management[J]. Social Science Electronic Publishing, 2009, 84(4):1255-1280.

[84] 张国清,赵景文,田五星. 内控质量与公司绩效:基于内部代理和信号传递理论的视角[J]. 世界经济,2015,38(1):126-153.

[85] BELL T B, CAUSHOLLI M, KNECHEL W R. Audit Firm Tenure, Non Audit Services, and Internal Assessments of Audit Quality[J]. Journal of Accounting Research, 2015, 53(3):461-509.

[86] EGE M. Does Internal Audit Function Quality Deter Management Misconduct? [J]. The Accounting Review, 2013,90(2):495-527.

[87] BRUYNSEELS L, CARDINAELS E. Audit committees: Management watchdog or personal friend of the CEO? [J]. Accounting Review A Quarterly Journal of the American Accounting Association, 2014,89(1): 113-145.

[88] 陈莹,林斌,何漪漪,等. 内部审计、治理机制互动与公司价值——基于上市公司问卷调查数据的研究[J]. 审计研究,2016(1):101-107.

[89] 闫学文,刘澄. 基于价值导向的内部审计评价体系研究:理论、模型及应用[J]. 审计研究,2013(1):62-69.

[90] OPPER S, WONG S M L, HU R. Party Power, Market and Private Power: Chinese Communist Party persistence in China's Listed companies [J]. Research in Social Stratification and Mobility, 2002,19(2):105-138.

[91] CHANG E C, WONG S M L. Political Control and Performance in China's

Listed Firms [J]. Journal of Comparative Economics, 2004, 32 (4): 617-636.

[92] 马连福,王元芳,沈小秀. 国有企业党组织治理、冗余雇员与高管薪酬契约[J]. 管理世界,2013(5):100-115,130.

[93] 王曙光,冯璐,徐余江. 混合所有制改革视野的国有股权、党组织与公司治理[J]. 改革,2019(7):27-39.

[94] 王元芳,马连福. 国有企业党组织能降低代理成本吗?——基于"内部人控制"的视角[J]. 管理评论,2014,26(10):138-151.

[95] HUANG W F, ZHANG J Q, HUANG L. Governance of State-owned Companies' Party Organization, Board Informal Hierarchy and Company's Performance[J]. Business Management Journal, 2017,39(3):6-20.

[96] HU L K, LEE D C. Economic Performance of State, Owned Enterprises under the Chinese Communist Party's Supervision: Some Reflection on China's Economic Reform[J]. Pacific Economic Review, 2019:1-17.

[97] 周泽将,雷玲. 纪委参与改善了国有企业监事会的治理效率吗?——基于代理成本视角的考察[J]. 财经研究,2020(1):1-15.

[98] 吴凌畅. 党组织参与国有企业公司治理进章程——基于央企旗下 287 家上市公司章程的实证研究[J]. 理论与改革,2019(3):137-147.

[99] 张泓."双委派":国企财务监管新思路[J]. 中南财经大学学报,2001(3):105-108.

[100] 江龙. 国企分类监管:一项弥补国有产权监督缺位的制度安排[J]. 当代财经,2001(3):22-25.

[101] 张泓,李从东. 委托代理分析框架下的国企监督机制研究[J]. 武汉理工大学学报,2004(9):100-102.

[102] WANG J, GUTHRIE D, XIAO Z. The Rise of SASAC: Asset Management, Ownership Concentration, and Firm Performance in China's Capital Markets [J]. Management and Organization Review, 2012,8(2):253-281.

[103] 盛丹,刘灿雷. 外部监管能够改善国企经营绩效与改制成效吗?[J]. 经济研究,2016,51(10):97-111.

[104] KLEIMAN R. Some New Evidence on EVA Companies[J]. Journal of Applied Corporate Finance, 1999,12(2):80-91.

[105] 伍利娜. 国企监事会监督条件下政府审计发展方向研究[J]. 审计研究,

2008(1):33-36.

[106] 王晓梅. 国有企业政府审计的环境变迁与未来发展[J]. 经济与管理研究, 2009(5):103-108.

[107] JONATHAN G, KOPPELL S. Political Control for China's State Owned Enterprises: Lessons from America's Experience with Hybrid Organizations [J]. Governance, 2007, 20(2):255-278.

[108] SAM C Y. Partial Privatization, Corporate Governance, and the Role of State-owned Holding Companies[J]. Journal of the Asia Pacific Economy, 2008, 13(1):63-88.

[109] 何小钢. 国有资本投资运营公司改革与国企监管转型——山东、重庆和广东的案例与经验[J]. 经济体制改革, 2018(2):24-27.

[110] 张文魁. 国资监管体制改革策略选择:由混合所有制的介入观察[J]. 改革, 2017(1):110-118.

[111] CHAN H S. Politics over Markets: Integrating State-Owned Enterprises into Chinese Socialist Market[J]. Public Administration and Development, 2009, 29(1):43-54.

[112] 张先治, 蒋美华. 国有企业改制中的政府审计问题研究[J]. 财经问题研究, 2008(3):82-87.

[113] 阎新华. 试论社会主义市场经济的审计机制转换[J]. 审计研究, 1994(1): 18-22.

[114] 李金华. 加强我国审计监督工作的若干思考[J]. 中央财经大学学报, 2003(8):1-6,80.

[115] 施松青, 叶笃银. 对国有资产保值增值若干问题的思考[J]. 浙江社会科学, 1999(3):53-55.

[116] 余玉苗. 我国国有企业审计中的几个问题研究[J]. 武汉大学学报(社会科学版), 2001(1):81-86.

[117] 谢志华. 审计变迁的趋势:目标、主体和方法[J]. 审计研究, 2008(5):21-24.

[118] 何国成. 全面深化改革背景下国资国企审计的若干问题研究[J]. 审计研究, 2014(6):42-47.

[119] 青岛市审计学会课题组, 侯杰, 商建波, 等. 拓展深化国有企业审计研究[J]. 审计研究, 2015(3):20-26.

[120] 审计署成都特派办理论研究会课题组, 张瑞民. 全面深化改革背景下国有企业审计面临的挑战与应对策略[J]. 审计研究, 2015(3):27-34.

[121] 王长友,戚艳霞. 国外国有企业审计情况与借鉴[J]. 审计研究,2016(3): 17-25.

[122] 李明辉. 论政府审计的建设性功能[J]. 现代经济探讨,2018(10):1-7.

[123] 杨苗. 政府审计在国有企业改革中的职能弱化及其修正和创新[J]. 审计研究,2007(2):21-23.

[124] 白彦锋. 政府审计在国有资产审计监督体系中的作用[J]. 中央财经大学学报,2008(9):89-92.

[125] 宋常. "免疫系统"理论视野下的国家审计[J]. 审计与经济研究,2009,24 (1):4-11.

[126] 马曙光. 利益冲突与政府审计法律制度变迁[J]. 审计研究,2006(5): 23-28,22.

[127] TORRES L,PINA V. Empirical Study on the Performance of Supreme Audit Institutions in European Union Privatizations [J]. European Accounting Review,1999(4):777-795.

[128] JOHNSON L E,FREEMAN R J,DAVIES S P. Local Government Audit Procurement Requirements,Audit Effort,and Audit Fees[J]. Research in Accounting Regulation,2003,16(16):197-207.

[129] 马东山,韩亮亮,张胜强. 政府审计央企治理效应研究:基于企业价值的视角 [J]. 华东经济管理,2019,33(9):61-70.

[130] 胡志颖,余丽. 国家审计、高管隐性腐败和公司创新投入——基于国家审计公告的研究[J]. 审计与经济研究,2019,34(3):1-12.

[131] 张曾莲,赵用雯. 政府审计能提升国企产能利用率吗? ——基于 2010—2016 年央企控股的上市公司面板数据的实证分析[J]. 审计与经济研究,2019,34(5):22-31.

[132] 潘孝珍,燕洪国. 税收优惠、政府审计与国有企业科技创新——基于央企审计的经验证据[J]. 审计研究,2018(6):33-40.

[133] 王成龙,冉明东,刘思义. 国家审计改革对地方国有企业税负的影响研究——以省以下地方审计机关人财物管理改革为背景[J]. 财政研究,2018(10):117-129.

[134] 王海林,张丁. 国家审计对企业真实盈余管理的治理效应——基于审计公告语调的分析[J]. 审计研究,2019(5):6-14.

[135] 王美英,曾昌礼,刘芳. 国家审计、国有企业内部治理与风险承担研究[J]. 审计研究,2019(5):15-22.

参考文献

[136] 李晓慧,蒋亚含. 政府审计对注册会计师审计的影响:"顺风车"还是"威慑力"? [J]. 会计研究,2018(3):78-85.

[137] 张曾莲,刘一婷. 政府审计能提升企业内部控制有效性吗?——基于审计署央企审计结果公告的 PSM-DID 实证分析[J]. 经济体制改革,2019(3):171-178.

[138] 耿建新,崔宏. 国有资本监管理论与实务创新[J]. 财经科学,2005(2):97-104.

[139] 顾芸. 加入 WTO 与审计创新[J]. 审计研究,2000(3):34-38.

[140] 闵春辉. 关于现代企业审计制度的探讨[J]. 审计研究,1996(3):8-17,34.

[141] 张庆龙,谢志华. 论政府审计与国家经济安全[J]. 审计研究,2009(4):12-16.

[142] 黄溶冰,王跃堂. 和谐社会中企业社会责任的审计治理与实现[J]. 华东经济管理,2008,22(11):20-23.

[143] 王克玉. 论境外国有企业的审计管辖与法律适用[J]. 中央财经大学学报,2014,1(6):60-65.

[144] TANG Q, CHOW C W, LAU A. Auditing of State-owned Enterprises in China: Historic Development, Current Practice and Emerging Issues[J]. International Journal of Accounting, 1999, 34(2):173-187.

[145] 李晓明,刘海,张少春. 强化国有资产受托经济责任的审计监督[J]. 审计研究,2004(2):54-59.

[146] 李晓明. 加入 WTO 要按国际惯例改进企业审计[J]. 审计与经济研究,2001(3):11-13.

[147] 廖洪,王素梅. 以问责为基础的国家审计发展研究[J]. 审计研究,2008(5):25-28.

[148] 杨建荣. 英国国有企业审计研究[J]. 审计研究,2016(2):22-35.

[149] 辛旭,郭永芳. 关于国家审计的几点思考[J]. 经济问题,2001(8):23-24,36.

[150] 张继勋. 国外政府绩效审计及其启示[J]. 审计研究,2000(1):55-61.

[151] 王会金,王素梅. 国家审计"免疫系统"建设:目标定位与路径选择[J]. 审计与经济研究,2010,25(2):17-22.

[152] 陈希晖,夏明东. "免疫系统论"下的国有企业审计定位——基于国家审计的思考[J]. 南京审计学院学报,2010(1):22-26.

[153] 董大胜. 审计本质:审计定义与审计定位[J]. 审计研究,2015(2):3-6.

[154] 审计署济南特派办理论研究会课题组,刘璇,王贵安. 全面深化改革背景下

的国有企业审计研究[J]. 审计研究,2015(2):36-41.

[155] 陈献东. 新一轮改革背景下国有企业审计内容变革研究——基于审计供给和审计需求均衡视角的分析[J]. 南京审计大学学报,2016(5):82-91.

[156] 宋常,胡家俊,陈宋生. 政府审计二十年来实践成果之经验研究[J]. 审计研究,2006(3):33-37.

[157] 李正龙. 审计博弈分析[J]. 审计研究,2001(3):27-29.

[158] LEONARD B, FRANK N, JENNIFER S. Does it Matter in Governmental Compliance Auditing? [J]. International Journal of Business, Accounting and Finance, 2016,10(2).

[159] 鲁桂华. 审计处罚强度与审计覆盖率之间的替代关系及其政策含义[J]. 审计研究,2003(3):55-57.

[160] LOPEZ D M, PETERS G F. The Effect of Workload Compression on Audit Quality[J]. Auditing: A Journal of Practice and Theory, 2012, 31(4),139-165.

[161] PERSELLIN J S, SCHMIDT J J, VANDERVELDE S, et al. Survey Evidence on the Relationship between Audit Workloads, Job Satisfaction and Audit Quality [J]. Social Science Electronic Publishing, 2017.

[162] MASOOD A, AFZAL M. Determinants of Audit Quality in Pakistan[J]. Journal of Quality and Technology Management, 2016,12(2):25-49.

[163] STAVROU P D. Psychoanalytic Psychotherapy as a Treatment for Depression in Adolescents: A Case Study[J]. Global Journal of Social Sciences Studies, 2018,4(2),91-101.

[164] ALDHIZER G R, MILLER J R, MORAGLIO J F. Common Attributes of Quality Audits[J]. Journal of Accountancy, 1995,179(1):61-68.

[165] KRISHNAN J, SCHAUER P C. Differences in Quality among Audit Firms[J]. Journal of Accountancy, 2001,192(1):87-85.

[166] DEANGELO L E. Auditor Size and Audit Quality [J]. Journal of Accounting and Economics, 1981,3(3):183-199.

[167] SENATHIP T, MUJTABA B G, CAVICO F J. Policy-Making Considerations for Ethical and Sustainable Economic Development [J]. Economy, 2017,4(1):7-14.

[168] RAMAN K K, WILSON E R. Governmental Audit Procurement Practices and Seasoned Bond Prices[J]. The Accounting Review, 1994(4):517-538.

参考文献

[169] 王跃堂,黄溶冰. 我国政府审计质量控制体系研究[J]. 审计与经济研究 2008(6):15-20.

[170] FRANCIS J R. A Framework for Understanding and Researching Audit Quality[J]. Auditing: A Journal of Practice and Theory, 2011,30(2): 125-152.

[171] COPLEY P A, DOUCET M S. The Impact of Competition on the Quality of Governmental Audits[J]. Auditing: A Journal of Practice and Theory, 1993,12(1):88-98.

[172] ASMARA R Y. Effect of Competence and Motivation of Auditors of the Quality of Audit: Survey on the External Auditor Registered Public Accounting Firm in Jakarta in Indonesia [J]. European Journal of Accounting, Auditing and Finance Research, 2016,4(1),43-76.

[173] AIDA H I, NATASHA B M, MUHAMAD R M D, et al. Does Audit Quality Matters in Malaysian Public Sector Auditing? [J]. International Journal of Financial Research, 2019,10(3).

[174] AHMAD N H, OTHMAN R, JUSOFF K. The Effectiveness of Internal Audit in Malaysian Public Sector [J]. Journal of Modern Accounting and Auditing, 2009,5(9):53-62.

[175] MASSOD A, LODHI R N. Factor Affecting the Success of Government Audit: Case study of Pakistan[J]. Universal Journal of Management, 2015,3(2):52-62.

[176] 王芳,周红. 政府审计质量的衡量研究:基于程序观和结果观的检验[J]. 审计研究,2010(2):26-31.

[177] 马曙光. 政府审计人员素质影响审计成果的实证研究[J]. 审计研究, 2007(3):24-29.

[178] 吴秋生,郭檬楠,上官泽明. 地方审计机关负责人任免征求上级意见提高审计质量了吗? ——来自我国地市级审计机关负责人任免的证据[J]. 审计研究,2016(4):28-34.

[179] 黄溶冰,王跃堂. 我国省级审计机关审计质量的实证分析(2002—2006)[J]. 会计研究,2010(6):70-76,96.

[180] 叶子荣,马东山. 我国国家审计质量影响因素研究——基于2002—2007年省际面板数据的分析[J]. 审计与经济研究,2012,27(6):12-24.

[181] 黄溶冰,乌天玥. 国家审计质量与财政收支违规行为[J]. 中国软科学,

2016(1):165-175.

[182] 李季泽. 新世纪国家审计发展的条件与趋势[J]. 财贸经济,2001(1):71-74.

[183] 郑林. 国有企业监督中的"稻草人"现象与监督的激励[J]. 中州学刊,
2001(3):27-29.

[184] 鹿斌,沈荣华. 中国特色社会主义审计制度70年回顾与展望[J]. 社会科学
研究,2019(5):33-41.

[185] 贾明,张喆. 双重金字塔结构、国有资产监督管理效率与国企绩效[J]. 管理
评论,2015,27(1):76-90.

[186] 王会金. 政府审计协同治理的研究态势、理论基础与模式构建——基于国家
治理框架视角[J]. 审计与经济研究,2016,31(6):3-11.

[187] 王会金. 治理视角下的国家审计协同——内容框架与模式构建研究[J]. 审
计研究,2013(4):57-62.

[188] 王会金,戚振东,剧杰. 基于协同效应的企业管理协同审计研究[J]. 南京社
会科学,2013(2):43-48.

[189] 许汉友. 论政府审计与社会审计的协调[J]. 审计与经济研究,2004(1):
18-20.

[190] 宋常. 强化审计监督职能健全会计监督体系[J]. 审计研究,2000(1):52-54.

[191] LEGORIA J, MELENDREZ K D, REYNOLDS J K. Qualitative Audit
Materiality and Earnings Management[J]. Review of Accounting Studies,
2013,18(2):414-442.

[192] FRANCIS J R, MICHAS P N, SEAVEY S E. Does Audit Market
Concentration Harm the Quality of Audited Earnings? Evidence from
Audit Markets in 42 Countries[J]. Contemporary Accounting Research,
2013,30(1):325-355.

[193] 和秀星,潘虹,赵青. 国家审计对内部审计资源的利用和风险防范——基于
国际视野的经验数据[J]. 审计与经济研究,2015,30(5):24-31.

[194] 廖洪. 论我国政府审计实践中的几个关系问题[J]. 审计研究,2007(5):
9-11,25.

[195] 马志娟,刘世林. 国家审计的本质属性研究——基于国家行政监督系统功能
整合视角[J]. 会计研究,2012(11):81-88,97.

[196] 《中国特色社会主义审计理论研究》课题组. 国家审计目标研究[J]. 审计研
究,2013(6):3-11.

[197] BESLEY T, PART A. Handcuffs for the Grabbing Hand? Media Capture

and Government Accountability[J]. Social Science Electronic Publishing, 2006,96(3):720-736.

[198] 张凯泽,沈菊琴,徐沙沙,等. 环境信息披露中的政企演化博弈——媒体监督视角[J]. 北京理工大学学报(社会科学版),2019,21(3):11-18.

[199] 华金秋,刘传红. 如何协调政府审计与媒体监督的关系——以救灾资金管理为例[J]. 经济纵横,2009(9):73-75.

[200] 朱丹,李琰. 审计质量、媒体报道与企业权益资本成本——来自中国上市公司经验证据[J]. 产业经济研究,2017(6):69-78,130.

[201] 王会金,马修林. 政府审计与腐败治理——基于协同视角的理论分析与经验数据[J]. 审计与经济研究,2017,32(6):1-10.

[202] 秦荣生. 公共受托经济责任与我国政府审计改革[J]. 当代财经,1995(3):36-42.

[203] 李金华. 中国审计 25 年回顾与展望[M]. 北京:人民出版社,2008.

[204] 黄速建,胡叶琳. 国有企业改革 40 年:范式与基本逻辑[J]. 南京大学学报(哲学人文科学社会科学),2019,56(2):38-48,158.

[205] 黄茂兴,唐杰. 改革开放 40 年我国国有企业改革的回顾与展望[J]. 当代经济研究,2019(3):21-31.

[206] 张晖明. 国有企业改革经验成果与中国特色企业理论初探[J]. 政治经济学评论,2018,9(6):70-77.

[207] 张伟,于良春. 创新驱动发展战略下的国有企业改革路径选择研究[J]. 经济研究,2019,54(10):74-88.

[208] 王彪华. 国家审计准则变迁及其影响研究:一个理论解释[J]. 中央财经大学学报,2018(12):52-61.

[209] 剧锦文. 改革开放 40 年国有企业所有权改革探索及其成效[J]. 改革,2018(6):38-48.

[210] JENSEN M C, MECKLING W. Theory of the Firm: Managerial Behavior, Agency Costs, and Ownership Structure [J]. Journal of Financial Economics, 1976,3(4):305-360.

[211] JENSEN M C, MURPHY K J. Performance Pay and Top-Management Incentives [J]. Journal of Political Economy, 1990,98(2):225-264.

[212] SMITH C W, WATTS R L. The Investment Opportunity set and Corporate Financing, Dividend and Compensation Policies[J]. Journal of Financial Economics, 1992,32(3):263-292.

[213] 齐震,宋立刚,何帆. 渐进式转型经济中的国有企业监管:理论框架和中国实践[J]. 世界经济,2017,40(8):120-142.

[214] MATTLIN M. The Chinese Government's New Approach to Ownership and Financial Control of Strategic State-owned Enterprises [J]. Ssrn Electronic Journal,2007.

[215] CHEN R,GHOUL S,GUEDHAMI O,et al. State Ownership and Corporate Cash Holdings:Evidence from Privatization [J]. Working Paper,University of South Carolina,2015.

[216] MA C,LI B,DONG N. Do Chinese Listed Firms Actively Alter the Design of Pay-performance Sensitivity following Financial Restatement? [J]. Asia-Pacific Journal of Accounting and Economics,2019,26(4):382-408.

[217] 张维迎,吴有昌,马捷. 公有制经济中的委托人—代理人关系:理论分析和政策含义[J]. 经济研究,1995(4):10-20.

[218] 马连福,王元芳,沈小秀. 中国国有企业党组织治理效应研究——基于"内部人控制"的视角[J]. 中国工业经济,2012(8):84-97.

[219] NAUGHTON B. The Current Wave of State Enterprise Reform in China:A Preliminary Appraisal[J]. Asian Economic Policy Review,2017,12:282-298.

[220] 刘大伦. 攻坚阶段国企依法改制亟须强化审计监督[J]. 审计与经济研究,2005(4):36-39.

[221] DOWNS A. An Economic Theory of Democracy[M]. New York:Harper and Row Publisher,1957:1-15.

[222] OLSON M. The Logic of Collective Action[M]. Cambridge:Harvard University Press,1965:1-34.

[223] POSNER R A. Theories of Economic Regulation[J]. The Bell Journal of Economics and Management Science,1974,5(2):335-358.

[224] 廖洪,李德文. 我国国家审计理论研究的回顾与思考[J]. 审计研究,2002(3):32-37.

[225] 牟广东,唐晓清. 论巡视制度在党内监督体系中的地位和作用[J]. 理论探讨,2010(3):126-128.

[226] 竟辉,王岩. "四个全面"战略布局:全方位地贯彻以人民为中心的发展思想[J]. 红旗文稿,2016(10):15-17.

参
考
文
献

[227] 刘承毅,王建明. 声誉激励、社会监督与质量规制——城市垃圾处理行业中的博弈分析[J]. 产经评论,2014(2):93-106.

[228] DYCK A, VOLCHKOVA N, ZINGALES L. The Corporate Governance Role of the Media: Evidence from Russia[J]. Journal of Finance, 2008, 63(3):1093-1135.

[229] POLLOCK R, ALCELIK I, BHATIA C, et al. Donor Site Morbidity Following Iliac Crest Bone Harvesting for Cervical Fusion: a Comparison between Minimally Invasive and Open Techniques[J]. European Spine Journal, 2008,17(6):845-852.

[230] 蔡春,朱荣,蔡利. 国家审计服务国家治理的理论分析与实现路径探讨——基于受托经济责任观的视角[J]. 审计研究,2012(1):6-11.

[231] 蔡春,李明,毕铭悦. 构建国家审计理论框架的有关探讨[J]. 审计研究, 2013(3):3-10,21.

[232] 秦荣生. 公共受托经济责任理论与我国政府审计改革[J]. 审计研究, 2004(6):16-20.

[233] 徐薇. 国家审计监督全覆盖的实现路径研究[J]. 审计研究,2015(4):6-10.

[234] 钱弘道,谢天予. 审计全覆盖视域下的审计法变迁方向及其逻辑[J]. 审计与经济研究,2019(3):22-31.

[235] 王中信,吴开钱. 国家审计边界探析[J]. 会计研究,2009(11):82-86,96.

[236] 向洪金,朱晨之,徐鹏杰. 转型期政府官员滥用职权行为与国家审计监督力度——基于委托代理理论的研究[J]. 审计与经济研究,2018,33(2):10-18.

[237] 哈肯. 高等协同学[M]. 郭治安,译.北京:科学出版社,1989.

[238] 成思危. 管理科学的现状与展望[J]. 管理科学学报,1998(1):1-6.

[239] 于江,魏崇辉. 多元主体协同治理:国家治理现代化之逻辑理路[J]. 求实, 2015(4):63-69.

[240] 李冬,王要武,宋晖,等. 基于协同理论的政府投资项目跟踪审计模式[J]. 系统工程理论与实践,2013,33(2):405-412.

[241] 俞可平. 经济全球化与治理的变迁[J]. 哲学研究,2000(10):17-24,79.

[242] 俞可平. 国家治理的中国特色和普遍趋势[J]. 公共管理评论,2019,1(3): 25-32.

[243] 任泽涛,严国萍. 协同治理的社会基础及其实现机制——一项多案例研究[J]. 上海行政学院学报,2013,14(5):71-80.

[244] 何水. 协同治理及其在中国的实现——基于社会资本理论的分析[J]. 西南

大学学报(社会科学版),2008(3):102-106.

[245] 王祥君,周荣青. 政府财务报表审计与政府会计改革:协同与路径设计——基于国家治理视角[J]. 审计研究,2014(6):57-62.

[246] 郁光华,伏健. 股份公司的代理成本和监督机制[J]. 经济研究,1994(3):23-29.

[247] 刘骅,陈涵. 地方政府债务的协同治理审计研究[J]. 财政研究,2018(9):106-117.

[248] Core J E, Guay W, Larcker D F. The Power of the Pen and Executive Compensation [J]. Journal of Financial Economics, 2008,88(1):1-25.

[249] 吴伟荣,刘亚伟. 公共压力与审计质量——基于会计师事务所规模视角的研究[J]. 审计研究,2015(3):82-90.

[250] 蔡春. 论现代审计特征与受托经济责任关系[J]. 审计研究,1998(5):1-8.

[251] 娄尔行,唐清亮. 试论审计的本质[J]. 审计研究,1987(3):11-19.

[252] 郝阳,龚六堂. 国有、民营混合参股与公司绩效改进[J]. 经济研究,2017(3):122-135.

[253] CHAN L H, CHEN K C W, CHEN T, et al. The Effects of Firm-Initiated Clawback Provisions on Earnings Quality and Auditor Behavior [J]. Journal of Accounting and Economics, 2012,54(2-3):180-196.

[254] AGUILERA R V, GRØGAARD B. The Dubious Role of Institutions in International Business:A Road Forward[J]. Journal of International Business Studies, 2019,50(1):20-35.

[255] GRØGAARD B, RYGH A, BENITO G R G. Bringing Corporate Governance into Internalization Theory:State Ownership and Foreign Entry Strategies[J]. Journal of International Business Studies, 2019(1).

[256] ESTRIN S, MEYER K E, NIELSEN B B, et al. Home Country Institutions and the Internationalization of State-owned Enterprises:A Cross-country Analysis [J]. Journal of World Business, 2016,51(2):294-307.

[257] MUSACCHIO A, LAZZARINI S, AGUILERA R. New Varieties of State Capitalism:Strategic and Governance Implications [J]. Academy of Management Perspectives, 2015,29(1):115-131.

[258] ZHOU K Z, GAO G Y, ZHAO H. State Ownership and Firm Innovation in China:An Integrated View of Institutional and Efficiency Logics[J].

Adminis-trative Science Quarterly，2017,62(2):375-404.

[259] 张蕊,蒋煦涵. 混合所有制改革、国有股最优比例与工业增加值[J]. 当代财经,2018(2):115-123.

[260] 刘汉民,齐宇,解晓晴. 股权和控制权配置:从对等到非对等的逻辑——基于央属混合所有制上市公司的实证研究[J]. 经济研究,2018(5):175-189.

[261] 魏明海,蔡贵龙,柳建华. 中国国有上市公司分类治理研究[J]. 中山大学学报(社会科学版),2017,57(4):175-192.

[262] BASCLE G. Controlling for Endogeneity with Instrumental Variables in Strategic Management Research[J]. Strategic Organization，2008,6(3)：285-327.

[263] MEYER B D. Natural and Quasi-Experiments in Economics[J]. Journal of Business and Economic Statistics，1995,13(2):151-161.

[264] HAMILTON B H，NICKERSON J A. Correcting for Endogeneity in Strategic Management Research [J]. Strategic Organization，2003,1(1)：51-78.

[265] 王宇,李海洋. 管理学研究中的内生性问题及修正方法[J]. 管理学季刊,2017,2(3):20-47,170-171.

[266] BERTRAND M，MULLAINATHAN S. Enjoying the Quiet Life? Corporate Governance and Managerial Preferences[J]. Journal of Political Economy，2003,111(5):1043-1075.

[267] DEMSETZ H. Towards a Theory of Property Rights [J]. American Economic Review，1967,57(2):347-359.

[268] FACCIO M. MARCHICA M T，MURA R. Large Shareholder Diversification and Corporate Risk-Taking [J]. Social Science Electronic Publishing，2011,24(11):3601-3641.

[269] 刘晔,张训常,蓝晓燕. 国有企业混合所有制改革对全要素生产率的影响——基于 PSM-DID 方法的实证研究[J]. 财政研究,2016(10):63-75.

[270] LEE S C, SU J M, TSAI S B, T. L. LU, et al. A Comprehensive Survey of Government Auditors' Self-efficacy and Professional Development for Improving Audit Quality[J]. Springerplus，2016,5(1):1263.

[271] 杨贺,郑石桥. 审计覆盖率和审计效果:基于威慑理论的实证研究——基于全国地方审计机关数据[J]. 江苏社会科学,2015(5):80-86.

[272] 梁祖晨. 落实自然人所有权重构国资监管体系[J]. 管理世界,2002(3):

140-142.

[273] 林毅夫,李志赟. 中国的国有企业与金融体制改革[J]. 经济学(季刊), 2005(3):913-936.

[274] 林毅夫,刘培林. 自生能力和国企改革[J]. 经济研究,2001(9):60-70.

[275] 蔡春,李江涛. 经济权力审计监控研究——审计理论研究的一个新领域[J]. 审计与经济研究,2009,24(5):3-8.

[276] 方红星,刘丹. 内部控制质量与审计师变更——来自我国上市公司的经验证据[J]. 审计与经济研究,2013(2):18-26.

[277] 张嘉兴,傅绍正. 内部控制、注册会计师审计与盈余管理[J]. 审计与经济研究,2014(2):5-15.

[278] 王曾,符国群,黄丹阳,等. 国有企业 CEO"政治晋升"与"在职消费"关系研究[J]. 管理世界,2014(5):157-171.

[279] 王会金. 国外后新公共管理运动与我国政府绩效审计发展创新研究[J]. 会计研究,2014(10):83-90,99.

[280] OSBORNE, STEPHEN P. From Public Service-dominant Logic to Public Service Logic:are Public Service Organizations Capable of Co-production and Value Co-creation? [J]. Public Management Review,2018,20(2).

[281] LOWENSOHN S H, COLLINS F. The Role and Perceptions of Independent Audit Partners in the Governmental Audit Market [J]. Accounting and the Public Interest,2001,1(1):17-41.

[282] CHANG Y T, DAN N S. Proposal Readability, Audit Firm Size and Engagement Success:Do More Readable Proposals Win Governmental Audit Engagements? [J]. Managerial Auditing Journal,2019,34(8).

[283] LESAGE C, RATZINGER-SAKEL N V, Kettunen J. Consequences of the Abandonment of Mandatory Joint Audit:An Empirical Study of Audit Costs and Audit Quality Effects[J]. European Accounting Review,2017, 26(2):311-339.

[284] 许汉友,徐香,朱鹏媛. 政府审计对 CPA 审计效率提升有传导效应吗?——基于国有控股上市公司审计的经验数据[J]. 审计研究,2018,203(3):21-29.

[285] 王咏梅,王鹏. "四大"与"非四大"审计质量市场认同度的差异性研究[J]. 审计研究,2006(5):49-56.

[286] BORITZ J E, HAYES L, Timoshenko L M. Determinants of the Readability of SOX 404 Reports[J]. Journal of Emerging Technologies in

Accounting, 2016,13(2):145-168.

[287] SMITH K W. Tell me More: a Content Analysis of Expanded Auditor Reporting in the United Kingdom[J]. SSRN Electronic Journal, 2019.

[288] DEFOND M, JIAMBALVO J. Factors Related to Auditor-client Disagreements over Income-increasing Accounting Methods [J]. Contemporary Accounting Research, 1993,9(2):415-431.

[289] DECHOW P M, SLOAN R G, SWEENEY A P. Detecting Earnings Management[J]. The Accounting Review, 1995(70): 193-225.

[290] FAN J P, WONG T J. Corporate Ownership Structure and the Informativeness of Accounting Earnings in East Asia [J]. Journal of Accounting and Economics, 2002,33(3):401-425.

[291] HURTT R K, BROWN-LIBURD H, EARLEY C E, et al. Research on Auditor Professional Skepticism: Literature Synthesis and Opportunities for Future Research[J]. Auditing: A Journal of Practice and Theory, 2013,32(1):45-97.

[292] AHMAD N H, OTHMAN R, OTHMAN R, et al. The Effectiveness of Internal Audit in Malaysian Public Sector [J]. Journal of Modern Accounting and Auditing, 2009,5(9):53-62.

[293] LUO J H, HUANG Z, ZHU R. Does Media Coverage Help Firms "Lobby" for Government Subsidies? Evidence from China[J]. Asia Pacific Journal of Management, 2019(1):1-32.

[294] JONATHAN L, ROGERS, DOUGLAS J, et al. Multiple Stakeholder Orientation in UK Companies and the Implications for Company Performance[J]. Review of Accounting Studies, 2016,21(3):711-739.

[295] GULDIKEN O, TUPPER C, NAIR A, et al. The Impact of Media Coverage on IPO Stock Performance[J]. Journal of Business Research, 2017,72(3):24-32.

[296] 陈克兢. 媒体监督、法治水平与上市公司盈余管理[J]. 管理评论,2017, 29(7):3-18.

[297] RUIJER E, GRIMMELIKHUIJSEN S, MEIJER A. Open Data for Democracy: Developing a Theoretical Framework for Open Data Use[J]. Government Inform-ation Quarterly, 2017,34(1):45-52.

[298] 王春飞,郭云南. 中央预算执行审计与媒体关注度——基于国家治理的视角

[J]. 中南财经政法大学学报,2015(6):3-9.

[299] QIN B, STRÖMBERG D, WU Y H. Media Bias in China[J]. American Economic Review, 2018,108(9):2442-2476.

[300] HOUSTON J F, LIN C, MA Y. Media Ownership, Concentration and Corruption in Bank Lending[J]. Journal of Financial Economics, 2011, 100(2):326-350.

[301] 翟胜宝,徐亚琴,杨德明. 媒体能监督国有企业高管在职消费么? [J]. 会计研究,2015(5):59-65,97.

[302] BEDNAR M K, BOIVIE S, PRINCE N R. Burr under the Saddle:How Media Coverage Influences Strategic Change[J]. Organization Science, 2013,24(3):910-925.

[303] LANGER A I, SAGARZAZU I. Are all Policy Decisions Equal? Explaining the Variation in Media Coverage of the U K Budget[J]. The Policy Studies Journal, 2017,45(2):337-358.

[304] HARRISON J S, BOIVIE S, SHARP N Y, et al. Saving Face:How Exit in Response to Negative Press and Star Analyst Downgrades Reflects Reputation Maintenance by Directors [J]. Academy of Management Journal, 2018,61(3):1131-1157.

[305] 于忠泊,田高良,齐保垒,等. 媒体关注的公司治理机制——基于盈余管理视角的考察[J]. 管理世界,2011(9):135-148.

[306] 魏明海,蔡贵龙,柳建华. 中国国有上市公司分类治理研究[J]. 中山大学学报(社会科学版),2017(4):175-192.

[307] 吴联生. 政府审计机构隶属关系评价模型——兼论我国政府审计机构隶属关系的改革[J]. 审计研究,2002(5):14-18.

[308] 吴秋生,郭檬楠. 省以下地方审计机关人财物统管有效性实证研究——基于中国省市两级审计机关的证据[J]. 中国审计评论,2017(2):1-11.

[309] 施松青,赵刚.试论我国国家审计的特点及发展趋势[J].审计与经济研究,2000(1):8-11.

[310] 王会金,陈希晖.我国国家审计的未来发展策略[J].审计与经济研究,2008,23(4):9-14.

后　记

本书是在我博士毕业论文基础上修改完成的,是我过去3年研究成果的集中体现。特别在博士毕业之际遇到席卷全球的新型冠状病毒肺炎,时刻关注着疫情的最新情况,我心中五味杂陈,感触颇多。随着书稿的完成,回首在山西财经大学的硕博连读生活,数不尽的泪与汗在人生和科研的道路上挥洒,研二在《审计研究》上发表人生第一篇学术论文时的惊喜,研三获得硕博连读资格时的激动,博一苦寻研究方向时的迷茫,博二开始发表本书研究主题相关学术论文时的豁然开朗,博三通过毕业论文答辩时的成就感,一切都历历在目。值此本书顺利完成之际,我心中充满感激之情。

非常感谢山西财经大学博士生导师吴秋生教授。恩师为本书的研究选题确定、研究框架设计等方面提供了全方位的指导和帮助。恩师温文儒雅的学者风范、严谨认真的科研态度和亦师亦父的教学风格都是我一生学习的楷模。过去的点点滴滴记忆犹新,还记得第一次见到恩师时"男孩子要有大志向,努力读博士"的谆谆教诲;还记得恩师不辞辛苦地给我讲授如何写作学术论文,启蒙了我的科研之路;还记得恩师从头到尾、一字一句带我修改学术论文,连续几个周末的晚上都在办公室并认真讲解其中缘由;还记得研三迷茫于工作与读博的关键时刻,恩师鼓励我争取硕博连读资格;还记得苦寻博士论文选题过程中,恩师付出的辛劳与汗水等等。每每静思,恩师主持的一周一次学术研讨会、周末加班指导我修改学术论文、及时的微信学术指导、多次外出参加学术会议……桩桩件件,铭记于心,不敢忘怀。

非常感谢山西财经大学杨瑞平教授。师母性格开朗、思维活跃,具有丰富的教学经验和很好的口碑。在本书的撰写过程中,我也得到了师母无微不至的关怀和细心的照顾。还记得第一次外出讲课时师母的谆谆教导,对我耐心讲解如何备好课和讲好课;还记得师母时常介绍适当的兼职补贴博士期间的生活所用,为我专心做科研解除后顾之忧;还记得每逢暑假,中秋和元旦等节日师母和奶奶亲自下厨,为我们做各种美味佳肴。

非常感谢山西财经大学会计学院博士生导师组郭泽光教授、李端生教授、田祥宇教授和袁春生教授对本书的指导和帮助。他们渊博的学识和高屋建瓴的学术观点,独到的会计、财务管理和审计研究视角,丰富的实践经验和深厚的理论涵养,极大地提高了本书的研究高度和深度。同时,非常感谢学院王晓亮老师、李保伟老师、李颖老师、邓启稳老师、贺亚楠老师对本书的指导和帮助。

非常感谢校外专家对本书修改和完善提出的宝贵建议。他们分别是武汉大学李青原教授、审计署科研所刘力云研究员、北京理工大学陈宋生教授、西南财经大学蔡春教授、南京审计大学王会金教授和郑石桥教授、南开大学程新生教授、浙江财经大学宋夏云教授、山西大学张信东教授、云南财经大学朱锦余教授。尤其要感谢疫情期间陈宋生教授专门通过电话详细指导我如何修改和完善本书,刘力云研究员、王会金教授、宋夏云教授和张信东教授通过电子邮件为本书提出建设性修改意见。

非常感谢同门师兄师姐、师弟师妹及同学们在本书写作过程中对我的鼓励和帮助。感谢杨鹏师兄、上官泽明师兄、黄贤环师兄、王少华学姐、田峰师兄、董屹宇学姐的指导和关怀,为我排忧解难,促我奋发向上;感谢倪静洁博士、王婉婷博士、独正元博士、李官辉博士及马文琪、郭飞、刘梦元等学弟学妹们与我一起成长、共同进步,特别感谢倪静洁博士对本书的认真校对;感谢室友夏宇博士及同班的宋璐博士、宋坤博士、任灿灿博士、范瑞博士、侯锦铎博士、郑睿博士、胡斌红博士、王渊博士、李翀博士、徐银娜博士、张楠博士、周玲博士、裴梦丹博士、王瑞瑜博士、闫昱洁博士教会我豁达自信、笑对人生。尤其是感谢郭金花博士的陪伴,我们在挫折中互相帮助、相互鼓励,在学习上互相借鉴不同领域研究范式启迪思维、共同进步,感谢郭金花博士为本书的理论框架设计、校对和升华付出的诸多努力。

非常感谢父母和家人的无私付出和全力支持。我出生于普通家庭,很庆幸的是,父母却非常重视我的教育,竭尽所能给我最好的教育,为我的学业倾注了无数心血,是我进行科研工作的坚强后盾与不竭动力来源。也非常感谢弟弟一直陪在父母身边,为我分担照顾父母的责任,让我能够全身心地投入科研工作中。

衷心感谢山西省"1331 工程"重点创新团队建设计划(晋教科〔2017〕12 号)和国家自然科学基金"国家审计、协同监督与国企资产保值增值"(71872105)对本书出版的资助,感谢立信会计出版社对本书出版所提供的大力帮助。

国家审计质量的测度是理论界和实务界需要解决的重要问题,特别是对于微观层面的国企审计质量而言,限于个人学识浅薄,书中难免会有纰漏甚至错误之处,敬请各位读者谅解与批评指正。愿疫情早日结束!

郭檬楠

2020 年 5 月

后记